POR QUE NÃO CONSEGUIMOS SER BONS?

Jacob Needleman

POR QUE NÃO CONSEGUIMOS SER BONS?

Tradução
CLAUDIA GERPE DUARTE

Editora
Cultrix
SÃO PAULO

Título original: *Why Can't We Be Good?*

Copyright © 2007 Jacob Needleman.

Publicado mediante acordo com Jeremy P. Tarcher, uma divisão da Penguin Group (USA) Inc.

Todos os direitos reservados. Nenhuma parte deste livro pode ser reproduzida ou usada de qualquer forma ou por qualquer meio, eletrônico ou mecânico, inclusive fotocópias, gravações ou sistema de armazenamento em banco de dados, sem permissão por escrito, exceto nos casos de trechos curtos citados em resenhas críticas ou artigos de revistas.

A Editora Pensamento-Cultrix Ltda. não se responsabiliza por eventuais mudanças ocorridas nos endereços convencionais ou eletrônicos citados neste livro.

Dados Internacionais de Catalogação na Publicação (CIP)
(Câmara Brasileira do Livro, SP, Brasil)

Needleman, Jacob
    Por que não conseguimos ser bons? / Jacob
Needleman ; tradução Cláudia Gerpe Duarte. --
São Paulo : Cultrix, 2008.

    Título original: Why can't we be good?
    ISBN 978-85-316-1036-3

    1. Bem e mal 2. Ética I. Título.

08-12069   CDD-170

Índices para catálogo sistemático:
1. Bem e mal : Ética moral 170

O primeiro número à esquerda indica a edição, ou reedição, desta obra. A primeira dezena
à direita indica o ano em que esta edição, ou reedição, foi publicada.

Edição	Ano
1-2-3-4-5-6-7-8-9-10-11	09-10-11-12-13-14-15

Direitos de tradução para o Brasil
adquiridos com exclusividade pela
EDITORA PENSAMENTO-CULTRIX LTDA.
Rua Dr. Mário Vicente, 368 — 04270-000 — São Paulo, SP
Fone: 2066-9000 — Fax: 2066-9008
E-mail: pensamento@cultrix.com.br
http://www.pensamento-cultrix.com.br
que se reserva a propriedade literária desta tradução.

Aos Meus Alunos

Ele te declarou, ó homem, o que é bom e que é o que o Senhor pede de ti: que pratiques a justiça, e ames a misericórdia, e andes humildemente com o teu Deus.

MIQUEIAS 6:8

Porque não faço o bem que prefiro, mas o mal que não quero, esse faço.

ROMANOS 7:19

AGRADECIMENTOS

Tenho que agradecer a muitas pessoas, a começar por aquelas cuja generosidade com o seu tempo, atenção e boa vontade possibilitaram que eu escrevesse este livro ao longo dos anos em uma atmosfera indispensável de calor humano: Tonyja Duffield Blakeslee, Maril Blanchard, Christina Florkowski, Richard Hodges, Marc Liotta, Dean Ottari, John Piazza, Gregory Porter, Tanya Silva, Shivanii Singh e Frank Cordes, Sara Swan e Ben Blankinship, Jordan Sudy, David Tan e Alexis Vincent. No mesmo espírito, desejo agradecer aos que leram este livro durante os seus diversos estágios de conclusão. O estímulo, sugestões e críticas que eles forneceram significaram muito para mim: Rabino Jack Bemporad, Edward Grieve, Barbara Hart, Nancy Larson, John Miller e Dennis Pence.

Sou grato a Frank Gati que, trabalhando com David Tan, foi extremamente generoso ao me ajudar a criar um extraordinário registro em filmes de aulas e debates em sala de aula.

Sou também profundamente grato a Steve Bileca, Paul Druzinksy, Peter Esty e Steve Henrikson pelo privilégio de trabalhar com eles para aprofundar o estudo da ética e da vida humana com alunos da Branson School em Ross, Califórnia. Foi uma revelação testemunhar a paixão moral desses alunos do ensino médio e como ela está sendo satisfeita nessa excepcional escola.

Embora os alunos e bibliotecários mencionados neste livro sejam fictícios em diferentes graus, tentei retratar o mais fielmente possível a essência do que ocorreu entre nós. Posso apenas esperar que o que fui capaz de transmitir aos meus alunos tenha sido em alguma medida adequado ao que eles me ofereceram por intermédio da sua inesgotável sinceridade intelectual e sede de entendimento.

O meu editor e amigo Mitch Horowitz acompanhou-me em cada estágio e fase da redação deste livro. O que é um grande editor? Um crítico imparcial, alguém que conspira conosco, um abrigo na tempestade, uma caixa de ressonância, um verificador da realidade. Acima de tudo, uma parteira para quem o processo de dar à luz começa no momento da concepção, e até mesmo antes. Obrigado, Mitch.

Quanto à minha esposa, Gail, penso nas sábias palavras de Ludwig Wittgenstein – "Devemos permanecer em silêncio a respeito do que não conseguimos falar" – e das palavras ainda mais sábias do musicólogo Victor Zuckerhandl: "Podemos cantar a respeito do que não conseguimos falar." É impossível falar bem e verdadeiramente a respeito da nobreza da sua mente, do seu coração e da sua consciência. Se eu sou o autor, ela foi, regularmente, a autora do autor. Se eu pudesse cantar nesta página, essa seria a minha canção.

SUMÁRIO

A PERGUNTA 13

Capítulo Um ·· O PRIMEIRO PASSO 15

O mundo das ideias 17
As ideias por si sós não são suficientes 18
Mas as ideias são o primeiro passo 19
O bom universo 22
O mestre aguarda 26
As ideias vivem nas pessoas 28
Deus é único 29
O discípulo aguarda 30
Um único Deus; dois corações 31
O problema do mal 32

Capítulo Dois ·· O SEGREDO DE SÓCRATES ou PENSANDO
EM CONJUNTO COMO UMA OBRA DE AMOR 36

Entra Sócrates 38
O Segredo de Sócrates 39
O sabor do pensamento 40
A montanha de Platão 42

A página que faltava.. 44
Liberdade com relação a respostas.. 50
Pão e pedra 53
A ética do pensamento conjunto 55
A transformação da pergunta.. 57
O mundo das aparências.. 59
As duas metades de uma grande ideia 62
O mundo real só pode ser conhecido pelo verdadeiro eu...... 63
A questão do coração é uma exigência moral.......................... 63
O verdadeiro mestre e o verdadeiro buscador 64
Uma espécie de amor... 68

Capítulo Três ᛫᛫᛫ A POMBA BRANCA 71

Um ensaio para a moralidade 72
Vida sem ética? 73
Tartarugas 76
Paixão e atenção 78
O choque da questão 81
A força moral de escutar.. 84
Um movimento em direção à consciência 86
Uma coisa extraordinariamente sutil....................................... 89
Amando e escutando 91

Capítulo Quatro ᛫᛫᛫ ENTRE O ASSOMBRO E O DESESPERO............... 96

Capítulo Cinco ᛫᛫᛫ A CAMINHO DO BEM E DO MAL 105

O significado do corpo humano 109
O limiar socrático 111

Capítulo Seis ᛫᛫᛫ INTERLÚDIO: A VESTE DO BUDA......................... 114

Vislumbres 115
O "conhecimento" e o conhecimento..................................... 117
Um novo tipo de corpo... 120
Moralidade intermediária 121

Capítulo Sete ᛫᛫᛫ A ÉTICA DA ATENÇÃO 124

O nosso mundo e a nossa vida 124
A fonte de tudo que é bom 126
O novo poder da mente 128

A verdadeira filosofia 129
O homem "menos poderoso" do mundo 130
A avaliação da amizade 132
Um convite 134
"Oh, esqueci!" 138
O equívoco do dr. Kinder 140
A descoberta de Mary Adijian 142

Capítulo Oito ⬩⬩ A ÉTICA DA ATENÇÃO II 146

Por que os códigos morais falham? 150
Eu sou a minha atenção 152
A primeira obrigação do homem 154
O grande propósito da educação 155
As duas moralidades 157
O clube do log-off 160

Capítulo Nove ⬩⬩ A TRAGÉDIA DA ATENÇÃO 163

O que é o mal? e por que o mal existe? 163
A angústia de Fred Prozi 167
O semblante de Fred Prozi 171
Na essência do que chamamos de ética 175
A reconstituição do sr. Prozi 176

Capítulo Dez ⬩⬩ DESPERTANDO PARA A ESCURIDÃO ou
O SIGNIFICADO DO SILÊNCIO 179

O silêncio sagrado 183
O que é tomado? o que é dado? 186

Capítulo Onze ⬩⬩ O ESSENCIAL 191

Nem isso nem aquilo 193
A ação do guia 194
As palavras voltam 195
O misticismo moral 196
A liberdade que conduz à liberdade 198

Capítulo Doze ⬩⬩ A ÉTICA DA MORALIDADE INFERIOR 207

O dever que está no âmago do dever 208
Não somos ainda o homem 210

As duas verdades que são erros 214
Uma questão perigosa.. 217

Capítulo Treze ·· A MAIOR IDEIA DO MUNDO 222

Hillel, o Velho e a ideia da lei moral universal 222
A vida de Hillel 225
O que Hillel descobriu? 229

Capítulo Quatorze ·· A SEMENTE E O FRUTO DE TUDO QUE
É BOM 233

Outra dimensão do amor.. 234
Se eu não tomar o meu partido, quem tomará?...................................... 238
E se eu tomar apenas o meu partido, o que sou eu?............................... 243
A ponte oculta: uma digressão essencial.. 244
A semente e o fruto da moralidade interior 246
Se não for agora, quando será? 248

Capítulo Quinze ·· A METAFÍSICA DA MORALIDADE....................... 254

A doutrina dos anjos e a obrigação oferecida ao homem 257
O animal ético e o significado da nossa liberdade 261

Capítulo Dezesseis ··MEDITAÇÃO SOBRE A TRAVESSIA DO
LIMIAR SOCRÁTICO.. 266

O grande desconhecido 267
O nascimento do humano 269
Uma chama transformadora 270
O choque do amor 273

Capítulo Dezessete ··UMA ESPÉCIE DE CONCLUSÃO:
POR QUE NÃO CONSEGUIMOS SER BONS? 275

Leitura complementar 284
Notas 294

A PERGUNTA

Sócrates fez essa pergunta.

São Paulo fez essa pergunta.

É a pergunta que nos atrai para as sagradas escrituras do mundo, e que define o patos de toda a arte e literatura de peso. É o poço do qual os grandes reformadores da humanidade extraem a sua paixão.

E agora, neste lugar e neste tempo, ela grita para nós com a mesma clareza e solenidade que a Sabedoria há muito tempo clamou para o homem:

> Junto às portas da cidade, gritando nos caminhos de chegada:
>   a vós homens eu chamo...
> Os ingênuos aprendam a sagacidade, os néscios adquiram um
>   coração.
> PROVÉRBIOS 8:3,5

A pergunta assumiu muitas formas ao longo das eras, mas as palavras que atravessam todos os mundos e todas as épocas da história humana são simplesmente as seguintes:

Por que não fazemos o que sabemos ser bom?

Por que fazemos o que odiamos?

Essa é a pergunta que na verdade nunca fazemos; e é a única que pode fazer diferença.

Apesar da vasta literatura ética e religiosa que está disponível hoje, apesar de todos os indícios da inutilidade da violência e do ódio na nossa vida e no mundo, apesar de todo o nosso esforço para encontrar a ajuda de que precisamos, apesar do nosso anseio de ser homens e mulheres capazes de amar, subsiste a pergunta:

Por que não conseguimos ser bons?

·· *Capítulo Um* ··

O PRIMEIRO PASSO

Entremeada na imensa tapeçaria da história e da tradição judaica, povoada pela história amplamente ramificada de famílias, reis e nações, bem como pelos dramas ardorosos de paixão e guerra, e pela justiça atroadora de Deus, existe, por assim dizer, uma imagem delicada e singular cuja grande importância pode facilmente passar despercebida.

Dois homens, um jovem e um idoso, estão diante um do outro. O mais jovem equilibra-se em uma das pernas. O outro, que podemos visualizar usando um modesto solidéu, tem a mão direita sobre o peito e estende parcialmente a esquerda, com a palma para baixo, em direção ao primeiro homem.

O homem mais idoso é Hillel, o Velho, o mais importante dos patriarcas rabínicos. O lugar é Jerusalém, em algum momento no período de quarenta anos entre 30 a.C. e 10 d.C. – durante o reinado do odiado Herodes, o Grande, e do seu filho Herodes Antipas.

A história em questão é extraída do Talmude e narrada em pouquíssimas palavras:

Um homem aproxima-se de Hillel de um modo agitado e provocador. "Adotarei o judaísmo", afirma, "com a condição de que você consiga me ensinar a totalidade da Torá enquanto eu me equilibro em um único pé."

Prontamente, Hillel retruca:

"Não faça aos outros o que não gostaria que fizessem a você. Essa é a essência da Torá. O restante são comentários. Agora vá e comece a estudar."[1]

Essa é toda a história. Nada mais sabemos sobre esse homem.

Talvez, ao baixar pensativamente o pé, ele tenha se perguntado por que lhe foi dito para "estudar". Ele não recebeu a essência do ensinamento em uma simples diretiva: "Não faça aos outros o que não gostaria que fizessem a você"? Algo poderia ser mais claro?

Para nós também: algo poderia ser mais claro? Também ouvimos essas palavras, ou palavras semelhantes, e estamos prontos, talvez ansiosos, para aceitá-las como um ideal de moralidade. Acreditamos, de um modo consciente ou semiconsciente, que sabemos o que é bom. A nossa única dúvida é se colocaremos esse ideal em prática. Não parece ser uma questão de "estudo", e sim apenas de ação. O que existe para ser *estudado*? E por que devemos fazê-lo?

É claro que em algumas situações éticas talvez precisemos ter acesso a determinados tipos de conhecimento, como informações científicas ou médicas, por exemplo, ou detalhes das circunstâncias da vida pessoal de uma pessoa. Entretanto, sentimos que depois que fazemos o dever de casa, a nossa obrigação é apenas agir, fazer a coisa certa. O princípio moral parece ser simples e claro, seja na forma oferecida pelo delicado mestre da história, ou, como foi exposto alguns anos depois por Jesus, o seu contemporâneo mais jovem: "Ama ao teu próximo como a ti mesmo."[2] Até aqui tudo é óbvio, não é mesmo?

Ou será a verdade fundamental bem diferente? Uma preparação específica da mente — um tipo específico de instrução — seja necessária para que possamos pôr em prática qualquer intenção séria, principalmente uma intenção que envolva uma ação moral? E se for este o caso, que tipo de instrução, que tipo de *estudo*, é indispensável?

Estamos fazendo uma pergunta fundamental sobre o mundo das ideias. Estamos questionando todo o significado do conhecimento relacionado com a nossa capacidade de ser bons.

Frequentemente ouvimos dizer que o conhecimento é moralmente neutro e que depende exclusivamente da pessoa que o utiliza e do motivo pelo qual o faz. No entanto, também nesse caso, a verdade fundamental pode ser bem diferente. É possível que todo o conhecimento, quer na forma de ideias universais, quer na forma de "fatos" simples e realistas, seja povoado por forças, suposições e implicações éticas? Será possível que o nosso conceito de conhecimento "neutro" e de fatos "simples" seja por si só um engodo?

Talvez imaginemos que, já que *sabemos*, podemos agir. Entretanto, e se o que hoje chamamos de "conhecimento" na verdade nos impede de agir em um sentido humanamente significativo dessa palavra? E se o tipo de ideias que passam pela nossa mente, bem como a qualidade das informações que valorizamos como "fatos" – e se tudo isso nos aprisiona em um sonho, na ilusão de uma ação moral e livre? Talvez a maneira como usamos a nossa mente, assim como as ideias que permitimos que criem raízes na nossa mente, garantam que nunca, jamais, agiremos a partir do nosso centro humano. E se a ação não emana do nosso verdadeiro eu, poderá ela um dia ser livre? E se não puder ser livre, poderá um dia ser moral? Se desejamos ser bons, se queremos ser o que somos destinados a ser, a nossa única escolha é questionar, profundamente, o nosso relacionamento com a nossa mente e o seu conteúdo.

Imaginamos que o jovem da nossa história, que certamente representa a nós mesmos, põe o pé no chão e em seguida é capaz de fazer o que é bom? Ou será que ele leva a sério o que ouviu e começa a estudar a Torá?

O MUNDO DAS IDEIAS

O que é a Torá?

Na acepção técnica, é o nome dado às seis primeiras partes do Antigo Testamento, conhecidas como os Cinco Livros de Moisés: Gênesis,

Êxodo, Levítico, Números e Deuteronômio. No sentido mais amplo, refere-se à Bíblia em geral, a toda a tradição. Como tal, ela representa a essência da religião judaica, abarcando tudo, desde as mais profundas e universais concepções de Deus, a lei moral e a natureza da realidade, aos detalhes e regras de comportamento, muitos dos quais são frequentemente encarados como pertencentes a outro tipo de cultura existente em condições sociais radicalmente diferentes.

No entanto, o sentido mais amplo da Torá nos conduz além das considerações sectárias, chamando a atenção de toda a humanidade para uma visão fundamental do homem no universo, ao lado de um ensinamento altamente desenvolvido a respeito da estrutura da psique humana e da natureza da luta interior oferecida a todos aqueles que buscam tornar-se "seguidores de Deus". Nesse sentido, a "Torá" significa um grande acervo de ideias, uma visão abrangente da realidade. Essa visão de mundo abrangente e genuína é a base e o apoio indispensáveis para o desenvolvimento da força moral de cada pessoa.

AS IDEIAS POR SI SÓS NÃO SÃO SUFICIENTES

Não obstante, não basta ter o conhecimento intelectual dessas ideias. É preciso que elas penetrem o coração e a alma do homem ou da mulher, chegando aos tecidos do corpo. É necessário lutar consigo mesmo e dentro de si mesmo para ativar a abertura interior em direção ao que é chamado de Deus, uma força que por si só torna possível o sentimento de responsabilidade para com o próximo e, consequentemente, a ação moral genuína. Os Dez Mandamentos, por exemplo, o ensinamento moral que reside na essência da Torá, coloca a necessidade de lembrar o Único Deus como a primeira obrigação e possibilidade oferecida ao homem; é somente depois de ajustar o coração e a mente à verdadeira percepção de Deus que o indivíduo e a comunidade ficam sujeitos aos mandamentos que lidam com a ação correta para com o próximo. No entanto, uma vez mais, por sua vez, o simples fato de ouvir que a pessoa não deve "ter outros deuses antes de mim" não é suficiente. Faz-se necessária a preparação da mente, um grau de entendimento do que a palavra "Deus" quer dizer. Todo o conhecimento contido na Torá tem como um dos seus propósitos fundamentais encaminhar os seres humanos para o estudo do que precisamos saber a respeito do significado da palavra "Deus".

Finalmente, no que diz respeito ao esforço de tornar-se *capaz* de ser bom, um analista moderno apresenta a seguinte interpretação da resposta de Hillel:

"A primeira parte da resposta de [Hillel]", escreve ele "... soa como um atalho para a essência da religião, para uma moralidade feliz e uma vida positiva". Mas não é tão simples assim:

> O acréscimo "Vá e comece a estudar" aponta para o longo caminho que precisa ser percorrido com paciência e persistência. Para que eu possa reconhecer a outra pessoa como meu semelhante, como meu igual, como alguém idêntico a mim, o meu Ego nu e não dirigido precisa passar por uma mudança radical. Para que uma pessoa esteja pronta para abrir espaço para outra, ela precisa exercitar a força de vontade, a abnegação e a compreensão amorosa. *Esse treinamento faz parte do estudo que não pode ser feito com a pessoa equilibrando-se em um só pé.*[3]

MAS AS IDEIAS SÃO O PRIMEIRO PASSO

No entanto, o nosso ponto principal aqui é que mesmo para começar esse "treinamento", essa indispensável luta interior, a preparação da mente faz-se necessária. A ação moral nunca é automática; ela pressupõe a intenção, a livre escolha. E a intenção inevitavelmente começa na mente ou precisa passar através dela. Mais cedo ou mais tarde, a mente precisa aquiescer para que qualquer ação seja livre.

É claro que pode acontecer, às vezes, que as nossas ações sejam boas e corretas sem que aparentemente tenhamos tomado qualquer decisão. No entanto, no caso da maioria de nós, exceto nos raros momentos de grande crise e necessidade, quando a totalidade do nosso ser pode se erguer em um ímpeto de vontade intuitiva e força moral que simplesmente se sobrepõe à nossa personalidade do dia a dia, esse comportamento aparentemente espontâneo pode ser simplesmente um comportamento automático e condicionado que não pode ser chamado moral. Não é o que desejamos quando queremos ser bons.

Para quase todos nós, na maior parte do tempo, o livre assentimento da mente é ativado principalmente pelas ideias e pela lógica. Para a maioria de nós, e certamente para quase todos aqueles nascidos e criados no mundo moderno, moldados pelo ideal do conhecimento científico, ou seja, mental, é absolutamente fundamental examinar a coloração ética e moral de tudo que chamamos conhecimento, tanto enquanto sociedade quanto na nossa vida pessoal.

O conteúdo da nossa mente respalda a ação moral? As nossas ideias sobre a natureza, sobre o eu humano, sobre o universo, sobre a história, a linguagem, as origens da religião, o corpo humano – sobre o tempo e o espaço, a guerra e a paz – nos habilitam a fazer, ou mesmo saber, o que é bom? A nossa mente, com todas as suas convicções, opiniões e "certezas" é moral, imoral ou eticamente irrelevante?

Estamos diante de um conjunto de perguntas fundamentais porém embaraçosamente difíceis: que ideias e opiniões efetivamente preenchem a nossa mente? Como chegaram lá? O que valem?

Avalie a seguinte imagem do conteúdo da nossa mente. Imagine um grande brechó que vende qualquer coisa que você queira. O lugar está entulhado de móveis velhos e objetos para o lar, quase todos lascados, quebrados e empoeirados, que o ávido gerente chama de "antiguidades". Há numerosos pequenos aparelhos – rádios, torradeiras e toca-discos velhos – que não funcionam e talvez nunca tenham funcionado. Há antigos pés de abajur sem cúpulas, e cúpulas de abajur sem o pé. Há caixas de vidro repletas de "joias", quase todas bijuterias baratas com décadas de existência. As paredes estão cobertas por centenas de quadros que variam de paisagens gigantescas e manchadas, cujo transporte exigiria um caminhão, a minúsculas miniaturas que consistem em pinceladas tortuosas coloridas que representam cenas da vida ou faces humanas somente quando apertamos bem os olhos ou até mesmo os fechamos inteiramente. E quanto aos milhares de livros e revistas velhos com a ponta das páginas dobrada, discos de vinil, antigos cartões-postais, e fotografias emolduradas de artistas de cinema ou de membros da família de outras pessoas, temos a impressão, ao contemplá-los, que estamos em um hospício ou calabouço abandonado que foi um dia habitado por lunáticos entediados.

Essas são as ideias, conceitos e opiniões que residem na nossa mente – ideias, conceitos e opiniões a respeito de tudo e de qualquer coisa no universo. Não importa o que o mundo nos apresente, não importa quem ou o que encontremos ao longo do dia, do que nos seja dito, ou mesmo do que ou de quem nos olhe de relance; instantaneamente passamos a ter uma opinião a respeito disso, um "ponto de vista", como às vezes pretensiosamente o descrevemos. A nossa mente repleta de quinquilharias está constantemente nos oferecendo os seus objetos, quadros, utensílios e dispositivos em toda a glória incoerente e empoeirada que eles exibem. No entanto, muito poucos, talvez até nenhum, desses pontos de vista, ideias e opiniões que colorem e moldam a nossa experiência e a nossa própria vida foram um dia examinados e avaliados no que diz respeito à sua verdade e ao seu valor. Muito raramente, e talvez jamais, temos consciência deles. Talvez nunca estejamos conscientes de que esta ou aquela paixão, decisão, ansiedade, medo, esperança ou ação decidida afinal de contas não é "minha", pertencendo na verdade a alguma ideia, ponto de vista ou opinião incoerente que se alojou na minha mente e está de fato "pensando" por mim. Não sou *Eu* que adoto essa postura moral ardentemente alimentada, digamos, e estou pronto para me sacrificar inteiramente por ela; é um dispositivo na minha mente que *sente* como *eu*, apenas porque o meu verdadeiro *Eu*, a minha verdadeira natureza, nunca deu um passo à frente para olhar para essa postura, examiná-la, e decidir se deve mantê-la e usá-la.

No entanto, nesse brechó, de vez em quando topamos com uma mercadoria preciosa: um belo e antigo camafeu escondido em uma barafunda de brilhantes falsos e pérolas de plástico; a primeira edição de um grande livro; uma exótica estatueta de porcelana de Meissen rodeada por uma dúzia de imitações baratas; um antigo tapete Sarouk cujo magnífico esplendor é obscurecido por uma pilha de tapetes "persas" feitos à máquina. Essas são as profundas ideias introduzidas na vida humana por mentes bem mais formidáveis do que a nossa, por homens e mulheres que alcançaram a capacidade de enxergar a verdade a respeito do homem e do mundo, e que se empenharam em passar para as gerações futuras sinais e indicações dessa verdade e do caminho que conduz à sua realização na vida da humanidade. Mas na nossa mente repleta de quinquilharias, até mesmo essas grandes ideias perdem o seu valor – o valor moral – por causa da sua associação com os objetos baratos que estão em oferta por toda a loja.

As grandes ideias nunca se destinam apenas a penetrar a mente. Elas são sempre parte de um tecido de ideias, de um todo orgânico. *Nenhuma ideia pode existir sozinha.* Se uma ideia não estiver relacionada com outras ideias que juntas formam o todo de um ensinamento vivo, ela inevitavelmente se associará de uma maneira enganosa, e até mesmo perigosa, às ideias de imitação, sem valor, aos conceitos, "pontos de vista" e opiniões que assolam a nossa mente.

Precisamos examinar esses dois tipos de habitantes da nossa mente: as ideias oriundas de um manancial superior ao do nosso modo de pensar corriqueiro, e os conceitos e opiniões que nos são impostos pela influência da educação, da sociedade e da mídia, e que aceitamos de um modo inconsciente e sem nenhum questionamento como sendo os nossos pensamentos e opiniões. Precisamos entender o poder que esses últimos têm de determinar a nossa capacidade de ser bons. Esse poder é no mínimo tão importante quanto ter consciência do alimento que ingerimos. As ideias, opiniões, percepções, experiências e impressões que eles nos conferem constituem o alimento da mente. As nossas ações, ou seja, a nossa saúde mental, são tão afetadas pela qualidade dos alimentos que colocamos na mente quanto a nossa saúde física é afetada pela qualidade do alimento que introduzimos no corpo.

O BOM UNIVERSO

Palavras que soam estranhas, "o bom universo"; porém, essa expressão resume uma das ideias iniciais e mais fundamentais que o jovem cético da nossa narrativa irá encontrar quando iniciar o estudo da Torá.

No entanto, antes de acompanharmos esse estudo, precisamos nos lembrar de que estamos tomando a Torá, a expressão fundamental das ideias da tradição hebraica, como um modelo do que é oferecido à humanidade em todos os grandes ensinamentos espirituais que o mundo já conheceu. Para demonstrar o nosso ponto vista, poderíamos ter igualmente escolhido as ideias essenciais do cristianismo, do budismo, do islamismo ou de qualquer uma das expressões de sabedoria do mundo. Todo ensinamento espiritual traz consigo um grande acervo de ideias, embora nem sempre expressas em uma linguagem abstrata. Na maioria dos casos, as ideias de um ensinamento espiritual são originalmente transmitidas ao mundo por meio de formas simbólicas concebidas para atingir os níveis do instinto, do sentimento e da intuição mais ocultos dentro de nós: o ensinamento alcança esse objetivo por intermédio do mito e da história, das imagens visuais, da arquitetura, da música, da dança e do ritual. Entretanto, de uma maneira ou de outra, em um ou outro estágio do processo do desenvolvimento moral e espiritual, o intelecto independente do homem, com a sua função do pensamento abstrato e lógico, precisa ser completamente mobilizado, precisa concordar com as exigências e solicitações do ensinamento. Em uma cultura como a nossa, na qual o conhecimento mental, desvinculado da sensibilidade do corpo e do sentimento, ocupa um lugar extremamente dominante na nossa vida e no nosso sentimento de identidade, a confrontação com grandes ideias é essencial para o processo do desenvolvimento moral. Essa afirmação é verdadeira até mesmo para os afortunados entre nós que receberam na infância um alimento moral genuíno no nosso jovem coração por meio da influência de uma atmosfera familiar eticamente saudável. Entretanto, na condição de adultos obrigados a agir no meio das influências do mundo moderno, quase todos precisamos do apoio dos nossos pensamentos e da nossa mente.

Eis, então, o nosso pupilo "de uma perna só" quando encontra a visão hebraica da Criação.

Desde o início ele enfrenta a força de uma grande contradição, como acontece com quase todos nós quando estudamos a Bíblia pela primeira vez. Essa grande contradição nada mais é do que a existência do mal e a desobediência do homem, um evento aparentemente gravado na própria estrutura do universo, na estrutura e na essência da realidade. Eis o universo, eis a criação na sua assombrosa imensidão e infinidade de propósito e beleza; eis as luzes dos céus, o sol, a lua e as estrelas; eis a vida e as grandes forças fluentes simbolizadas como "águas" acima e abaixo dos céus; eis tudo o que o Criador criou, a totalidade do universo vivo, a própria esfera da Existência. E eis os "dias" da criação, indicação de um processo no qual o Eterno penetra o domínio do tempo, um "dia" ou etapa de cada vez. E à medida que a criação tem seguimento, a partir do terceiro dia, Deus repetidamente dá um passo atrás e examina o que fez, "e Deus viu que era bom". Mas quando toda a natureza e o mundo são criados, é como se Deus fizesse uma pausa e refletisse, dizendo a Si mesmo: "Façamos o homem... ." "Então criou Deus, pois, o homem à Sua imagem, à imagem de Deus o criou; homem e mulher os criou" (Gênesis 1:27). E agora Deus mostra ao homem e à mulher a totalidade do mundo que Ele criou e o oferece a eles, pois na medida em que o homem é criado à imagem de Deus, a criação que é obra de Deus também é, em um certo sentido, obra do homem.

No entanto, com esse fato, o drama do mundo da natureza, do tempo e do livre-arbítrio terão início. E é no começo desse drama que Deus concede à Sua criação uma bênção mais profunda e abundante: "Viu Deus tudo quanto fizera, e eis que era muito bom" (Gênesis 1:31). Ao trazer o homem para o universo, Deus é capaz de dizer que agora é *muito* bom, extraordinariamente bom, o que significa completo, terminado. E, no entanto, ao mesmo tempo, é um drama, um movimento; é uma luta que está prestes a começar. A incerteza e a liberdade ingressam no mundo. Poderíamos ter imaginado, assim como o nosso jovem discípulo talvez o tenha feito, que o mundo é *extraordinariamente* bom porque a consciência humana foi trazida para ele. Entretanto, ele logo descobre, assim como nós que lemos a Bíblia logo descobrimos, que Deus também trouxe o *mal* para o mundo. Com o movimento da vida, e especialmente com o movimento da vida consciente – com o homem – o drama profundo, o mistério insondável do bem e do mal penetram o mundo.

Todo um universo agora se revela: uma história de Deus, por assim dizer, na forma do homem e por intermédio dele, o eu que nós somos, embora não tenhamos conhecimento disso. A Torá refere-se ao homem não apenas como um ser específico que habita um minúsculo planeta particular no imenso universo. Ela também faz menção ao homem como o centro do universo. Duas ideias contraditórias juntas! – como na máxima rabínica: "Todo homem deve carregar consigo dois pedaços de papel e olhar diariamente para ambos. Em um deles está escrito: 'Tu és poeira e cinzas.' E no outro: 'Para ti foi criado o universo.'"

O universo se importa com o homem, precisa do homem, necessita da essência do homem, daquilo que o homem realmente é e está destinado a se tornar. O homem ou a mulher que ergue os olhos para o céu noturno e experimenta uma sensação de assombro está percebendo a realidade com precisão. Nesse momento, a pessoa se sente humilde diante de duas realidades: o imenso mundo acima e o fato da sua consciência e presença nesse mundo. Nessa experiência primordial de assombro – de sagrado respeito – somos ao mesmo tempo finitos e infinitos; simultaneamente eternos e temporais, como Deus o é quando cria o universo e ingressa no tempo. Estou aqui, apenas eu, este pequeno ser penetrado pela grandeza, este homem ou mulher que geralmente vive sob o domínio do medo e da confusão. Mas agora, neste momento de assombro genuíno, estou certo de que pertenço à totalidade sagrada da realidade e, se eu prestar bastante atenção, verei que anseio pelo meu dever para com o que sou e o que me criou.

Mas o momento de assombro é, em geral, apenas um momento. No instante seguinte, virarei a cabeça, farei um movimento, e então, de repente, deixarei de sentir a minha sagrada essência. Não sou mais o Homem: sou um desejo, um medo, um impulso, uma reação. Tenho preferências e aversões; posso até roubar ou matar, mesmo que apenas em pensamento. Não sou mais o homem; sou simplesmente este homem ou esta mulher. O que escolherei? Ser o Homem? Ou ser este homem ou mulher perturbado?

O princípio da escolha foi introduzido no âmago da criação. É com o princípio da escolha que entra em cena a verdadeira questão do bem e do mal. Nada existe de um modo neutro; nada existe sem ser abraçado pela questão do poder de escolha, de perceber o bem e o mal e agir em função disso. A realidade está carregada de forças éticas. Tudo *importa*. O homem que vê ou age sem uma referência primária ao poder interior da vontade e da intenção não é um homem.

Visualize agora o nosso jovem pupilo sentado aos pés do grande Hillel. Por que, pergunta ele, a Torá é tão cheia de contradições? Por que as primeiras ideias que ele encontra nela são tão confusas? Deus cria o Homem – e o resultado é muito bom. Ele coloca o Homem no Jardim do Éden, o paraíso, e lhe mostra a árvore da vida. E o resultado é igualmente muito bom. E Deus também mostra ao Homem a árvore do conhecimento do bem e do mal. Mas o resultado disso não é tão bom, e aqui começa a confusão.

Aqui começa o mal. Mas por quê? Por que a serpente? Não foi o próprio Deus que colocou a serpente no jardim? Deus não sabia o que a serpente iria fazer? E por que a desobediência de Eva e, em seguida, a de Adão? E por que Deus os proíbe de comer da árvore do conhecimento do bem e do mal?

O nosso jovem inquiridor não está fazendo perguntas apenas por curiosidade. Ele é um buscador sincero. O seu gesto aparentemente extravagante de se erguer sobre uma única perna foi na verdade um ato de necessidade desesperada: vamos vê-lo dessa maneira, vê-lo como nós somos nos nossos momentos mais tempestuosos nos quais nos questionamos interiormente a respeito de nós mesmos.

O MESTRE AGUARDA

O mestre examina calmamente o discípulo que tem diante de si. Ele aguarda. Não fornece o tipo de resposta instantânea que foi um "choque" inicial apropriado quando o jovem o procurou pela primeira vez em um ato de impaciência ousada e sagrada. O mestre deixa a pergunta soar *dentro de si*. O mestre e o discípulo estão agora dentro de uma das formas sagradas primordiais na qual a transmissão da verdade sempre teve lugar através dos tempos: o encontro direto e pessoal do buscador com o mentor.

O mestre espera e abandona as suas primeiras associações com a pergunta, todas as ideias que ele estudou e dominou, as ideias que estão reservadas para o discípulo inquiridor que está diante dele. O mestre não deseja abordar a pergunta com palavras; ele não quer destruir o estado sagrado do inquiridor com uma "resposta". Ele quer, entre outras coisas, ajudar a preparar o discípulo para as ideias que este irá encontrar nos anos que se estendem à sua frente, prepará-lo para valorizar o estado de questionamento que possibilitará que as ideias o penetrem da maneira correta, como sendo a sua descoberta. O mestre quer ajudar o aluno a receber profundamente o auxílio do ensinamento, a energia que este pode conduzir à sua mente e ao seu coração.

O mestre aguarda, até que ele mesmo é despojado da sua "sabedoria". Até que mergulha ainda mais profundamente na pergunta do que o discípulo. E então, talvez, o mestre receba a resposta, porque esta passou agora a ser a *sua* pergunta.

A pergunta é a seguinte: por que Adão e Eva obedeceram à serpente em vez de ouvir as palavras de Deus?

Hillel, o Hillel da nossa imaginação, responde:

"E a quem *você* obedece?"

A resposta fica suspensa no ar, exatamente como o mestre sabia que ela ficaria. Uma resposta desse tipo deixa o buscador sincero paralisado. Ele não replica com facilidade ou rapidez. É possível que, mesmo agora, ele sinta o peso dessa resposta aparentemente insatisfatória, quase irrelevante, à sua pergunta. De qualquer modo, o discípulo está sendo preparado na mente e no coração para enfrentar parte da grande resposta que o ensinamento dá à existência do mal no mundo, ou seja, que o homem nasce com duas vidas dentro de si, duas forças opostas, e que a tarefa e o significado da nossa vida é reuni-las por meio de uma luta livremente escolhida, de maneira a permitir que a força conciliadora de Deus penetre a comunidade humana.

Nessa exigência feita ao homem reside a história do mundo, ou seja, que o mal genuíno (não enviado por Deus) surge de uma "escolha" interior, da recusa de aceitar a luta que nos mostrará a natureza das forças que existem dentro de nós, e os sacrifícios que nos são exigidos para que possamos colocar os nossos poderes a serviço do Eterno.

"A quem *você* obedece?"

O discípulo vislumbra, de repente, que a sua necessidade, a sua situação humana, a confusão e a profunda *insatisfação* da sua vida do dia a dia, não são causadas por algo que está faltando nele, e sim por algo que está ausente no Homem? A grande desobediência original de Adão e Eva é a história do Homem. A nossa situação individual é a situação conjunta da humanidade; ela não é apenas o meu problema, a minha dificuldade, e sim o problema e a tristeza do homem na Terra. O aluno ouve isso? Talvez ainda não. Ele precisa ouvir mais, escutar outras ideias que falem sobre as leis de Deus, das exigências de Deus, das possibilidades que Deus "tinha em mente" quando criou o Homem. O nosso jovem discípulo não pode ter conhecimento dessas coisas. Ninguém as conhece, exceto aqueles que há muito se esforçam para despertar para a verdade.

AS IDEIAS VIVEM NAS PESSOAS

A totalidade da Torá, todo o acervo de ideias agora se estende diante do discípulo, esperando por ele, chamando por ele. Tudo o que ele aprender sobre o mundo e sobre o homem será recebido, terá que ser recebido, à luz da questão do serviço ao Eterno. O mundo passa agora a ficar carregado de significado ético.

Mas as primeiras ideias fundamentais do ensinamento precisam começar a ser recebidas. Precisam ser acolhidas no depósito da mente do discípulo, onde por meio da lógica, da reflexão e do indispensável auxílio do mentor, gradualmente se expõem às opiniões, ideias imitativas e conceitos inconscientemente aceitos que atravancam a mente e condicionam previamente as suas percepções fundamentais do mundo e dos seus semelhantes. Ele começará a perceber que quase tudo na sua vida e no seu mundo foi até agora trazido à sua consciência já maculado por uma opinião. No momento em que ele tenta pensar em alguma coisa, no instante em que tenta decidir o que deve fazer, as opiniões na sua mente abarrotada estão redigindo o menu das suas opções e, sem que ele saiba, determinando o rumo e a qualidade das suas ações.

Mas agora as ideias do ensinamento começam a funcionar. A própria natureza e existência do mundo torna-se uma nova questão e uma nova ideia para ele, o que quer dizer, para *nós*.

O mundo? O universo? Ele existe sem nenhuma razão? Surgiu simplesmente do nada? As coisas simplesmente acontecem para ser organizadas com uma ordem incompreensível, com vida sobre vida, vida dentro de vida, propósito dentro de propósito nos circundando e entrando através dos limites do espaço e do tempo? O fato da existência em si, do ser em si, não é um mistério, um mistério inevitável? Em outras palavras, uma pergunta que precisa ser sinceramente enfrentada?

Não podemos fugir dessa pergunta. Na verdade, não *devemos* fugir dessa pergunta. Antes que quaisquer mandamentos do alto sejam formulados, o grande ensinamento exige que enfrentemos o próprio mistério da existência. A psique de cada homem ou mulher que entra no "templo da mente" é construída para refletir sobre essa pergunta. Quanto mais explicamos o mundo, quer por meio da ciência, quer por meio de qualquer outra modalidade, maior parece ser o mistério da existência do mundo.

Nascemos para olhar, examinar e explicar, mas pairando sobre todas as nossas explicações que nos mostram a complexa interligação *dentro* do mundo, pairando sobre tudo na estrutura da nossa mente, no mistério cada vez mais profundo do *fato do mundo*, da origem e do significado da existência, da ordem e do próprio cosmos – e, finalmente, do mistério correspondente da existência da mente que vê e sente tudo isso: a questão e o mistério de *nós mesmos*.

Deus criou o mundo! De repente, as palavras são novas. O mundo está repleto de mistério, um mistério definido como inteligência além da minha inteligência; como uma ordem mais elevada, uma ordem que não sou capaz de entender, mas que sou *obrigado* a compreender.

DEUS É ÚNICO

Eis o que o discípulo é informado a respeito da principal característica desse Deus que criou o mundo:

Ouve ó Israel! O Senhor nosso Deus, o Senhor é Único.

Deus é Único. Que *monoteísmo* é esse que é apresentado como o mandamento fundamental para o homem, o mandamento – ou, como poderíamos dizer, a *possibilidade* – de ver e respeitar a totalidade de Deus e a totalidade do mundo? Com excessiva facilidade, ele escapole para um mero conceito. Ou para um artigo de fé cega. Ou mesmo um brado de guerra. Ou seja: uma ideia imitativa, um sonho sentimental ou um lema apaixonado.

Existe apenas um único Deus. Por que isso é tão importante? Ou melhor, por que, quando é tão fácil pronunciar as palavras, essa ideia é apresentada sob a forma de um *mandamento,* ou um convite sagrado, algo pelo qual devemos lutar, ou preparar-nos interiormente, para aceitar?

Avalie a seguinte história, registrada quase dois mil anos depois de Hillel. Outro mestre, outro discípulo e, uma vez mais, a dolorosa pergunta, dessa feita dizendo respeito ao que a Torá determina com relação à condição única de Deus:

> Ouve ó Israel! O Senhor nosso Deus é um só.
>
> E amarás o Senhor teu Deus com todo o coração, e com toda a alma, e com todas as forças.
>
> E colocarás sobre o coração todas estas palavras que hoje te digo.
>
> Tu as inculcarás a teus filhos e delas falarás quando estiveres sentado em casa e quando estiveres andando pelos caminhos; quando te deitares e quando te levantares...[4]

O discípulo pergunta ao rabino: "Por que nos é dito para colocar as palavras *sobre* o coração e não *dentro* do coração?"

Na verdade, a pergunta já reside nas diferentes traduções do texto. A expressão hebraica *al-levavekha* significa "sobre o coração", mas na vasta maioria das vezes ela é interpretada como "*dentro do* coração". É como se os tradutores, à semelhança do discípulo da história, não fossem capazes de entender por que está escrito "*sobre* o coração".

Por que, então, não nos é dito que coloquemos essas palavras, as palavras fundamentais de todo o ensinamento, *dentro* do nosso coração?

O rabino responde: "Porque somos incapazes de colocar essas palavras dentro do coração. Tudo que podemos fazer é colocá-las *sobre* o coração."

O DISCÍPULO AGUARDA

O discípulo aguarda. Ele compreendeu que o ensinamento diz respeito a ele próprio, ao *eu mesmo,* à vida da pessoa, ao ser da pessoa. As ideias são a meu respeito, aqui, diante da questão de mim mesmo. Ao ouvir a resposta do rabino, mais perguntas começam a se formar nos lábios do discípulo: *Então o que devo fazer? O que devemos fazer?* Mas antes que ele possa formulá-las, o rabino responde.

"O nosso coração está fechado. Tudo o que podemos fazer é colocar essas palavras *sobre* o coração. E ali elas permanecem..."

"... até que um dia o coração se rompe... e as palavras caem dentro dele."

UM ÚNICO DEUS; DOIS CORAÇÕES

A ideia de um Deus Único conduz o discípulo à ideia do coração humano, a ideia de que o coração humano deseja, simultaneamente, receber e rejeitar o que lhe é oferecido. Aqui, diante dessa contradição, o discípulo – nós – enfrentamos a grande ideia dos "dois corações" do homem, as suas duas naturezas, ou, como é chamada na formulação hebraica, o *yetzer tov* e o *yetzer ha-ra,* o impulso para o bem e a inclinação para o mal. A Torá nos pede que conscientizemos os nossos "dois corações" da unidade e da grandeza de Deus. Ela nos pede que sirvamos a Deus com o impulso para o bem e com a inclinação para o mal, da mesma maneira como, na origem da Sua criação do mundo, o bem e o mal, o anjo e o demônio, foram criados para promover a ação no mundo do Inominável, do Deus além de Deus, o que a tradição oculta inominável chama de o grande *Em Si Mesmo,* o *En-Sof.*

A verdade de Deus precisa penetrar e conciliar os dois corações do homem. Da maneira como estamos no momento, um dos impulsos confirma e o outro nega. A prática do ensinamento envolverá harmonizar esses dois movimentos por intermédio do Inominável dentro de nós mesmos.

Deus é Um Só, mas também é da mais alta importância afirmar que Deus é *Unidade.* Deus é Unidade. O discípulo é obrigado a entender o que isso significa. O discípulo – o homem – não entende essa ideia – porque, para entendê-la, ele precisa estar a caminho da unidade dentro do seu próprio ser. Sem uma amostra da experiência da unidade dentro de si mesmo, a ideia permanece apenas um nobre ideal, um nobre conceito que o impulso para o bem dentro do discípulo aceita, como um seguidor "obediente", um "bom judeu". Mas não basta ser um "bom judeu". Ou melhor, é impossível ser um "bom judeu", um bom homem, sem incluir na consciência tudo o que resiste ao impulso em direção a Deus.

O PROBLEMA DO MAL

Aqui o discípulo se depara uma vez mais com a grande ideia do mal: o mal não está presente apenas dentro dele e sim em toda a humanidade – e em toda a Criação. No entanto: *Deus é Único, Deus é Unidade.* Como entender essa afirmação? Como *começar* a entendê-la? A Torá se estende diante do discípulo. A história da humanidade tem início. Em toda parte e em todas as coisas existe a luta entre o bem e o mal. Em toda parte, e em todas as coisas, Deus comanda e o homem resiste. O homem, *Homem:* quem é ele? Quem ou o que ele é? Às vezes ele é o Faraó, o tirano, que escraviza o povo de Israel, obtendo o seu poder dos ídolos. Às vezes ele é Moisés, que extrai a verdade oculta nos templos secretos encobertos pelo Faraó; Moisés que recebeu a visita de Deus e conduziu o povo de Israel – o Homem em toda a sua multiplicidade e passividade – para fora do estado de obediência subserviente ao falso rei, o Faraó. De fato, o Homem *é* o povo de Israel que vaga pelo deserto, o caminho austero que o afasta da escravidão, da submissão degradante, e o conduz à terra de "leite e mel", a esfera na qual a essência-alimento do Homem é preparada pela própria Criação. O Homem no deserto: o Homem no *caminho:* o Homem separado da comida da terra da escravidão, separado da vida da escravidão, mas que ainda não se encontra no estado de liberdade e serviço consciente que é o seu direito e o seu destino. Esse também é o Homem: o Homem no intervalo entre o sono e o despertar. O homem entre o *yetzer tov* e o *yetzer ha-ra.* Nesse caminho, o Homem recebe um alimento que vem do alto – o alimento, o *maná,* Deus providenciará – Deus é a providência em muitos sentidos, mas aqui é enfatizada a acepção de que de cima, o homem receberá o sustento necessário à sua alma em desenvolvimento.

. . .

Neste ponto afastamo-nos do nosso discípulo de uma só perna. Ele virá novamente ao nosso encontro mais tarde durante a sua incumbência de estudar a Torá, na sua tarefa de acolher todas as grandes ideias na sua mente e depositá-las "sobre o coração". A imensidão do que ele irá estudar está além do resumo e da descrição, sendo uma das expressões fundamentais da visão do homem e do universo que tem guiado a vida humana desde que a humanidade surgiu na Terra. Cada palavra, cada imagem, cada história pedirá que ele pare dentro de si mesmo e olhe para o mundo com novos olhos. O discípulo aprenderá repetidamente que ele, o Homem, é um ser criado para a ação correta, um ser destinado a pisar no fluxo da vida humana e criar causas, criar efeitos: *para ser, conhecer, amar e fazer* no mundo humano, assim como Deus, o *Criador das Causas*, é *Existência, Sabedoria, Misericórdia* e *Exigência* na vida do universo.

Ele aprenderá, em resumo, que a sua essência é o poder da ação consciente, e que toda ação genuinamente consciente é uma ação moral. Ele não é uma pedra, não é uma árvore, não é um animal; ele é o Homem. A pedra existe, a planta vive e sente, o animal se movimenta e pode até "pensar". No entanto, somente o homem é capaz de agir.

Ele é o Homem. Entretanto, ao mesmo tempo, ainda não é o Homem. Ainda não está unido à sua essência.

Moisés conduz o povo de Israel a uma terra prometida na qual ele próprio não pode entrar. O discípulo aprenderá que ninguém sabe onde Moisés, o maior dos homens, está enterrado. Isso significa que nem mesmo Moisés chegou a ser Homem? Ou quer dizer que nenhum de nós jamais poderá descobrir o Moisés oculto, a verdade encoberta?

Ele aprenderá que tão grande era a atenção de Abraão, Isaque e Jacó para com Deus, que este define a Si mesmo para o povo pelo nome deles. Depois de referir-se a Si mesmo, na presença de Moisés, como o assustadoramente misterioso e concreto: "EHYEH ASHER EHYEH", "SEREI AQUILO QUE SEREI", frase que tem sido objeto de muitas interpretações, uma das quais podemos apresentar como *"Eu sou as minhas ações quando tem lugar a Minha sagrada necessidade"*, depois de definir a Si mesmo para o Homem como o Criador das Causas que atuam dentro do Tempo (a vida humana), depois de definir a Si mesmo como o Deus cuja Existência é Fazer, Ele fala novamente a Moisés, dizendo: "Assim dirás aos filhos de Israel: O Senhor, o Deus de vossos pais, o Deus de Abraão, o Deus de Isaque e o Deus de Jacó, me enviou a vós outros; este é o meu nome eternamente, e assim serei lembrado de geração em geração[5].

O discípulo descobrirá que está ao mesmo tempo terrivelmente afastado da sua essência e incompreensivelmente próximo dela. Ele trai a sua natureza e, ao mesmo tempo, experimenta dentro de si e nas exigências que lhe são feitas que ele é o filho do Criador. Existe uma passagem entre o que ele de fato é e o que foi criado para ser, uma passagem que é muito distante e longa, e ao mesmo tempo imediata e quase instantânea. Ele é como um arco elétrico entre o agora e o futuro, entre o que eu sou agora e o que eu SOU na eternidade. Eternidade e temporalidade, infinito e finitude, passado e futuro, o próprio significado do tempo e da história estende-se diante do discípulo, alonga-se diante do Homem, diante da pessoa, de mim, de você.

E a ponte é a ação, a manifestação, o ato – a ação radicada na contemplação da Existência, na imobilidade interior, na submissão interior, na atenção interior à Verdade, uma atenção interior à verdade e à sabedoria que tem início na mente, no pensamento.

A sua pergunta fundamental adquire forma. A nossa pergunta fundamental adquire forma. É a pergunta do Homem na nossa era, aqui, agora, neste mundo ardente e nesta vida vigorosa que vivemos.

Qual a atividade da mente que nos conduz ao poder de ser bons? O homem é o ser destinado a agir e, ao mesmo tempo, o ser incapaz de agir. O homem moderno vive na sua mente, adormecido para o poder de agir que reside na totalidade do seu ser. No entanto, dentro da prisão da mente existe uma ação que leva à ação consciente. Dentro da mente há um poder de relacionamento com o meu semelhante que conduz ao amor pelo meu semelhante. A mente por si só não pode nos tornar capazes de fazer o que sabemos ser bom, mas a mente por si só pode nos levar em direção a esse poder.

As grandes ideias nos mostram a possibilidade; elas tocam a essência da mente. Elas são os instrumentos que nos mostram onde estamos e aonde estamos destinados a ir, mas por si sós não podem nos conferir o poder que precisamos e pelo qual ansiamos, o poder da ação consciente, o poder do amor.

As grandes ideias nos chamam – não para agir, porque elas nos dizem que ainda não podemos agir.

Mas elas nos chamam para outro tipo de ação que está ao nosso alcance, exatamente como somos. E essa ação é o trabalho da mente, o trabalho do pensamento e da reflexão.

Que tipo de pensamento, que tipo de relacionamento com grandes ideias irá efetivamente nos conduzir ao que estamos buscando com relação ao nosso semelhante e à vida do homem? A resposta está bem diante de nós. A resposta reside em você, meu semelhante. O primeiro passo em direção ao poder da ação moral encontra-se no poder que temos de *pensar moralmente*. Entretanto, isso não significa necessariamente pensar especificamente em questões morais ou éticas; significa o trabalho de *pensar junto* com o meu semelhante, com você, a respeito de qualquer questão essencial do coração e da mente. Um novo significado do relacionamento humano agora aparece; na verdade, um antigo significado do amor. Surge o antigo significado da amizade, ou seja, raciocinar em conjunto.

Isso quer dizer trabalhar em conjunto ao se expressar a partir da essência da mente e ouvir com amor e austeridade. É o trabalho de permitir que a linguagem nasça entre nós, a verdadeira linguagem que conduz a vibração do pensamento.

Estamos falando de uma esfera de ética inteiramente nova, de uma esfera pré-ética, por assim dizer, que representa um passo em direção à vida da ação moral consciente. No entanto, é uma ética que podemos praticar assim como somos, com trabalho e orientação. Isso não é impossível para nós. É o nosso passo em direção à possibilidade pela qual ansiamos, mas que ainda não podemos alcançar.

Estamos nos referindo à ética de pensar em conjunto, do amor filosófico.

Entra Sócrates.

···· *Capítulo Dois* ····

O SEGREDO DE SÓCRATES ou PENSANDO EM CONJUNTO COMO UMA OBRA DE AMOR

Os objetos visíveis são vistos apenas quando o Sol brilha sobre eles;
a verdade só é conhecida quando iluminada pela ideia do bem.

REPÚBLICA, LIVRO VI[6]

Vamos então, finalmente, imaginar esse homem de um modo diferente. A nossa atitude com relação a ele tornou-se vergonhosamente cômoda, mesmo quando o vemos nas suas últimas horas lendárias, cercado pelos seus discípulos, calmamente levando aos lábios a taça do carrasco. Sem mencionar a imagem estática que temos dele, misturando-se na praça do mercado, procurando buscadores da verdade ou discursando com divina objetividade sobre o misticismo do amor enquanto os seus companheiros de mesa mergulham em um sono induzido pelo vinho.

Nós nos sentimos tão à vontade com a imagem que fazemos desse homem, que chamamos de "socrática" praticamente qualquer tipo de conversa intelectual, como se compreendêssemos o que *ele* queria dizer com "diálogo" e até mesmo fôssemos capazes de fazer o mesmo!

Precisamos imaginá-lo agora como ele realmente era e como precisamos que ele seja para nós: *o destruidor do "pensamento" e o fecundador da mente*, para quem o amor era o ato conjugal dos seres humanos pensando em conjunto, para quem a verdade nascia não na resposta, mas sim no aprofundamento das perguntas, no intercâmbio do coração e da mente entre o mestre e o discípulo, e *dentro do próprio discípulo.*

Platão, o grande discípulo de Sócrates, delineou-o cuidadosamente dentro da vastidão do que se tornaria o mais poderoso sistema de ideias filosóficas do mundo ocidental, ideias que modificaram toda a vida na Terra, irradiando as suas formulações para a revelação hebraica, emprestando-lhe uma lógica e uma linguagem que possibilitou que ela se expressasse para todas as pessoas em todas as nações. Por intermédio desse casamento do judaísmo com a filosofia grega, tanto o cristianismo quanto o islamismo, cada um por sua vez e no seu próprio idioma, transmitiram a sua revelação ao intelecto do mundo. No entanto, incrustado no meio de tudo isso ergue-se Sócrates, um mistério em plena luz do dia, o homem que "nada entende" e que demonstra a todos os que querem ouvir que eles, também, não entendem nada. O homem que sussurra para nós que o verdadeiro pensamento exige a liberdade com relação ao pensamento entre aspas.

As formulações do seu discípulo, Platão, circulam através do sangue e dos tecidos da nossa cultura. A ideia do verdadeiro mundo por trás do mundo que vemos, um mundo real acessível apenas à alma; a ideia de níveis mentais que correspondem a níveis de realidade: essas ideias são de Platão. A ideia da sabedoria como virtude, e da virtude como sabedoria, é de Platão. A própria distinção entre a opinião e o entendimento é de Platão, bem como a ideia do aprendizado autêntico como uma "lembrança" interior. A ideia do anseio pela verdade como um elemento orgânico na estrutura da psique humana é de Platão. E acima de tudo, foi de Platão que recebemos a ideia impressionante de que a origem de tudo que existe em todo o vasto universo é a luz irradiante da Bondade, Bondade essa profundamente oculta no mundo das aparências – o mundo instável no qual a humanidade dorme nas trevas do "esquecimento" – um mundo do qual, contudo, podemos despertar por meio do esforço de conhecer a nós mesmos. Todas essas formulações, e inúmeras outras, vieram ao mundo por intermédio de Platão.

Mas Platão veio de Sócrates.

ENTRA SÓCRATES

Sócrates é o símbolo e a realidade do trabalho de pensar *em conjunto*. Era um trabalho desconhecido daqueles que o cercavam em Atenas. E é um trabalho desconhecido hoje para nós.

Pensar é um ato ético. Essa é a mensagem fundamental que Sócrates oferece ao mundo. Pensar é um ato ético – o verdadeiro pensamento, o pensamento de um homem, de um ser que nasce para a ação moral, mas que ainda não é capaz de praticá-la, que ainda não é capaz de ser bom.

O que Sócrates apresentou foi um trabalho mental que é uma preparação para a moralidade, um ensaio para a ação moral. O que tem lugar entre Sócrates e aqueles que ocupavam o lugar dos seus discípulos é um movimento *intermediário* entre a impotência moral e o poder moral. O que ele oferece é uma maneira de encontrarmos o trampolim que nos conduz de uma vida movida pelo egoísmo para uma vida baseada na consciência.

Você não entende o que significa ser moral – é o que ele nos diz através dos milênios. Você não entende o que é a virtude, o que é a justiça, o que é o amor e a beleza; não entende a amizade; não entende a responsabilidade diante do seu semelhante, de Deus ou de si mesmo. Você não entende o que é a verdadeira liberdade, a coragem ou a compaixão; você não entende o que é a felicidade. E, acima de tudo, não entende o que você é. Você não entende a sua alma.

Como você não entende nada dessas coisas, e como não tem consciência da sua ignorância, a sua vida é miserável e caótica. Você acredita que deveria ser bom, mas não percebe que ainda não é *capaz* de ser bom. O seu ser não o permite. A sua mente e o seu coração estão sob o domínio dos seus apetites, e as suas ações são controladas pela sua mente ao mesmo tempo oprimida e tirânica. Dentro de você, profundamente enterrada, reside uma força mental e de pensamento imensuravelmente maior, uma alma, o seu Eu, que tem o poder de organizar o seu ser e que pode lhe conferir o poder de saber o que é verdadeiro e de querer o que é bom. No entanto, da maneira como você é, essas possibilidades batem inutilmente as asas.

O SEGREDO DE SÓCRATES

Venha, diz Sócrates: qual a sua pergunta? O que você deseja entender? Reflita atentamente: sobre o que você deseja pensar?

Esta já é uma questão *ética* muito importante e profunda: sobre o que *devemos* pensar? Com que finalidade devemos empenhar a nossa energia mental, a qualidade que nos define como seres humanos? Essa é a primeira pergunta de Sócrates, e também a primeira pergunta do homem, o ser para quem ser ele mesmo está em discussão. A maneira como respondemos a ela é de imensurável importância, pois determinará o rumo de toda a nossa vida.

Qual é a sua pergunta? A respeito do que você precisa pensar? Sobre o que *nós* precisamos pensar em conjunto? Somente se trabalharmos juntos poderemos abordar a resposta ao mistério da nossa existência. Apenas na vida da permuta da mente e do coração entre as pessoas e dentro de nós mesmos poderemos experimentar a exigência do Bem, poderemos ouvir o chamado do Bem, poderemos lutar para obedecer ao Bem e enfrentar tudo o que existe em nós que resiste ao Bem. Pensar em conjunto é uma preparação para a vida em conjunto. Pensar em conjunto é uma escola para a consciência, uma "academia" na qual seres humanos individuais podem de fato se esforçar para agir como se fossem virtuosos, como se fossem capazes de ouvir e obedecer ao chamado da consciência.

Pensar em conjunto ainda não é ser bom; na verdade, está longe disso. Mas tampouco significa que estamos inteiramente perdidos no egoísmo e na moralidade imaginária da vida do dia a dia. Pensar em conjunto é um passo em direção à esfera da moralidade intermediária, de uma vida virtuosa que podemos de fato praticar, em oposição à vida moral efetiva no mundo que apenas imaginamos poder praticar. O trabalho do pensamento conjunto é apenas um passo em direção ao poder de ser bom, mas é um passo verdadeiro e, por conseguinte, imensamente valioso. É um passo que podemos dar, um passo que devemos dar. Esse é o segredo de Sócrates.

O SABOR DO PENSAMENTO

Eu o chamei de segredo em plena luz do dia. Vou explicar o que quero dizer com essas palavras.

Lembro-me claramente do dia em que descobri esse "segredo". Foi no início do meu primeiro ano de faculdade. Uma semana antes, eu estivera na janela do meu quarto no dormitório de Harvard Yard, acenando para os meus pais que partiam para a Filadélfia no nosso Chevrolet 1950. Agora, eu estava a caminho da minha primeira aula de uma cadeira de conhecimentos gerais no curso de ciências humanas. Eu ficara acordado durante metade da noite lendo a primeira tarefa do curso: a *Apologia* de Platão, que consiste na autodefesa de Sócrates perante o tribunal de Atenas. Este último havia acusado Sócrates de corromper os jovens e subverter a crença religiosa tradicional, acusações graves que estavam no mesmo nível da de traição.

Não senti que Sócrates e Platão me fossem desconhecidos. Enquanto caminhava alegre por debaixo das folhas coloridas e brilhantes para a aula, eu ia refletindo, distraído, a respeito do meu romance com a filosofia durante os meus anos de ensino médio.

Por volta dos 15 anos, comecei a ler todos os livros de filosofia nos quais conseguia pôr as mãos, com frequência sem entender quase nada, às vezes mal compreendendo uma ou duas frases. Mas quando conseguia entender alguma coisa, por mais insignificante que fosse – como aconteceu, por exemplo, quando li os ensaios claros de Bertrand Russell ou as *Meditações* de Marco Aurélio – eu tinha a sensação de estar pisando em terreno conhecido: então eu não era o único a formular aquelas perguntas!

Era um sentimento que eu não expressava, e não poderia expressar, em palavras; a sensação de que encontrara companheiros em outra vida, outro mundo no meio do meu mundo do dia a dia. Eu poderia até dizer que me apaixonara pela palavra "filosofia", a qual despertava dentro de mim uma espécie de movimento, um "sabor" interior da mente.

Lembro-me repetidamente de encontrar a palavra "mente" nos livros que estava lendo. E enquanto lia os argumentos e as questões dos filósofos, interrompendo a leitura sempre que não entendia, ou fazendo interrupções ainda mais radicais quando *de fato* compreendia, percebi que nessas interrupções, que tinham lugar automaticamente, eu via, eu *sabia*, que estava experimentando a minha *mente*. Eu estava *pensando*. E esse *modo de pensar* tinha um sentido completamente diferente, um sabor diferente, uma qualidade distinta de quando eu tentava decifrar o meu dever de casa, calcular uma equação algébrica, decidir o filme que queria assistir, entender por que alguém não gostava de mim ou pedir alguma coisa ao meu pai.

Além disso, ao mesmo tempo, reparei com muita intensidade, mas sem realmente expressá-lo em palavras ou ser capaz de enxergá-lo explicitamente, que o mesmo "sabor", o mesmo movimento, ocorrera no meu amor pela natureza e pela ciência: quando eu contemplava o céu noturno, observava a formiga avançar lentamente através da "floresta" de pelos do meu braço, estudava as leis do equilíbrio químico, os axiomas ou demonstrações da geometria euclidiana, o padrão de propagação dos esporos no cogumelo ou, acima de tudo, o milagre do corpo humano.

Era o mesmo sabor que eu sentia quando escutava certos tipos de música – algo em mim parava, ao mesmo tempo que o ímpeto da exultação emocional se derramava sobre mim – quando eu ouvia, digamos, a Sétima Sinfonia de Beethoven ou a Sinfonia em ré menor de Franck: eu parava e me perguntava como era possível que uma mera sequência de sons me colocasse em contato com outra realidade em mim mesmo, realidade essa cujo nome a filosofia agora estava me mostrando: a *mente*.

Desse modo, o meu amor adolescente pela filosofia permitiu-me reconhecer o encadeamento de coisas que me atraíam particularmente, "momentos" especiais de contemplação, audição, observação e especulação que incluíam certas qualidades especiais de tristeza e alegria silenciosas, sendo todos eles o movimento e a vida da minha *mente*. E todos esses momentos tinham lugar como uma *interrupção,* uma parada interior. Não se tratava do surgimento de um novo pensamento, ideia ou de uma grande resposta, e sim do fato de que o ímpeto do pensamento fora interrompido. Eu só conseguia enxergar até esse ponto e, mesmo assim, somente muito mais tarde na vida ocorreu-me expressar-me dessa maneira, quando tive ajuda para entender que a *interrupção* é a entrada para um novo *tipo* de pensamento que conduz a novas possibilidades de ação e interesse.

A filosofia me levara à iminência de reconhecer que eu estava procurando alguma coisa na vida. O que eu estava buscando? Eu certamente *desejava* muitas coisas, mas isso era completamente diferente. Não era "sucesso", algo que eu certamente almejava; não era reconhecimento, o que eu sem dúvida ardentemente desejava; não era a destreza física, nem "diversão", descanso ou emoção... Não era nada disso; era apenas "alguma coisa" que tinha a ver com a *mente*.

A MONTANHA DE PLATÃO

Mas o que eu deveria fazer a respeito de Platão? Eram dois volumes gigantescos cujo título era para mim tão fascinante quanto o conteúdo era indigesto: *Os Diálogos de Platão*. Devo ter renovado vinte vezes o empréstimo desses livros na biblioteca da escola quando, finalmente, a nossa bibliotecária, uma mulher franzina como um elfo, de cabelos brancos, chamada senhorita Yoder (nunca descobri o seu primeiro nome, ou imaginei que ela pudesse ter um) me surpreendeu dizendo-me que eu poderia ficar com eles. Mais tarde vim a saber que ela pedira à biblioteca que encomendasse outro jogo, porque a maneira como eu estava me debatendo com eles e relutando em devolvê-los lhe agradara. Que Deus nos conceda mais bibliotecárias desse tipo!

Não se tratava simplesmente de eu não conseguir compreender Platão. Eu não conseguia entender *por que* não o compreendia, e achava esse fato simplesmente insuportável. Em toda parte eu ouvia falar na importância e na grandeza de Platão. É claro que eu entendia que ele vivera há quase 2.500 anos atrás numa Atenas antiga, que nascera numa família aristocrática e, quando jovem, tornara-se um discípulo dedicado de Sócrates. Eu entendia que a sua filosofia fora escrita sob a forma de dramas intelectuais chamados "diálogos", cuja maioria retratava Sócrates examinando profundas questões filosóficas e desafiando as suposições e convicções de todos os que o procuravam. Tudo isso era muito interessante, mas o que significava?

A coisa mais fácil de entender, e mesmo assim somente até certo ponto, foram os últimos dias de Sócrates. Eu conseguia compreender mais ou menos que ele fora injustamente acusado e condenado à execução devido à sua influência sobre os jovens aristocratas atenienses e ao fato que a sua maneira de questionar ameaçava a facção que detinha o poder político em Atenas. Eu era capaz de ler a famosa autodefesa de Sócrates com um certo interesse, mas sem realmente sentir o que estava em jogo. Eu deveria ficar profundamente comovido pela injustiça da situação? Como eu poderia? As suas alegações diante do tribunal eram tão suaves, e o próprio Sócrates parecia totalmente imperturbado pelo que poderia lhe acontecer, ou seja, morrer!

Repetidamente eu pegava um dos pesados volumes e tentava ler um dos "diálogos", com os seus belos e estranhos nomes, muitos dos quais soavam para mim como os nomes misteriosos das estrelas e constelações distantes no céu noturno: *Cármides, Meno, Fedro, Timeu, Hípia Maior, Filebo...*

À margem do texto, o tradutor fornecera breves e contínuos resumos dos assuntos tratados em cada um dos diálogos, e esses resumos, aliados aos misteriosos títulos gregos, os tornavam ainda mais fascinantes para mim, e aumentavam a minha esperança de encontrar o que quer que eu estivesse procurando. Até mesmo relacionar alguns dos temas mencionados naquelas notas marginais desperta em mim a lembrança do que eu sentia ao abordar aqueles textos e o que, há mais de cinquenta anos, eu esperava que eles me explicassem: "A Imortalidade da Alma", "O Significado da Amizade", "A Sabedoria e o Prazer", "O que é o Conhecimento?", "A Criação do Universo", "A Justiça e a Felicidade", "A Verdadeira Coragem".

Desapontamento! Eu conseguia seguir com facilidade frases isoladas e, às vezes, até mesmo páginas inteiras, e elas com frequência despertavam a minha curiosidade. Mas o que realmente significavam? Isso me deixava profundamente frustrado. Não porque as palavras fossem obscuras ou técnicas, ou a linha de argumentação logicamente complicada; eu conseguia facilmente aceitar esse fato nas obras dos outros filósofos que eu tentara ler – Spinoza, Kant, Hume e outros – já que elas encerravam uma terminologia e complexidade que eu não era capaz de entender, assim como eu não conseguia compreender a linguagem e as referências especializadas nos livros científicos. Mas não era o que acontecia com Platão, muito pelo contrário! Eu reconhecia todas as palavras e poderia facilmente estar acompanhando, e até mesmo apreciando, a discussão de Sócrates com os seus companheiros. No entanto, depois de duas ou três páginas, eu invariavelmente começava a perceber que não tinha a menor ideia do que estava acontecendo. Nesse ponto, eu simplesmente largava o livro, frustrado, às vezes pegando-o de volta mais tarde e dando uma espiada no lugar em que interrompera a leitura na esperança de captar o verdadeiro significado às escondidas, por assim dizer. Mas a minha tentativa era em vão. Era como se alguém estivesse se dirigindo a mim em um idioma estrangeiro no qual eu conseguia entender perfeitamente cada palavra que a pessoa estava falando, sem no entanto ter a menor ideia do que ela estava querendo dizer!

A PÁGINA QUE FALTAVA

Certo dia, a minha frustração transbordou. Eu estava sentado a uma mesa, na grande sala ensolarada da biblioteca da escola. As aulas haviam terminado e, por ser um belo dia de primavera, o recinto estava quase deserto, a não ser por um ou dois alunos e, é claro, as duas bibliotecárias: a franzina senhorita Yoder de cabelos brancos e a sua assistente, que pertencia a uma tribo de elfos completamente diferente: a alta e magricela, grisalha e imponente senhorita Clarissa, que tinha um longo sobrenome polonês do qual ninguém conseguia se lembrar. A senhorita Clarissa tinha quase duas vezes a altura da senhorita Yoder, e era muito mais exigente no que dizia respeito a regras e regulamentos.

Eu estava sentado, imóvel, durante bem mais de uma hora em uma das cadeiras escorregadias da biblioteca. Diante de mim, o Volume Um de Platão estava aberto no diálogo chamado *Meno,* cujo tema era "A virtude pode ser ensinada?" O assunto não me atraía nem um pouco. A palavra "virtude" nada significava para mim; duvido que eu a tivesse usado em uma frase ou mesmo a pronunciado em voz alta ao menos uma vez na vida. Entretanto, eu lera em outro livro que essa é a questão mais essencial de Platão e Sócrates. Se era esse o caso, ele era assustadoramente inexpressivo para mim. É claro que compreendi, muito mais tarde na vida, que nessas palavras insípidas residia toda a questão de como nos tornarmos capazes de ser seres morais e como a pessoa que tem essa capacidade pode ajudar outra a desenvolvê-la em si mesma.

Mas no meu caso, o tradutor havia indicado outro tema importante do diálogo, o qual me interessava imensamente, ou seja, a ideia de que o verdadeiro conhecimento não se aproxima de nós a partir do exterior e sim que ele reside dentro de nós e precisa ser "lembrado". Eu não conhecia, e nem tinha interesse em conhecer, a maneira como essa ideia estava associada à virtude, embora este fosse o tema fundamental em questão. O que me instigava era a ideia de que dentro de mim residiam as profundezas de um grande conhecimento e sabedoria; que dentro de mim havia uma coisa chamada alma, e essa alma era alguma coisa que tinha conhecimento, entendimento e sabedoria. Eu não me importava com a virtude e sim com o conhecimento e o entendimento. Eu tivera informações mais do que suficientes sobre a alma e a virtude nos livros e sermões sufocantes dos líderes religiosos e escritores com o seu discurso sobre a alma indo para o céu ou para o inferno por causa dos supostos atos ou pensamentos bons ou maus. Quem poderia levar a sério esse tipo de coisa? – exceto alguns colegas meus católicos que *afirmavam* levá-la a sério e que depois diziam, em uma espécie de sussurro culpado, bem, talvez sim, talvez não.

Mas a equação da alma e da *mente* era emocionante. Era o meu *eu*! Era a minha verdadeira identidade! Era o que eu estava experimentando quando *parei* dentro de mim mesmo!

Mas será que era mesmo? Eu realmente entendia o que Sócrates estava dizendo em palavras tão claras, porém em uma progressão de argumentos que estava se tornando irreal para mim? Os meus dedos estavam se agarrando à borda da mesa. Pouco a pouco a minha cabeça estava se curvando em direção ao livro aberto até que o meu nariz ficou a alguns centímetros de distância da página na qual Sócrates efetivamente se oferece para *demonstrar* ao seu anfitrião aristocrata, Meno, que todo ser humano já tem dentro de si mesmo, dentro da sua mente e alma imortais, o verdadeiro entendimento de todas as coisas.

Em uma passagem que se tornou uma das mais citadas nas obras de Platão,[7] Sócrates pede a Meno que escolha um dos seus servos para a experiência. Meno pede a um rapaz jovem e inculto que dê um passo à frente. "Preste atenção agora às perguntas que farei a ele", diz Sócrates a Meno, e "observe se ele aprende comigo ou se apenas se lembra."

"Farei o que pede", diz Meno.

Sócrates começa então a traçar uma simples figura geométrica, um quadrado dividido em quatro quadrados menores, e, em uma linguagem bem simples, pergunta ao rapaz quais ele acha que seriam as medidas de um quadrado duas vezes maior, ou seja, um quadrado com uma área duas vezes maior que a da figura original. Parece óbvio para o rapaz, como, à primeira vista, pareceria para muitos de nós, que um quadrado duas vezes maior do que o original teria simplesmente os lados duas vezes mais longos do que o original. No entanto, é claro, isso não é verdade. Um quadrado com lados duas vezes mais longos do que o quadrado original seria na verdade quatro vezes maior.

Por meio de um questionamento orientado e gradual, Sócrates agora extrai do jovem servo sem instrução a noção de que um quadrado duas vezes maior não terá, como poderia parecer à primeira vista, lados duas vezes mais longos do que o quadrado original, mas que será, na verdade, uma figura quadrada com lados cujo comprimento equivale ao comprimento da diagonal do quadrado original.

A conversa entre Sócrates e o rapaz ocupava várias páginas do texto e era acompanhada por diagramas claros e simples. Mas mesmo assim, precisei fazer várias leituras e exercer toda a minha atenção e paciência para acompanhar Sócrates enquanto ele falava ao rapaz de uma maneira que as suas perguntas não forneciam ao servo nenhuma resposta, possibilitando apenas que ele descobrisse por si só a verdadeira resposta, a partir da sua própria mente, do seu próprio pensamento. Depois de ler várias vezes o texto, eu ainda não conseguia deixar de ter a impressão de que Sócrates estava "trapaceando", influenciando o rapaz com tanta precisão que estava praticamente colocando as respostas nos lábios dele. No entanto, ao mesmo tempo, talvez eu estivesse errado; talvez o exemplo estivesse de fato confirmando o que Sócrates afirmava estar demonstrando. Essa sensação era extremamente comum quando eu lia Platão! O "diálogo" estaria fazendo o que se propunha fazer? Ou ele era um artifício, uma espécie de história em quadrinhos intelectual na qual o super-herói Sócrates sempre vencia e apenas fingia estar apenas "questionando?"

Ao mesmo tempo, eu reconhecia muito bem alguma coisa no que estava acontecendo com o jovem servo. Era exatamente naquele ano, no meu segundo do ensino médio, que eu estava cursando a cadeira de geometria. Lidávamos diariamente com os teoremas e as demonstrações euclidianas, e estudávamos diagramas a respeito de ângulos, linhas e áreas. E quase todos os dias, tanto na sala de aula quanto em casa, ao fazer os meus deveres, eu acabava inebriado de felicidade diante da beleza das demonstrações. Da beleza e da pureza da geometria. Do milagre da certeza, da felicidade de ver um mundo puro, essencialmente real, e sentir, saber que a minha mente, a mente, poderia se locomover, dançar e seguir leis, padrões, linhas que definiam, que sustentavam tudo no universo, tudo que era real, todas as pessoas no mundo, todas as coisas vivas, todo e qualquer volume, objeto, estrela e galáxia. Tudo era geometria! A geometria era a essência da criação de Deus! E a minha mente não precisava suar e arquejar para compreendê-la, para decorar qualquer coisa, para se entupir de palavras e fatos maçantes. O trabalho da geometria não era um "trabalho"; o trabalho da mente, nesse caso, era trabalhar para permitir que a mente dançasse! E a mente dançante, a mente jovial e liberada, era pura geometria. A dança era euclidiana. A dança era precisa, exata, irrefutável, completamente certa e dizia respeito ao mundo real lá fora e aqui dentro! Estaria eu experimentando um pouco de sabedoria? Seria isso uma parte do que todo o conhecimento deveria ser? Seria isso a mente? Sim e não. Seria isso algo que guiaria a minha vida? Não e sim.

Continuei a ler sem parar, sem me mexer na cadeira, com a respiração tornando-se audível. Sócrates volta de novo a atenção para Meno e a questão do conhecimento, da sabedoria e da alma é novamente abordada. Ninguém se importava mais com o jovem servo! Agora estávamos voltando à sabedoria e à alma, e íamos descobrir se a beleza, a dança e o amor que a mente encontra nas demonstrações e nos ângulos – íamos descobrir se o conhecimento e a sabedoria se resumiam a isso, e também íamos descobrir se dentro de mim havia uma sabedoria e um conhecimento tão claros e certos quando a geometria – mas agora a respeito do mundo, da vida, do universo e – tudo bem, da "virtude", se você desejar, se precisar – porém sabedoria e conhecimento a respeito de *tudo*. Eu ia descobrir quem eu era, ia compreender a minha alma!

Precisei tomar cuidado para não virar as páginas rápido demais. Os argumentos estavam densamente formulados, mas não era difícil acompanhá-los recorrendo à paciência e à atenção. Assim sendo, prossegui, célere, na leitura, porém com muito cuidado, segurando a mesa cada vez com mais força.

No entanto, uma vez mais, mas agora com um golpe no peito: *desapontamento*! Não consegui acreditar! Repentinamente, o texto terminou! De repente, eu me vi diante da última página!

Por um momento, fiquei onde estava, olhando fixamente para a página. Em seguida, desesperado, examinei as páginas anteriores para verificar se, por acaso, eu não teria saltado páginas inteiras no final. Mas eu não tinha.

Eu estava agora agitado demais para ler os dois últimos parágrafos do texto, nos quais Sócrates afirma que só saberemos como nos tornar virtuosos quando entendermos o que é a virtude, e onde ele diz que a pessoa que sabe como ajudar outra a tornar-se virtuosa seria como um homem de verdade no mundo das sombras – Hades, a esfera dos homens que não têm existência; onde ele declara que o homem verdadeiro é aquele que se lembra da sua *mente* no mundo de existência decrescente... os últimos parágrafos mágicos que mostram ao leitor atento a pista para o propósito mais profundo de tudo o que Platão escreveu, que revelam simultaneamente o segredo de Sócrates e o mundo do pensamento....

Mas eu não estava com disposição nem mesmo de desejar apreciar essas sutilezas. Eu estava cego pelo desapontamento e só conseguia enxergar que o diálogo tinha terminado. Teria mesmo? Estupidamente, eu tinha a noção de que estava faltando a última página! E mais estupidamente ainda, eu me levantei, com o livro na mão, e avancei em direção à mesa da bibliotecária localizada no meio da grande sala de leitura. Com apenas a cabeça e os ombros visíveis atrás da grande mesa circular, os olhos suaves da senhorita Yoder sorriram calorosamente para mim enquanto eu avançava para ela como um touro furioso.

A senhorita Yoder não demonstrou ficar nem um pouco perturbada quando praticamente joguei com violência o livro de Platão diante dela. Enquanto o fazia, percebi como estava sendo idiota. Compreendi que, é claro, nenhuma página estava faltando.

Então ali estava eu, um completo idiota e, além disso, um idiota zangado. A senhorita Yoder simplesmente continuou a sorrir para mim com os olhos. Isso foi difícil de engolir. Ela poderia ao menos ter fingido estar preocupada. O que tornou as coisas ainda piores foi o fato que bem perto dela, um pouco mais para trás, a senhorita Clarissa estava sentada a uma mesa arquivando documentos e olhando para mim com ardorosa reprovação. Sentada, a senhorita Clarissa tinha exatamente a mesma altura que a senhorita Yoder em pé, de modo que eu via, no mesmo nível, uma cabeça grisalha e uma branca. Eu descortinava a carranca da senhorita Clarissa e o calor maternal onisciente e inexplicável da senhorita Yoder. Eu talvez tivesse conseguido lidar com cada uma delas sozinha, mas não com as duas ao mesmo tempo.

Fiquei parado por um instante sem conseguir emitir uma única palavra, olhando fixamente, boquiaberto, para os dois pares de olhos: os castanhos, irritados, da senhorita Clarissa que me perfuravam, e os azul-claros, cintilantes, da senhorita Yoder que me acolhiam.

Em seguida, algo aconteceu. De repente, não sei por que, senti uma intensa quietude interior. E quanto mais quieto eu ficava, mais os olhos da senhorita Yoder pareciam reluzir com calor e ternura.

Passados alguns momentos, a senhorita Clarissa girou a cadeira e voltou à mesa onde estava arquivando os documentos, de modo que fiquei sozinho diante da senhorita Yoder. Fiquei imóvel durante dez ou quinze segundos, mas que me pareceram uma hora, completamente calmo do alto da cabeça à ponta dos pés. O meu corpo inteiro estava vibrando com a mesma felicidade que eu sentia na aula de geometria ou quando contemplava o céu noturno, só que com mais intensidade.

Não tenho a menor ideia se a senhorita Yoder sabia ou não o que estava acontecendo dentro de mim, se ela fez ou não com que aquilo acontecesse. Seria interessante achar que ela tinha, pelo menos, um pouco de conhecimento sobre o que ela estava fazendo, mas quer ela soubesse, quer não, certamente conhecia parte do que estava acontecendo em mim. Faço essa afirmação porque, em um determinado momento, ela simplesmente pegou o livro de Platão de cima do balcão de devolução, devolveu-o para mim com um gesto de poder tão deliberado que jamais conseguirei esquecê-lo e, em seguida, deu as costas e foi cuidar das suas tarefas na biblioteca.

Depois de todos esses anos, finalmente encontrei as palavras que descrevem o que me acontecera. A minha mente entrara no meu corpo, e este, agradecidamente, a recebera.

Algum de nós de fato entende como a mente precisa do corpo para realmente pensar, realmente entender o que significa agir bem, ser o bem e servir ao bem? Algum de nós entende por que nós, seres humanos, precisamos uns dos outros para encontrar a nossa mente verdadeira, a mente do amante da sabedoria, a mente que é o manancial da virtude?

É preciso agora penetrar mais a fundo no segredo de Sócrates: pensar em conjunto como uma preparação para ser bons. O segredo reside no fato que na sua *maneira* de questionar se a virtude pode ser ensinada, Sócrates estava na verdade ensinando aos homens como ser virtuosos.

Vamos, no entanto, prosseguir com cautela. Estamos diante de algo muito novo, algo que poderia de fato afetar intensamente a nossa vida.

LIBERDADE COM RELAÇÃO A RESPOSTAS

Uma pessoa diferente afastou-se da senhorita Yoder. Não era mais o jovem egoísta que momentos antes avançara zangado em direção à mesa. A sua mente agora estava tranquila. O seu corpo estava animado por uma sensação vibrante de peso e atenção. E quanto ao seu estado emocional, a melhor maneira de descrevê-lo é dizendo que ele se abrira, de repente, para o mundo exterior. Era uma qualidade de sentimento inteiramente nova. Uma qualidade de sentimento que não é mencionada nos livros de psicologia, ou melhor, que é citada apenas de uma maneira indireta, misturada com teorias e suposições a respeito da natureza humana que turvam a sua enorme importância. A questão é que durante alguns instantes *eu vi o mundo sem tomar a mim mesmo como referência*. Sem tomar como referência as minhas opiniões, os meus problemas, as minhas ideias a respeito disso ou daquilo e, o que é extremamente importante, *sem tomar as minhas emoções como referência*. A capacidade de sentir fora libertada da rede de reação emocional.

Era um vislumbre de uma coisa cuja importância era tão imensa que Platão abordou-a repetidamente, cada vez a partir de uma nova direção, nos seus grandes dramas filosóficos. Era um vislumbre, um relance passageiro, do mundo real. Um vislumbre do segredo de Sócrates: *Quando a mente e o corpo recebem um ao outro, uma nova capacidade de sentir é liberada no homem, um sentimento que vê todas as coisas de acordo com a ideia do Bem*. É um vislumbre de objetividade, da verdadeira objetividade que enxerga o que é bom e real. Não existe objetividade sem a percepção do Bem. Essa é a essência da revolução socrática.

É bem verdade que se trata de declarações opacas. Mas vamos deixá-las onde estão, na mesa, diante de nós. Elas logo se esclarecerão. E quando o fizerem, começaremos a entender por que nós, seres humanos, precisamos nos esforçar arduamente para ser capazes de admitir em nós mesmos o poder de sentir e ver, com a totalidade da nossa mente, o mundo objetivo extrínseco a nós, o que inclui especialmente o homem ou a mulher diante de nós. Compreenderemos por que a nossa cultura e a vida da nossa mente estão contaminadas por um relativismo ético que é uma prisão para o nosso coração e a nossa alma, ou, como uma reação a isso, um absolutismo fanático que é pouco mais do que uma febre no cérebro.

Foi esse novo sentimento, esse acesso à origem do amor e, por conseguinte, da virtude, que o nobre Meno sentiu quando Sócrates se afastou – deixando-o apenas com a pergunta com que começara – "a virtude pode ser ensinada?" – porém com a pergunta tão aprofundada, tão esvaziada e com isso tão aberta à nova vida que transforma, pelo menos no momento, o nosso coração e a nossa alma? Ou foi o que o jovem Cármides sentiu? Ou Górgias? Ou Lísis, Íon, Fédon, Teeteto? Sabemos o que qualquer uma dessas pessoas sentiu depois de Sócrates lhes ter aplicado o seu diálogo com o poder de despertar? O diálogo sempre termina com o retorno da pergunta original esvaziada de todas as associações, de todas as "respostas".

Estamos inquirindo a respeito do estado interior da existência daqueles que permaneceram com o diálogo até o final e que permitiram que a ação dele purgasse a sua mente. Temos muitas descrições daqueles que não conseguiram chegar ao fim. Temos Trasímaco no Livro I da *República*, saindo furioso porta afora quando as suas opiniões céticas a respeito da justiça são expostas como contradizendo a si mesmas. Temos Cálicles em *Górgias* que se agarra, zangado, à sua opinião de que a felicidade não é proveniente do autodomínio e da busca da sabedoria, e sim, exclusivamente, da satisfação dos apetites, levando Sócrates a encerrar o diálogo dizendo a ele:

> Vamos então seguir a orientação do argumento [...] que nos revela que este é o melhor modo de vida: viver e morrer na busca da honradez e de todas as outras virtudes. Vamos seguir, afirmo, convidando outros para que se juntem a nós, não no que você acredita e me recomenda, pois isso é inútil, caro Cálicles.[8]

De fato, Platão com frequência nos permite enxergar a resistência ao trabalho de pensar em conjunto, a tarefa que Sócrates introduziu de eliminar todas as pressuposições e suposições a fim de possibilitar que a nova mente se apresente (como um bebê "se apresenta" ao nascer). Mas Platão nos mostrou o mundo interior daqueles que permaneceram com o diálogo, que voluntariamente sofreram para ser esvaziados pela grande "parteira" e destruidora da "opinião"?

Existe uma resposta óbvia para essa pergunta, a pergunta de como era permanecer com Sócrates até o final do diálogo. A resposta reside, acima de tudo, no testemunho do amor que os seus discípulos sentiam por ele. Durante mais de dois mil anos esse testemunho entristeceu o coração de todos os leitores do diálogo chamado *Fédon* que descreve magistralmente a mente ao mesmo tempo serena e ativa de Sócrates durante as suas últimas horas na companhia de amigos. E ele reside no mais "vigoroso" dos diálogos, o *Simpósio* – bem no final do irresistível discurso de Sócrates sobre o amor consciente, com o estridente e glorioso testemunho do ardente aventureiro Alcebíades, que confessa a fusão única de alegria e angústia que era a ação de Sócrates na sua mente e no seu coração. Ele nos mostra que ela é a alegria e a angústia de nos vermos entre duas correntes interiores contraditórias dentro da alma: o movimento em direção à verdade e a Existência por um lado, e o fascínio da falsidade e da permissividade pelo outro – a alegria e o sofrimento, ou seja, da consciência genuína, a única fonte de poder moral no homem.[9]

PÃO E PEDRA

Mas basta de comentários sobre textos. Precisamos descobrir o trabalho de pensar em conjunto na nossa vida *aqui e agora*.

Convido-o a entrar na minha sala de aula, onde estou prestes a fazer a minha nova descoberta a respeito desse trabalho.

Estamos em meados de dezembro, no último dia de aula. Do lado de fora, o céu está ficando escuro e o vento sacode as janelas.

A cadeira se chama "A Natureza da Experiência Religiosa". Durante o curso lemos trechos dos *Upanishads*, de *A Vida do Buda*, do *Sutra do Sexto Patriarca* do zen-budismo, de *O Livro de Jó, Isaías, Mateus*, dos sermões de Meister Eckhart e da poesia de dois grandes mestres da espiritualidade islâmica, Rumi e Hafez. Falamos *a respeito* da experiência religiosa; não tentamos *ter* uma experiência religiosa. No entanto, é claro que, durante todo o semestre, os alunos fizeram as grandes perguntas do coração, e tentei manter o necessário equilíbrio entre a minha responsabilidade acadêmica, por um lado e, pelo outro, o meu sentimento pessoal não apenas pelas íntimas necessidades metafísicas dos alunos, como também pelas próprias perguntas fundamentais sobre a vida e a busca da verdade, perguntas que quase certamente vêm à tona nas pessoas – em mim – na presença desses textos.

Eu prometera aos alunos que no último dia de aula, depois que entregassem os trabalhos finais, deveriam sentir-se livres para falar sobre qualquer coisa que desejassem, livres de preocupações a respeito de notas, testes ou desempenho. Todos sabiam que o comparecimento a essa reunião no último dia de aula era totalmente voluntária, e em geral mais ou menos metade dos alunos permanecia na sala depois de entregar a prova. Nesse dia, talvez por causa do tempo ameaçador, apenas cerca de doze alunos ficaram. Convidei-os a se aproximar e formar um círculo com as cadeiras na frente da sala.

Podíamos ouvir a distância ocasionais ribombos de trovões.

Por lecionar esse assunto, tenho sentido ao longo dos anos o dever de fornecer aos meus alunos algum tipo de foro, mesmo que apenas nominal, relativamente fora das considerações acadêmicas, que pudesse, por assim dizer, reconhecer mais diretamente a sensibilidade metafísica individual que, antes de mais nada, atraiu um grande número desses rapazes e moças para um curso desse tipo, sensibilidade essa que é inevitavelmente ativada pelos debates em sala de aula e pelas vigorosas interpretações.

Entretanto, nessas sessões "não-oficiais" sempre surgia uma pergunta específica que eu considerava impossível responder de uma maneira adequada. Nessa ocasião, essa foi a primeira pergunta a ser feita.

Gemi interiormente quando a ouvi:

"Como reconhecer um verdadeiro mestre espiritual? Como determinar a diferença entre uma pessoa que realmente sabe alguma coisa e um mero charlatão?

Como é de conhecimento geral, a região da baía de San Francisco, na Califórnia, tem sido durante décadas o local de origem de um grande número de novos movimentos religiosos. Todas as coisas boas e más relacionadas com a hoje difundida cultura da espiritualidade da "Nova Era" começaram ali; todas as coisas, desde o ingresso na nossa sociedade de verdadeiros mestres das antigas tradições da Ásia e do Oriente Médio a visionários espirituais de todos os cantos do mundo. Houve época em que a piada corrente era que se jogássemos um tijolo de qualquer janela da cidade de San Francisco, provavelmente acertaríamos um guru. Com tantos mestres e praticantes da espiritualidade mística cristã e judaica; mestres do budismo zen, tibetano e Vipassana; sufistas, yogues e santos; agentes de cura e terapeutas de todos os tipos, tendências e honorários; homens e mulheres oferecendo métodos que refletiam uma profunda verdade esotérica ao lado de vendedores ambulantes de manipulação e inflação do ego, com toda essa variedade, que homem ou mulher em busca do *caminho* não ficaria confuso e perplexo? É claro que esses alunos precisam fazer essa pergunta!

E é claro que tenho que respondê-la. Por tê-los exposto a ensinamentos que têm o poder de despertar a esperança de que neste mundo de sofrimento podem efetivamente existir a Verdade e uma orientação que conduz à Verdade, estou moralmente obrigado a oferecer toda e qualquer ajuda de que eu seja capaz sempre que a pergunta for formulada.

Eu reunira ao longo dos anos várias formulações a respeito dessa pergunta que, consideradas como um todo, eram em geral suficientes para passar por uma resposta satisfatória. Entretanto, sempre que isso acontecia, eu ficava posteriormente com a sensação vazia de que eles haviam pedido pão e eu lhes dera uma pedra. E todas as vezes eu tentei me justificar para mim mesmo argumentando que não era o meu papel imaginar que eu efetivamente tinha algum "pão", na forma de orientação pessoal, para oferecer a eles. Tampouco era minha função expressar a minha opinião pessoal a respeito de um mestre, grupo ou religião específico. Sou professor de filosofia e não um pregador ou guru. Essas racionalizações, no entanto, embora perfeitamente válidas até onde iam, só faziam aumentar a minha sensação de fracasso diante de uma pergunta sincera e verdadeira por cuja formulação eu era até certo ponto responsável. De fato, sou um professor, não um pregador ou guru, mas também sou um homem, um ser humano. E simplesmente na condição de homem, estou moralmente obrigado a tentar fazer justiça a essa pergunta proveniente do coração. Mas de que maneira?

A ÉTICA DO PENSAMENTO CONJUNTO

Comecei como de costume, reconhecendo a seriedade da pergunta, citando referências na literatura mundial que descrevem as "características" de um genuíno mestre espiritual. Segundo nos dizem, o mestre espiritual busca apenas o bem do discípulo, não recorre a métodos sedutores ou truques que se aproveitam das fraquezas humanas como a sugestionabilidade, o orgulho espiritual ou a vulnerabilidade emocional. Um verdadeiro mestre nessa esfera foi "habilitado" pelo seu próprio mestre ou, em todo caso, está vinculado a uma linhagem na qual a misteriosa corrente da eficácia divina – chamada alternadamente de *baraka* no islamismo, *chi* na tradição chinesa e "a graça do Espírito Santo" nas tradições cristãs – atua para garantir a autenticidade do mestre e dos seus métodos. E quanto às qualidades pessoais do verdadeiro guia espiritual, nos é dito que ele, ou ela, é tranquilo, humilde, indiferente aos bens materiais como o dinheiro, e é, acima de tudo, bondoso e amoroso, jamais sendo inclinado a uma raiva egoísta ou a qualquer tipo de emoção pessoal egocêntrica.

No entanto, dessa vez, talvez por causa do estrondo da tempestade que se aproximava, não fui capaz de me inserir nessa resposta. Na verdade, jamais consegui realmente acreditar nela, pois ela era, de fato, bastante inútil, mas eu nunca soubera exatamente por quê.

Um relâmpago iluminou a sala durante alguns instantes, mas por um tempo suficiente para que eu enxergasse o rosto dos meus alunos como se pela primeira vez, por um tempo suficiente para que eu sentisse vergonha. Eu estava respondendo a essa pergunta sincera de uma maneira que nada oferecia aos meus alunos, ao mesmo tempo que os levava a pensar que estavam recebendo algo útil. E o motivo pelo qual eu estava fazendo isso, ou seja, fazendo-os girar ininterruptamente em uma porta giratória de meras palavras e abstrações acadêmicas, era o fato de eu simplesmente não saber *como* respondê-la. As respostas que eu estava dando a eles, embora consagradas pelo tempo e pela tradição, eram de outra pessoa. Mas o que eu devia àqueles olhos levantados e repletos de expectativa era *eu mesmo,* a minha convicção pessoal.

Mas quais *eram* as minhas convicções pessoais? A resposta surgiu de imediato, como outra espécie de relâmpago que, a partir daquele momento, iluminou integralmente o mundo do meu futuro trabalho como professor de ideias. Uma resposta, como eu agora a percebo, que oferece uma base genuína de preparação para uma vida governada pela consciência.

Eu estava de pé, perto do quadro-negro, de frente para os alunos. Larguei o giz e me inclinei um pouco na direção do quadro-negro. Tive a impressão de que embora a pergunta a respeito do verdadeiro mestre tivesse estado suspensa no ar durante um longo tempo, embora ela na verdade só tivesse sido formulada por Timothy Grattin, um aluno teimoso do último ano que durante todo o semestre me irritara e ao mesmo tempo me agradara por nunca desistir das suas perguntas.

Durante o que me pareceu um longo tempo, eu nada disse. E nada tampouco me ocorreu. Mas o que era inteiramente novo na situação era o fato de eu não estar sentindo nem um pouco de pânico. Não fiquei procurando dentro de mim palavras, ideias ou referências. Não tenho ideia de como os alunos estavam me vendo, mas interiormente eu estava recebendo, com toda a minha presença, a experiência do meu vazio diante da pergunta. E essa sensação de vazio era como uma dádiva. Uma dádiva que eu estava aceitando e – este é o ponto principal – *era o que eu devia a eles*. Finalmente, compreendi que me encontrava na esfera da ética, a ética do pensamento conjunto. Coloquei toda a minha confiança e fé na sinceridade de aceitar a minha ignorância. Eu agora não tinha nenhuma dúvida, na mente, no intelecto e no coração, de que estava tentando fazer a coisa certa por eles.

A TRANSFORMAÇÃO DA PERGUNTA

"Não sei como responder a essa pergunta", disse eu. "Vamos pensar a respeito dela."

Isso foi o que eu disse, mas o que começou a me acontecer interiormente foi eu tentar permitir que a pergunta "descesse" dentro de mim.

Prossegui: "Todas essas qualidades de um verdadeiro mestre podem ser obviamente imitadas. Qualquer pessoa pode dizer que é habilitada ou enviada por Deus. Qualquer pessoa pode fingir ser serena e bondosa, pelo menos durante algum tempo e até certo ponto."

Todos os olhares estavam voltados para mim.

"O que devemos fazer então?", perguntei. "O que devemos fazer? Precisamos de ajuda e de uma orientação genuína, mas não queremos ser enganados. Queremos ser abertos, mas não ingênuos. Queremos ser críticos, porém não céticos."

De repente, percebi que eu estava *sentindo* a pergunta como se fosse minha; eu a estava sentindo e pensando nela ao mesmo tempo; era eu que precisava saber a resposta, tanto no interesse deles quanto no meu. Eu também estava necessitado e em busca de sabedoria e orientação.

Mas nesse momento, a pergunta seguinte surgiu em mim com grande intensidade: até que ponto eu realmente desejo sabedoria e orientação? Até que ponto essa necessidade é realmente importante para mim – ou para qualquer um de nós? A questão de como reconhecer um verdadeiro mestre estava se transformando na pergunta de o que significa ser um verdadeiro buscador, o que significa buscar sabedoria e orientação.

Todos os olhares estavam voltados para mim.

Tudo estava muito claro agora. Parei diante de Timothy. "Todos fazem essa pergunta", declarei, fortemente consciente de que todos estavam esperando. "Mas com que intensidade procuramos um mestre ou a sabedoria? A nossa necessidade é realmente tão profunda quanto afirmamos ou imaginamos?"

Por que eu nunca pensara antes dessa maneira? Eu precisava apenas olhar dentro de mim a fim de ver calmamente a ação da pergunta – no mundo das minhas impressões e memórias interiores; no mundo das minhas dúvidas e certezas – assim como, é claro, no mundo das minhas associações intelectuais e lampejos intuitivos anteriores. Eu tinha apenas que permitir o pleno funcionamento da minha psique, da minha mente e dos meus sentimentos, para que me fornecessem associações que correspondessem à pergunta, a qual agora era minha, e às necessidades dos inquiridores que eu tinha diante de mim. A necessidade deles, o meu sentimento de dever diante deles, tornava praticamente impossível que eu mentisse ou fingisse, e ao mesmo tempo possibilitava que eu não sentisse medo de expor para mim mesmo a minha incerteza diante dessa pergunta proveniente do coração. Eu precisava apenas sentir a minha comunhão com os meus alunos a fim de permitir o funcionamento do meu sentimento de obrigação para que ele exercesse um impacto no conteúdo da minha mente, possibilitando que a minha psique, por assim dizer automaticamente, estendesse os pensamentos apropriados diante da minha consciência. Em resumo, eu tinha que permitir que não apenas a pergunta dos meus alunos, mas também a essência deles – a personalidade, os olhos e a aparência deles – penetrassem em mim enquanto eu punha de lado todas as "respostas" simplesmente mentais e expunha a minha atenção às respostas que daria a eles e às suas perguntas e que estavam inevitavelmente operando profundamente na minha mente e no meu coração. Eu precisava estar questionando enquanto respondia à pergunta. Eu estava *escolhendo* essa abordagem em vez de responder automaticamente da minha maneira habitual. Isso não é uma questão de ética? Da ética do pensamento conjunto? E além de conduzir a vislumbres mais verdadeiros, ela não conduz também à ideia, talvez mais importante, de servir ao bem do outro? Pensar em conjunto não é uma plataforma onde a moralidade e a verdade começam a se encontrar? Uma plataforma, quero dizer, um teatro preparatório da vida de acordo com a consciência?

Mas eu estou me antecipando.

Estou de pé, diante do círculo de alunos, e nesse estado de responder a eles a partir do meu próprio questionamento interior, lembro-me, de repente, de um antigo lampejo intuitivo, a respeito de uma das grandes questões da filosofia, que tive muitos anos antes. Um antigo vislumbre que repentinamente exala uma vida inteiramente nova.

Esse comentário precisa de algumas explicações.

O MUNDO DAS APARÊNCIAS

Durante muitos, muitos anos, já que desde a adolescência comecei precocemente a estudar filosofia, a ideia de que o homem vive em um mundo de meras ilusões e aparências, encontrada em quase todos os grandes ensinamentos filosóficos e espirituais, me deixou fascinado e perturbado. Embora eu respeitasse todos os grandes mestres do passado, nunca consegui entender o que eles queriam dizer quando afirmavam que o mundo no qual eu vivia poderia ser considerado ilusório. A xícara que eu estava segurando não era real? Talvez eu não tivesse muito conhecimento sobre a xícara, talvez carecesse de conhecimentos científicos a respeito dela, mas mesmo assim, ela não era uma ilusão em nenhum sentido normal da palavra. Essa xícara, mesmo que insuficientemente compreendida, é real, assim como são reais esse lápis, essa casa, aquela pessoa, a dor que sinto no dente, essa mãe e esse pai, o Sol e a Lua no céu, esse fato da morte....

Contudo, um número enorme de mestres sábios de outrora falava do mundo como se ele fosse um mero agregado de aparências, atrás do qual existisse, escondido da nossa visão, o mundo como ele realmente é. Entretanto, segundo afirmavam, nenhuma quantidade de informações ou teorias científicas inspiradas poderia nos ajudar a enxergar esse mundo real atrás das aparências. E quanto à maneira como esse mundo real deveria ser percebido, eles eram frustrantemente vagos e dogmaticamente "metafísicos".

E embora eu nunca conseguisse realmente compreender essa ideia, tampouco jamais consegui desvencilhar-me dela. Nunca pude aceitar as engenhosas propostas de tantos filósofos e escritores modernos "badalados" que simplesmente excluíam o problema, geralmente afirmando que já que não havia nenhuma experiência (pelo menos que eles tivessem tido) do suposto mundo real por trás das aparências, a única perspectiva sensata, respeitável e corajosa era concentrar a atenção e a vida no mundo que efetivamente víamos e tocávamos, e declarar com ousadia que o mundo das aparências *é* de fato o mundo real, e que a ideia de outra realidade oculta atrás dele surge em nós devido a uma aberração mental, ou à relutância em viver a vida que realmente temos ou, talvez, simplesmente a uma deterioração da linguagem.

Foi somente depois de viver muitos anos com a minha incapacidade de compreender essa ideia que a abordagem a uma solução finalmente se apresentou. Na verdade, ela também se apresentou em uma sala de aula onde outro aluno agressivo, dessa feita uma jovem de olhos castanhos e voz rouca com um nome capcioso – algo como Angélica ou Celestina – insistiu em fazer a pergunta exatamente da mesma maneira como eu a estava experimentando interiormente. Acontece que, uma hora antes, na aula anterior, eu estivera discutindo outra ideia fundamental das antigas tradições, ou seja, a ideia de que o nosso sentimento comum de identidade pessoal, que chamamos de personalidade, não é a nossa verdadeira identidade. Como é ensinado nas tradições filosóficas da Índia, por exemplo, a ideia é que oculto dentro de nós, ou do que chamamos de "eu", existe um Eu divino, mais profundo, que é a nossa verdadeira identidade, o nosso verdadeiro "lar", na linguagem da mitologia antiga. É somente entrando em contato, por meio da experiência e não apenas na teoria, com esse Eu mais profundo, que nós, seres humanos, podemos encontrar o verdadeiro significado da nossa vida e a verdadeira experiência da paz, da obtenção da liberdade com relação ao medo da morte e da perda.

A mesma ideia em uma linguagem diferente é encontrada em todos os grandes ensinamentos e filosofias espirituais, como no budismo, judaísmo e cristianismo; no misticismo islâmico, nos ensinamentos de Platão e nos grandes pensadores estoicos de Roma. A ideia está presente em todas as culturas. Essa afirmação é tão verídica que não é exagero dizer que a ideia, nas suas inúmeras e diversificadas expressões, ao lado da ideia perfeitamente desenvolvida de Deus, constitui a doutrina central da raça humana, a ideia ao redor da qual giram os grandes ensinamentos espirituais, como os planetas giram ao redor do Sol.

Lembro-me muito claramente do que aconteceu quando tentei por várias vezes propor uma explicação para o conceito do mundo das aparências que pudesse satisfazer a persistente aluna de olhos castanhos, cuja mente eu apreciava enormemente, por mais constrangido que a sua persistência estivesse me fazendo sentir agora. Em seguida, como no caso presente em que eu me via diante da questão de reconhecer um verdadeiro mestre, a minha mente finalmente parou, tendo temporariamente esgotado o seu suprimento de "respostas". A única diferença entre agora e antes era que no momento passado eu não estava disposto a aceitar a minha situação interior. Pelo contrário: em um estado de constrangimento diante da minha incapacidade de responder à pergunta da jovem, eu me ouvi exprimindo confusamente palavras e frases que estavam surgindo na minha mente oriundas dos incontáveis livros que eu estudara na área da filosofia e da religião comparativa – palavras e frases que nada mais eram do que inúmeras formas variadas de reafirmar a ideia em questão, em vez de oferecer qualquer elucidação verdadeira. Uma vez mais, eu estava fazendo um aluno sincero girar em uma porta giratória de mero academicismo.

AS DUAS METADES DE UMA GRANDE IDEIA

No entanto, de repente, percebi e senti profundamente o que eu estava fazendo, e, ao me observar com uma imparcialidade fora do comum, o meu constrangimento diminuiu acentuadamente, ofuscado pelo surgimento de uma combinação estranhamente silenciosa de um interesse intenso e de um traço de remorso sincero, uma mistura singularmente profunda e agridoce de alegria e tristeza – todos permeados pela vigorosa consciência da minha presença zelando por tudo dentro e fora de mim mesmo. Em uma palavra: por um momento, um longo momento, a experiência do *Eu sou* apareceu. E ao lado desse sentimento do *Eu sou,* todos os meus impulsos de constrangimento e ansiedade em que eu buscava, apavorado, uma "resposta", deram a impressão de pertencer a outra pessoa. Eles não estavam nem me perturbando nem seduzindo.

Subitamente, eu soube como responder à pergunta da jovem, a qual, repito, também era a minha pergunta e o fora durante muitos anos. Era tão óbvio! Por que eu não pensara nisso antes? De repente compreendi que a antiga ideia de que vivemos em um mundo de aparências que encobre o mundo real era apenas metade da ideia, *e como tal, era impossível entendê-la.* Sem a outra metade, era inevitável que todas as "respostas" só pudessem aparecer sob a forma de uma especulação metafísica intumescida a qual, por sua vez, seria inevitável e merecidamente destruída por algum tipo de "realismo" positivista que simplesmente se recusava totalmente a respeitar a relevância da ideia.

E qual era a outra metade dessa ideia, que se encaixava na primeira metade com a precisão das peças de um quebra-cabeça suíço? Era simplesmente o seguinte: à semelhança do grande mundo circunjacente, o nosso eu também era um emaranhado de aparências, debaixo das quais havia um Eu verdadeiro. *E era somente por meio do contato com esse Eu verdadeiro por trás das aparências da nossa personalidade superficial socialmente condicionada que o mundo real extrínseco a nós poderia ser experimentado e conhecido!* Somente o verdadeiro eu oculto interiormente poderia conhecer o verdadeiro mundo universal escondido atrás das aparências.

O MUNDO REAL SÓ PODE SER
CONHECIDO PELO VERDADEIRO EU

Em outras palavras: oculta atrás dos nossos, dos meus, pensamentos, sentimentos e percepções; oculta atrás do nosso sentimento de identidade, que foi lançado sobre nós pelos acidentes da nossa criação, classe social, instrução, leitura, mídia, propaganda e pressão dos colegas – quer dizer, por meio da nossa identificação e apego às mil e uma influências do condicionamento externo – existe outra consciência que é a nossa verdadeira consciência, enquanto a consciência na qual vivemos cotidianamente e que tragicamente percebemos como no nosso verdadeiro eu é, na verdade, apenas um fenômeno superficial, transitório e inventado que não deve de jeito nenhum ser considerado como o nosso eu genuíno. Chame esse fenômeno superficial talvez de "ego", ou de "mim". E chame o verdadeiro Eu apenas disto: o eu verdadeiro, o eu verdadeiro que somente eu tenho o direito de dizer *"Eu sou"*. É esse Eu verdadeiro que encerra o poder intuitivo intelectual de efetivamente verificar a ideia do mundo atrás das aparências. É o verdadeiro Eu que tem o poder de enxergar esse mundo real externo, de compreendê-lo e, com o tempo, fundir-se com ele. O eu superficial só pode conhecer a superfície do mundo.

A QUESTÃO DO CORAÇÃO É UMA EXIGÊNCIA MORAL

Isso, ou algo muito parecido, é a outra metade da grande ideia do mundo por trás das aparências. No entanto – e aqui no contexto atual é o ponto mais importante – *só fui capaz de ter esse profundo lampejo intuitivo sob a pressão de uma exigência moral,* a exigência, o dever, de responder honestamente a uma pergunta sincera que me foi feita por uma aluna sincera e séria.

Essa foi sem dúvida, fundamentalmente, uma transação moral e ética. Foi a ação da mente trabalhando (e fazendo o seu próprio tipo de sacrifícios intelectuais) em uma intensa relação com as necessidades da mente de outra pessoa. Esse minúsculo momento de *pensamento conjunto* foi um momento inicial de ação moral envolvendo duas *mentes.* Nesse sentido, foi a esfera do que poderia ser chamado de *morali-*

dade intermediária, algo entre uma ação ética relacionada com outro indivíduo e um ato puramente privativo relacionado com o eu comum da pessoa.

Antes de começar a esclarecer essa descoberta profunda, pelo menos para mim, precisamos considerar outro fator, outro resultado do trabalho de pensar em conjunto. É um resultado de incomparável importância no possível desenvolvimento moral do homem, resultado esse que o grande Hillel determinou que o nosso homem de uma só perna fosse descobrir e que reluz na essência do método, se é que pode ser chamado de método, da conversação socrática, e que oferece a única verdadeira justificativa para sugerir que para muitos de nós o caminho para que nos tornemos capazes de praticar a ação moral precisa começar na mente com o estudo de grandes ideias. A questão é que por intermédio desse ato de aceitar e sofrer a nossa total incapacidade de responder a uma pergunta genuína formulada pelo outro; ao aceitar e sofrer o vazio de todas as nossas "respostas"; ao correr o risco de erguernos inexpressivos diante da nossa mente que nada sabe, o que pode então ser dado é uma resposta, um vislumbre, uma ideia que é profundamente sentida no coração e também conhecida pela mente! Em outras palavras, em uma pequena medida, porém vibrante com imensa esperança e significado: as ideias da mente se fundem com a intuição e a energia do coração. Em uma pequena medida, *sentimos então o que sabemos.* E a importância desse acontecimento, por pequeno e transitório que possa ser, é, como veremos, incalculável. Incalculável porque somente quando sentimos o que sabemos é que se torna remotamente possível agir intencionalmente em função do que sabemos. Não podemos fazer o que sabemos que deveríamos, porque não conhecemos o bem com a totalidade do nosso ser.

O VERDADEIRO MESTRE E O VERDADEIRO BUSCADOR

Estamos novamente diante de Timothy Grattin e da sua pergunta de como podemos reconhecer um verdadeiro mestre espiritual. O relâmpago está lampejando com mais frequência, acompanhado pelo trovão. A chuva está forte e constante. A água escorre densa pelas janelas.

Estou de pé, em silêncio, ao lado da minha cadeira, refletindo sobre a pergunta de Timothy. Tendo abandonado todas as minhas respostas inadequadas, deixo, de bom grado, que o silêncio continue. Não estou nem um pouco com medo de que a turma possa perceber que o seu "sábio" professor está confuso. Um sentimento único de liberdade começa a circular através de mim. Muitos segundos se passam; um minuto, dois minutos. O barulho retumbante da tempestade parece apenas aumentar e até mesmo adoçar o silêncio. Está bastante claro que toda a turma, os doze rapazes e moças sentados no círculo, estão até certo ponto compartilhando comigo a tranquilidade do silêncio.

Se eu tivesse gentilmente encerrado a aula nesse momento sem dizer mais nada, ninguém teria ficado desapontado. Se eu fosse um guia espiritual, talvez tivesse feito isso, para permitir que a pergunta penetrasse profundamente neles. Mas eu estava sendo atraído para outra coisa; estava sendo atraído para o sentimento de um ato de fé desconhecido. Em algum lugar da minha mente e do meu coração, eu estava silenciosamente escolhendo ter fé no ato de simultaneamente aceitar tanto a minha incapacidade quanto o inevitável dever de responder sinceramente à necessidade genuína da mente de outro ser humano. Não foi nem um pouco difícil agora permanecer com essa fé; não precisei combater tentações, nenhuma "resposta" resvalou da minha memória profissional. Era como se eu estivesse dizendo para mim mesmo – ou, para ser preciso, era como se eu estivesse dizendo para o silêncio dentro de mim: "Aqui estou. Não entendo. Mas *preciso* entender." Eu nunca me sentira ao mesmo tempo tão alerta, como se o perigo rondasse por toda parte, e tão relaxado, como se eu também estivesse protegido contra qualquer dano ou fracasso.

O meu relato agora de como eu finalmente respondi poderá parecer decepcionantemente evasivo. No entanto, na verdade, mesmo agora, muito tempo depois do acontecimento, o que eu disse na ocasião me parece o único início sincero e prático de uma resposta a essa pergunta – quando a pergunta em si, é claro, é sinceramente formulada.

Comecei perguntando: "Como vocês estão buscando?"

Os alunos olharam para mim esperançosamente.

Prossegui, falando exatamente da maneira como os meus pensamentos iam surgindo, sem pesar as minhas palavras.

"Queremos saber como reconhecer um verdadeiro mestre, mas alguma vez nos perguntamos de que maneira estamos procurando um mestre, de que maneira estamos buscando a verdade? Será que só podemos reconhecer um mestre quando nos encontramos em um estado de necessidade, quando a verdadeira necessidade se derrama através de nós e sensibiliza os nossos poderes de percepção? O homem faminto olha para a comida de um modo muito diferente do que o homem satisfeito. A necessidade pode atrair a inteligência.

"Afirmamos estar procurando. Isso é excelente, buscar a verdade. Mas o que estamos efetivamente fazendo? Lemos livros, às vezes, quando isso nos dá prazer, ou ouvimos palestras, às vezes. Entretanto, de resto, podemos seguir a nossa vida do dia a dia sem pensar nenhuma vez nessa questão, sem nenhuma sensação de que necessitamos de algo mais profundo na nossa vida, algo que não podemos designar. Nesse sentido, estamos na verdade adulando a nós mesmos quando afirmamos estar em busca da verdade. Não é bem assim. Nós a buscamos *algumas vezes, ocasionalmente,* quando 'isso nos ocorre', ou durante um ou dois instantes profundos quando alguma coisa por acaso nos faz lembrar do assunto, como um encontro com a morte, uma injustiça chocante, uma perda pessoal ou quando contemplamos o céu noturno; mas depois o momento passa, vai embora, e a 'busca' desaparece. É imprudente e desonroso chamar esse processo fortuito de *busca.*

"Assim como somente o verdadeiro Eu pode enxergar o mundo real por trás das aparências, pode ser também que somente o verdadeiro buscador consiga reconhecer um genuíno homem ou mulher de sabedoria.

"Isso parece certo para você?", perguntei a Timothy, voltando-me em seguida para os outros alunos. Eles estavam olhando para mim com muita atenção, mas eu não conseguia dizer o que eles estavam pensando ou sentindo. A única coisa que ficou clara de imediato era que embora estivessem extremamente atentos, não estavam agitados; não estavam "excitados". Os seus olhos não estavam vagando pelo teto em busca de objeções ou esclarecimentos.

Prossegui: "Imaginem um condenado na prisão. Nada é mais importante para ele do que a possibilidade de fugir. Essa necessidade está sempre com ele, independentemente do que esteja fazendo, equilibrada na sua mente como um animal faminto. Pessoas procuram esse prisioneiro, ou ele ouve falar de pessoas que têm um plano de fuga. Ele escuta todas elas. Está aberto a todas elas. Ouve os planos com extrema atenção. E analisa as pessoas que os oferecem a ele. Quem são elas? São confiáveis? Ou são apenas loucas? São capazes de se controlar? Ou desabarão diante da primeira dificuldade? E o plano faz sentido? Ele leva tudo em consideração, inclusive a inevitabilidade dos choques e as surpresas perigosas? Ou trata-se apenas de pensamentos fantasiosos? Apenas um jogo fantástico que depende loucamente da sorte?

"Alguns planos ele consegue compreender de imediato, mas quanto ao resto, ele nem rejeita nem aceita nada a *priori*, pois é sua vida que está em jogo. A sua necessidade lhe confere o poder de ser aberto e crítico ao mesmo tempo. A sua necessidade é tão grande que o torna frio e paciente, mas ao mesmo tempo preparado, se necessário, para instantaneamente se mobilizar para a ação."

De repente, senti que estava começando a falar demais, que estava prestes a me tornar um pouco inebriado, deixando que uma metáfora liderasse o meu pensamento, em vez de servir a ele. Fiz uma pausa e, com um certo esforço, parei a mente por um segundo, a fim de deixar entrar a impressão de mim mesmo como eu era. A percepção do silêncio, que já fora carregada para segundo plano, voltou, junto com os sons da tempestade. E a fé desconhecida também retornou do segundo plano. Mas fé em quê? Não era fé na minha mente agora completamente depauperada. Eu entendia que precisava falar mais, pensar mais, dar mais, mas eu tinha mais alguma coisa para dar?

Esse sentimento da ética do pensamento fora uma fantasia? Percebi que eu agora não tinha nenhum lugar para ir dentro de mim mesmo. Teria eu me enganado o tempo todo? A nova fé estava sendo abalada. Uma espécie de desespero começava a se insinuar, dizendo: "Veja bem, não é tão impressionante assim; você está aumentando as coisas. O que você espera? Isto é apenas uma sala de aula. O que você disse é bastante adequado. Relaxe!"

Não obstante, a exigência de ir mais além estava se tornando cada vez mais urgente. O que eu dissera não fora suficiente, longe disso. Mas de onde, dentro de mim, poderia surgir o passo seguinte?

UMA ESPÉCIE DE AMOR

A resposta logo apareceu – e, é claro, *não veio de nenhum lugar dentro de mim*. Veio *deles*, dos alunos, da outra metade da transação ética. Como eu poderia ter me esquecido disso? Como poderia ter começado a falar de uma maneira que deixou tão pouco espaço para o questionamento, tão pouco espaço para o outro, para o meu "vizinho"!

Quase ri de alegria quando me dei conta disso.

Não foi Timothy, e sim uma aluna, uma mulher extremamente inteligente chamada Adriana Waters, de olhos azuis-claros e testa cor de alabastro, que perguntou, com muita simplicidade:

"Mas suponha que não tenhamos essa sensação de necessidade? Suponha que ela esteja enterrada muito profundamente? O que devemos fazer? A pergunta continua a existir: como podemos saber em quem confiar?"

Passou-se um momento. Comecei a andar de um lado para o outro, e depois parei.

Só me ocorreu uma única coisa: a convicção de que a inteligência não pode surgir de nada que eu possa fazer acontecer, mas apenas do fato de eu ficar diante da verdade e da necessidade do momento. A fé retornara, a fé na atenção, não em palavras ou em conceitos. Eu estava prestes a ingressar em um tipo de experiência que iria se repetir muitas vezes depois dessa, a saber, a experiência de que quando nos encontramos em uma encruzilhada ética, quando estamos no final dos nossos recursos éticos, é por intermédio do despertar da atenção consciente à nossa carência que uma ação correta – nesse caso, simplesmente um pensamento correto – pode nos ser concedida.

"Podemos ficar com isso?", perguntei a ela.

"O que você está querendo dizer?", indagou ela.

"Quero dizer, você pode, nós podemos, permanecer com a verdade da nossa situação? A verdade, neste caso, é a seguinte: digamos que eu encontre uma pessoa que esteja oferecendo, ou que pareça capaz de oferecer, orientação espiritual, sabedoria, um *caminho*, chame-o do que quiser. Digamos que estou muito interessado nessa pessoa, que ela parece encerrar algo especial. Mas não estou seguro, nem dela, nem de mim mesmo. Não sei se a pessoa é o que parece ser. Não quero me afastar de algo que pode ser o que eu desejo, mas tampouco quero seguir uma coisa ou alguém apenas por meio da autossugestão ou do pensamento fantasioso.

"O que eu faço então?

"Eu fico com a minha incerteza, que agora é sentida como uma necessidade. Agora não é apenas a respeito da pessoa que eu tenho uma pergunta; eu estou na pergunta. A necessidade que sinto agora talvez não seja o grande anseio que cria a inteligência e o poder de escolher. Não obstante, ela encerra um grau de força e inteligência... .

"Mas agora, talvez, eu também veja outra coisa, uma impaciência, uma espécie de pressão me inclinando a encerrar a questão, a dar seguimento a tudo, a formar uma opinião a respeito da pessoa que está diante de mim.

"Mas se eu permanecer com a verdade da situação, a verdade que eu não sei se posso realmente confiar nessa pessoa e que o meu anseio não é tão profundo a ponto de me conferir uma certeza instintiva – se eu permanecer assim, o que acontece então?"

Adriana replicou com uma voz excepcionalmente relaxada: "Creio que percebo o rumo que você está tomando."

"Aqui está", disse eu. "Você quer conhecer a qualidade da pessoa que tem diante de si, que pode ser ou não um verdadeiro guia espiritual. Você deseja saber, mas o seu desejo possui apenas uma intensidade moderada, você não tem a intuição desesperada de um grande buscador. Você tampouco está satisfeita consigo mesma, embora sinta em si mesma a pressão do hábito que a qualquer momento poderá encerrar a questão. O que está acontecendo em você?"

A turma está permitindo que essa estranha conversa tenha lugar. Ninguém está interrompendo o diálogo, nem mesmo o teimoso Timothy Grattin.

E com certeza o que está acontecendo é um diálogo singular. Não é acadêmico, mas tampouco é "não-acadêmico".

Adriana e eu estamos genuinamente *pensando em conjunto*.

Na verdade, estamos tendo juntos exatamente os mesmos pensamentos. Fiz uma pergunta a ela, cuja resposta eu sinceramente não sabia. Era uma pergunta para *nós*, não para ela. Era para nós, nós dois, apoiados pela genuína atenção de onze outros alunos.

A resposta de Adriana, que lhe ocorreu exatamente quando o mesmo pensamento passou pela minha cabeça, foi a seguinte:

"Acho que eu [...] apenas espero. Não tenho realmente que tomar uma decisão de imediato. Simplesmente continuo falando com essa pessoa, observando-a, especulando. *Não tenho que decidir!"*

Assenti com a cabeça – não para ela, mas para nós. "E agora?"

"Meu Deus!", exclamou Adriana, e parou.

O que ela descobrira? Agora era eu que não sabia.

"O quê?", perguntei. "O que foi?"

"Meu Deus!", repetiu ela, e depois prosseguiu: "Estou agora mais interessada no quanto a minha mente esta aberta do que em saber se essa pessoa é ou não é um verdadeiro mestre!"

Uma longa pausa. O barulho da chuva. Silêncio.

É claro – eu não pronunciei as palavras, eu as senti – *essa é a resposta*. O nosso diálogo a conduziu, bem como a todos nós, a uma fé na mente, uma fé na inteligência. Uma verdadeira pergunta fora respondida, não por palavras, mas por um acontecimento na mente, um acontecimento compartilhado por duas pessoas. Uma espécie de amor; era uma espécie de amor. Uma criação.

Então, *esse* é o segredo de Sócrates!

··· *Capítulo Três* ···

A POMBA BRANCA

Onde nos encontramos? Falamos em "ensaiar" o trabalho da moralidade – que é o trabalho do amor – pensando em conjunto. Estamos descobrindo que o pensamento, o pensamento sério a respeito de coisas sérias, pode ser um ato intrinsecamente social. Podemos precisar uns dos outros a fim de pensar intencionalmente sobre as questões mais importantes da nossa vida, as perguntas normalmente sem respostas que só podem ser enfrentadas por meio do despertar *da essência da mente,* um despertar que resulta da necessidade compartilhada da verdade. No trabalho de pensar em conjunto, num certo sentido desejamos e efetivamente podemos amar o nosso próximo, a pessoa que compartilha a nossa pergunta. Podemos até mesmo amar o nosso inimigo, talvez especialmente o inimigo, aquele que é contrário à nossa visão, que discute conosco, que discorda. Com esse inimigo podemos "ensaiar" a necessidade das diferenças entre as pessoas, e, por meio disso, compreender a necessidade da genuína complementaridade nas nossas relações mútuas, a necessidade da força de resistência como uma condição necessária para o surgimento da verdadeira unidade.

Vou ilustrar isso com a descrição de uma experiência, um exercício, que duas pessoas quaisquer podem tentar caso desejem verificar o que estou afirmando a respeito da imensa e praticamente desconhecida importância ética de pensar em conjunto.

UM ENSAIO PARA A MORALIDADE

Não reivindico a originalidade deste exercício, pois os psicólogos, orientadores psicológicos e especialistas já o conhecem há muito tempo, e me disseram que ele, ou que algo muito semelhante a ele, fazia parte do ritual do diálogo em certas tribos de índios americanos. Também é possível que ele resida perto da essência da forma ritualística do debate ativo que hoje sabemos existir na tradição budista tibetana e em muitas outras religiões conhecidas através do mundo e da história. E podemos muito bem imaginar que a totalidade do rito dinâmico dos argumentos talmúdicos tem as suas raízes no que esse exercício pode nos ensinar. Finalmente, e mais incisivamente, a arte cristã através dos tempos contém imagens impressionantes de dois monges que conversam enquanto são visitados por uma pomba branca, símbolo do Espírito Santo, descendo dos céus, ou ascendendo da boca dos monges.

Essa pomba nos interessa, pois nela reside a intenção secreta deste exercício, uma intenção e um resultado que sem dúvida eram compreendidos nas grandes tradições espirituais do mundo, mas do qual apenas um débil eco sobreviveu na sua aplicação psicológica moderna. Também podemos supor que a importância e até mesmo a existência e a forma desse exercício foram há muito esquecidas ou inevitavelmente alteradas na maioria das nossas instituições religiosas.

O exercício é descrito de um modo simples. Duas pessoas que adotam apaixonadamente pontos de vista opostos a respeito de um determinado assunto ou ideia ficam de frente uma para a outra e, em seguida, passam a discutir o seu ponto de vista. Vamos chamar essas pessoas de "Maria" e "João". As regras são que quando Maria falar, João só poderá replicar depois de ter claramente repetido as ideias básicas do que Maria disse. E cabe inteiramente a Maria decidir se João fez uma exposição satisfatória e precisa do que ela acaba de dizer. Somente quando essa condição estiver satisfeita João terá permissão para apresentar a sua resposta e o seu ponto de vista. E então, antes que Maria possa responder a João, ela é por sua vez obrigada a resumir o que ele disse, até o momento em que ele aceite o resumo de Maria como sendo satisfatório e preciso. E o processo continua, cada um respondendo ao outro segundo a regra de que nenhum dos dois pode expressar o seu ponto de vista enquanto não tiver resumido com precisão o que a outra pessoa acabou de dizer.

A minha primeira experiência integral com o exercício foi repleta de surpresas que me mostraram como eu realmente conhecia pouco a respeito do componente do pensamento do conflito humano e da possibilidade de resolver o conflito criando condições dentro da mente. Estou me referindo a condições que possibilitam o surgimento não forçado, mesmo que frágil, do sentimento humano intrínseco e normal pelo próximo, sempre lembrando que isso ainda se encontra na esfera do "ensaio". No entanto, que atordoante "ensaio para a moralidade"!

VIDA SEM ÉTICA?

Não lembro em qual turma eu experimentei pela primeira vez o exercício. Poderia ter sido em qualquer uma delas – no curso de introdução à filosofia e à religião, no seminário sobre Platão, no curso avançado da graduação sobre Emerson e Thoreau ou talvez no curso chamado Pensamento Religioso Moderno. Só me recordo que eu estava tentando introduzir o tema geral da ética e estava trabalhando de acordo com a suposição de que todos os alunos da turma compreendiam mais ou menos o significado da palavra e que todo mundo tinha uma experiência pessoal sobre a qual refletir. Assim sendo, quando pedi exemplos de dilemas ou conflitos éticos da vida dos alunos (sem que eles entrassem muito em detalhes pessoais), fiquei perplexo com o fato de que não apenas ninguém se ofereceu para falar, mas também de que ninguém pareceu entender o que eu estava falando. Parecia até que eles não tinham uma ideia concreta do significado da palavra "ética"!

Como isso era possível? Obviamente, essas situações haviam ocorrido na vida deles, como acontece na vida de todo mundo, situações nas quais somos dolorosamente obrigados a escolher uma linha de procedimento sem ter certeza de se ela está moralmente certa ou errada; ou situações nas quais sabemos o que é certo, mas nos sentimos fortemente inclinados a fazer o oposto; ou ainda quando divergimos intensamente de outra pessoa em uma situação premente da vida. Por que, então, aqueles alunos haviam ficado atipicamente calados? Afinal, eu não estava pedindo que divulgassem segredos íntimos; estava apenas solicitando generalidades. Qual era a dificuldade deles? Será que realmente não reconheciam a dimensão ética da vida deles?

Subitamente, comecei a me lembrar de certas coisas a respeito dos meus alunos. Eis o que acontecera ao longo dos anos: quando abordávamos o tema da ética, do bem e do mal, do certo e do errado, as discussões quase sempre giravam em torno de coisas que faziam com que eles "se sentissem bem", "se sentissem mal" ou "se sentissem culpados". Eles não falavam em *ser* culpados, mas apenas em *"se sentir"* culpados. Não diziam que a coisa *era* boa ou má; apenas que ela os fazia *sentir-se* bem ou mal.

Eu não prestara muita atenção a essa diferença de linguagem. É claro que sempre fiquei impressionado com o relativismo quase universal dos rapazes e moças com os quais eu estava propenso a entrar em contato. Como em muitas outras partes do mundo moderno, está tão na moda negar a existência de absolutos na esfera ética que qualquer pessoa que ouse até mesmo mencionar seriamente essa possibilidade é imediatamente rotulada de ingênua ou fanática. Quem pode dizer o que é bom ou mau, certo ou errado? O que é bom em um lugar ou para uma pessoa pode ser mau em outro lugar ou para outra pessoa: essas são as certezas "éticas" da nossa era modernista, e muitas das nossas crianças, e quase todos os alunos, como os meus, simplesmente aceitam, sem pensar duas vezes, que toda moralidade é relativa, dependendo do local, da consciência étnica, da religião, da classe social, da nacionalidade e assim por diante. Esse relativismo moral não está nem mesmo em questão, e muitos professores e instrutores introduzem à força esse ponto de vista nos alunos com um ardoroso dogmatismo que está à altura do dogmatismo de qualquer fundamentalista religioso.

Tudo isso eu compreendia com relação às opiniões e convicções dos meus alunos relacionadas com os valores morais. Mas o que eu não tinha enxergado até então era a possibilidade de que, em parte devido a essa rígida mentalidade relativista, eles jamais tivessem efetivamente *vivido*, como tal, o elemento genuinamente ético na vida humana! Ou então, embora eles obviamente enfrentassem repetidamente, como todos nós, escolhas e exigências que envolviam dizer a verdade e mentir, manter e quebrar promessas, roubar, magoar os outros, infringir e obedecer regras, leis e princípios, o autossacrifício e o lucro pessoal, o logro, honrar ou trair a confiança, embora obviamente se vissem diante de situações que envolviam esses elementos, essas situações eram de imediato convertidas na consciência deles em questões de simplesmente definir o que "transmite uma sensação boa" ou o que "transmite uma sensação má".

Esses eram os meus pensamentos perturbados no dia que experimentei, pela primeira vez, o exercício em questão. A minha mente estava aturdida. Eu queria desesperadamente ir para algum lugar e pensar com mais calma a respeito do que eu parecia estar percebendo sobre os meus alunos. Eu desejava pensar com mais cuidado, de uma maneira mais contemplativa sobre o assunto. Era como se uma nova e poderosa tendência de reflexão a respeito da vida tivesse de repente se aberto: não se tratava mais apenas de uma questão sobre convicções filosóficas defeituosas ou de opiniões a respeito da ética, e sim sobre a existência ou ausência da experiência ética efetiva. Estaria a *experiência* da ética momentosamente desaparecendo do mundo, como uma grande espécie natural ameaçada?

Entretanto, eu não podia ir para um lugar e refletir. Eu era obrigado a dar seguimento à aula, e quando o fiz – agindo quase em desespero, por estar tão confuso pela aparente escassez de experiência ética naqueles jovens – fui conduzido ao que acabou sendo para mim uma revelação a respeito das verdadeiras causas do conflito ético nos relacionamentos humanos. E é precisamente isso que precisamos trabalhar nos nossos relacionamentos humanos mútuos. Ao prosseguir com a aula, entendi, mesmo que apenas no teatro de ensaio da mente, o que é preciso para atrair um contato genuíno para a nossa vida comum ameaçada, por mais preliminar que ele seja, com a força harmonizadora do amor não-egoísta.

TARTARUGAS

"Tomemos um problema ético que nenhum de nós seja capaz de resolver, um problema que toda a nossa sociedade, o mundo inteiro, seja incapaz de resolver", disse eu, enquanto começava a perambular pela sala. "Tomemos o aborto, um problema *ético* recalcitrante. Falando logicamente, cada lado tem argumentos excepcionalmente convincentes e motivos singularmente bons – a ponto de a questão do aborto parecer, no momento, a principal representante da contradição *metafísica* de múltiplos aspectos radicados no fato de a sociedade moderna, com os seus valores anômalos, existir e procurar se perpetuar no seio das grandes leis universais da natureza e da vida orgânica que frequentemente se opõem a esses valores anômalos. Em todo caso, nenhum ser humano racional que defenda qualquer um dos lados da questão do aborto tem o direito de simplesmente descartar o outro lado. Ao mesmo tempo, em nenhum lugar, mesmo entre as pessoas mais ponderadas, existe em cada um dos lados uma paixão mais intensa, uma impetuosidade maior, uma 'certeza' mais absoluta."

Cabeças balançaram concordando.

"A nossa sociedade simplesmente não tem mais uma solução amplamente aceita para o dilema ético do aborto", declarei enquanto voltava para a frente da sala.

Sentei-me na mesa de metal.

"Eis então um teste para nós. Isto é *ética*. Estamos diante de uma questão dolorosa e monumental do certo e errado. Como vamos tentar pensar – estou dizendo pensar, e não apenas discutir – a respeito dela?"

A turma permaneceu em silêncio enquanto eu cuidadosamente explicava as regras básicas do exercício e o padrão de atenção que ele exigia de todo mundo.

Perguntei então à turma: "Quem é veementemente a favor de que a mulheres devam ter o direito ao aborto?"

Como eu esperava, quase todas as mãos se ergueram imediatamente. Havia cerca de cinquenta alunos na turma.

"Quem se oferece para falar a favor desse ponto de vista?"

Para minha surpresa, lentamente, uma depois da outra, todas as mãos, com exceção de três ou quatro, desceram. Atribuí o fato ao "medo de se apresentar em público", porém mais tarde compreendi que algo muito mais profundo estava envolvido.

"E quem deseja defender o ponto de vista oposto, contrário ao aborto?"

Nenhuma das mãos se levantou. Esse fato não era muito surpreendente, levando-se em conta a composição de todo o corpo discente e a tendência política corrente em San Francisco. Mas era decepcionante sob o aspecto da experiência que eu queria tentar.

"Alguém acha que o aborto é errado?"

Detectei uma leve contração em três ou quatro alunos.

"Se vocês tivessem essa opinião, teriam medo de admiti-lo?"

A contração aumentou por um momento e depois parou.

"'Bem", disse eu, "isso significa que não podemos fazer o exercício."

Diante disso, Janet Holcomb, sentada à minha direita, perto das amplas janelas, declarou que, embora fosse a favor do aborto, estaria disposta a defender a posição oposta em prol da experiência.

"Não, não daria certo. A opinião precisa ser sincera", repliquei. "Os dois lados precisam acreditar, com igual convicção, que o seu ponto de vista está certo. As forças de cada lado devem ser iguais e opostas, como são no mundo e na vida."

Esperei, mas ninguém se apresentou. Eu tinha certeza de que uma ou duas pessoas certamente consideravam o aborto moralmente errado, mas elas haviam se recolhido a um silêncio intimidado. Na verdade, um manto cinzento descera sobre a turma, um silêncio profundo. Os rapazes pareciam particularmente paralisados.

"Por que não escolhemos outro tema?", sugeriu Elihu Andrews, um rapaz negro de ombros largos e voz agradável.

"Tudo bem", retruquei. "O quê, por exemplo?"

Depois de alguns segundos, uma proposta depois da outra começou a vir à tona, olhava em volta e imediatamente afundava, desaparecendo no silêncio cinzento.

"A guerra no Iraque", sugeriu Bernardo Di Giorgio.

"O casamento gay", propôs Agnes Huong.

"A globalização."

"Israel e a Palestina."

Mas o silêncio profundo continuava, uma atmosfera de sombrio re-traimento. Eu estava contemplando cinquenta tartarugas que espiavam das profundezas da sua casca. Por quê? Por que aqueles alunos, por via de regra tão explosivos, mostravam-se agora tão passivos?

Foi então que uma das tartarugas projetou a cabeça para fora e de-clarou suavemente: "A lei do aborto com nascimento parcial!"

PAIXÃO E ATENÇÃO

Era como estar assistindo a um filme preto-e-branco que, de repente, virasse tecnicolor. O ar ficou imediatamente carregado de eletricidade. Mãos começaram a se erguer como pássaros assustados. Todos come-çaram a falar – comigo, uns com os outros e consigo mesmos. Tanto os homens quanto as mulheres já estavam começando a discutir. Era ob-viamente para essa questão que o ardor do problema do aborto tinha se deslocado. Esse não era, naquele momento do tempo, pelo menos tem-porariamente, um dos principais pontos de concentração da crise mo-ral do mundo inteiro?

A essa altura não tive mais nenhuma dificuldade em conseguir vo-luntários para o exercício. O único problema era qual aluno escolher entre os muitos que estavam se oferecendo para defender cada lado da questão. Eu tinha que decidir com relativa rapidez. Deveria escolher um rapaz ou uma moça? Ou duas moças? O assunto deveria ser enca-rado como "uma questão feminina"? Ou seria profundamente mais ver-dadeiro que ele era, acima de tudo, uma questão *humana*?

Mas por que encarar a situação dessa maneira? Ou melhor, enca-rá-la como se eu tivesse que escolher os participantes baseado apenas na premência do seu interesse pela vida humana e pelo bem-estar so-cial, e na intensidade do desejo deles de encontrar a verdade, indepen-dentemente de aonde isso pudesse levar. O que as pessoas precisavam ter, na verdade, era a convicção apaixonada ao lado da disposição de afastar-se das próprias paixões sem ter a intenção, ou mesmo o desejo, de negá-las ou justificá-las. Meu Deus! Ali, nesse momento, no teatro da mente, o imperativo ético fundamental já estava surgindo – a saber, a disposição no meio da emoção, no meio do medo, da raiva ou do anseio, de evitar ser completa e totalmente "identificados" ou "absorvidos" pelas inevitáveis e automáticas paixões que surgiam. É bem verdade que isso estava ocorrendo apenas no teatro de ensaio da mente, mas não era esse o ponto central do exercício? *Estudar,* dentro de condições especialmente favoráveis, a possibilidade e as leis da luta para sermos bons, luta que de resto parece uma impossibilidade nas condições concretas e complicadas da vida do dia a dia?

Mas estaria eu sendo pretensioso ao pressupor que era capaz de fazer essa determinação a respeito da motivação dos meus alunos? Estaria eu sendo tolo ao imaginar que poderia investigá-los dessa maneira?

Na verdade, curiosamente, isso não foi nem um pouco difícil. Não houve simplesmente como confundir a presença dessa misteriosa qualidade neles: a existência simultânea da convicção apaixonada, uma convicção que não era "certeza absoluta", quer dizer, que não era fanatismo, e o igualmente intenso questionamento pessoal, um questionamento que não era "insegurança", ou seja, que não era timidez.

É impossível para mim caracterizar com precisão essa qualidade em palavras. Pairando em cima ou dentro da poderosa contradição entre a convicção pessoal dos meus alunos e o questionamento pessoal interior havia uma *terceira* qualidade. Ela se revelou, posso situá-la dessa maneira, na *atmosfera* que os envolvia, que conferia um certo brilho suave à pele deles, e que produzia um contorno variado e sutil nas suas feições, um contorno que os tornava belos, presentes e normais como um retrato do Faium egípcio.* E essa qualidade se expressa fisicamente no fato de que eles estavam, de repente, se movendo com a totalidade das crianças, com o corpo e a mente como um único elemento. Eu *soube* então quem escolher.

---

* Referência ao oásis de El-Faium: "Um jardim no deserto"; trata-se de um magnífico oásis situado em uma extensa depressão de 18.000 quilômetros quadrados. Essa região é única em todo o Egito, jardim e horta do Cairo, e forma um complexo microcosmos onde se conjugam os mais variados matizes das paisagens egípcias. (N. da T.)

Eram duas mulheres: Janice Eberhart e Arlene Harris, ambas sentadas na primeira fila.

Janice tinha vinte e poucos anos, era frágil e ágil como um passarinho, tinha o cabelo ruivo tingido com hena que usava trançado para trás. Janice tinha o hábito de sentar-se na carteira com a cabeça inclinada para a frente, o queixo tocando a ponta dos dedos, pressionados uns contras os outros como se em uma atitude de súplica e devoção, postura que mantinha rigidamente quando estava tentando formular um pensamento com uma sinceridade especial ou precisão lógica.

Arlene Harris era uma moça negra cuja idade era difícil de determinar; provavelmente tinha trinta e poucos anos. A sua pele era intensamente escura e luminosa, bem como os seus olhos grandes e firmes. Arlene era uma mulher alta e magra, com o cabelo cortado curto e as maçãs do rosto salientes e largas, que de vez em quando aparecia nas aulas sorrindo, vestindo um longo, belo e esvoaçante traje nigeriano que a fazia parecer nada menos do que a rainha de uma tribo africana. Ela tirava sempre notas excelentes.

Naquele dia, estava vestindo um traje mais comum, calça jeans e uma suéter de lã.

Levei uma cadeira para cada lado da mesa de metal e fiz um sinal para que as duas moças se aproximassem e se sentassem. "Lembrem-se", eu lhes disse, "de que precisam ser rigorosas no exercício. A outra pessoa precisa repetir, não necessariamente com as mesmas palavras, a exata ideia central e o significado do que a primeira tiver dito. Somente então ela tem o direito de retrucar. Às vezes será tentador conformar-se com menos, mas não façam isso. A declaração terá que ser uma exposição realmente satisfatória do que vocês disserem, sem que nada essencial seja deixado de fora."

Em seguida, enquanto as duas mulheres tomavam os seus lugares e viraram a cadeira para ficar uma de frente para a outra, declarei para a turma.

"Vocês têm um papel importante neste exercício. Precisam ficar em silêncio e prestar muita atenção; precisam ouvir cuidadosamente. As pessoas que estão na frente da sala precisam do apoio da atenção de toda a sala. O exercício não terá sucesso na ausência dessas condições."

O CHOQUE DA QUESTÃO

"O assunto é o aborto com nascimento parcial", declarei, ainda de frente para a turma. "E para que todos entendam claramente o que está em debate, alguém, por favor, poderá defini-lo?"

Um rapaz no fundo da sala disse qualquer coisa sem muita clareza, e imediatamente quatro ou cinco pessoas começaram a enunciar as suas definições. Janice, que estava adotando a posição "pró-vida" no exercício, apresentou com firmeza, logo no início, uma definição precisa. Falando com uma certa dificuldade emocional, com as palmas das mãos juntas e a ponta dos dedos tocando o queixo, ela disse:

"O aborto com nascimento parcial é um procedimento... no qual o médico retira o bebê... até o ponto em que somente a cabeça permanece dentro do útero... e então ele perfura o crânio... e remove o cérebro."

Ninguém se mexeu. O relógio na parede de repente pareceu estar batendo muito alto.

Depois de um longo momento, fiz sinal para que Janice prosseguisse e desse início ao diálogo. Sem hesitar, ela começou, falando, de uma maneira que agora tornou-se um hábito entre as muitas mulheres jovens, com várias afirmações enroscando-se no final como se fossem perguntas:

"Sou contra o aborto com nascimento parcial. Para começar, creio que precisa ser examinado o motivo pelo qual a mulher decidiu tão tarde que não deseja a gravidez. Existem casos nos quais a continuidade da gravidez poderia colocar a sua saúde em perigo, e nesse caso eu poderia dizer que existe um pouco de espaço. Mas se não se trata da sua segurança, da sua vida, eu diria então que existem muitas famílias que precisam de crianças, que não podem tê-las e que poderiam adotar a criança em questão; não é como se a criança não fosse indesejada. É claro que essa decisão causa um terrível tumulto emocional, mas será igualmente prejudicial, sob o aspecto emocional... de uma maneira diferente... abortar a criança ou ter a criança e separar-se dela. Quero dizer, uma criança poderia estar conosco agora mas não está."

Janice prosseguiu, forçando cada pensamento sobre o anterior:

"Às vezes, a criança é chamada de feto, mas não podemos afirmar realmente que não se trata de uma criança viva. E acho que chamá-la de feto apenas turva a questão, tornando-a mais fácil de ser aceita. E suponhamos que uma criança nasça cedo, seja uma criança prematura, e que queiram tentar salvar a vida dela... mas suponhamos que a mãe decida que não quer o bebê; existe então um período no qual o chamamos simplesmente de feto? E portanto podemos matá-lo.

"E já assisti a vídeos que mostram esse procedimento, e aproximam bastante a câmera para que possamos olhar e... ele está *vivo*! Parece... uma *criança pequena*!"

Nesse ponto, eu a interrompi.

"Muito bem", disse eu, em um tom professoral que eu esperava fosse capaz de manter a atenção de todos no conteúdo intelectual do que estava sendo dito, e também porque eu não queria começar a experiência fazendo com que Arlene tivesse que fazer um esforço excessivo para reproduzir o que Janice tinha dito. "Obviamente, existem muito mais coisas a serem ditas; guarde-as para quando for novamente a sua vez. Agora ouça o que Arlene tem a dizer. E lembre-se de que ela precisa fazer um resumo satisfatório do que você disse."

Arlene começou a falar em um tom uniforme e casual. "Parece-me que a sua principal preocupação é que a mulher tenha optado por abortar o bebê em um ponto tão avançado da gravidez. Que ela deveria ter tomado a decisão mais cedo. Que existem muitas famílias que querem adotar crianças que poderiam ter ficado com essa criança e cuidado dela adequadamente." Arlene fez uma pausa. "Está correto?", indagou com uma hesitação atípica.

Janice logo replicou, calorosamente: "Está."

"Não", disse eu para Janice. "Havia outra coisa. Ela está deixando algo de fora. Diga para Arlene o que ela deixou de fora."

Janice obedeceu, repetindo o que dissera anteriormente, mas dessa vez com muito menos emoção, mencionando o fato de o bebê estar vivo e a hipocrisia às vezes estar envolvida quando o chamamos de "feto".

Arlene repetiu então essa parte.

"Você agora está satisfeita?", perguntei a Janice. "Arlene fez uma exposição satisfatória e completa?" Janice fez que sim com a cabeça. "Então vamos prosseguir."

Fiz um sinal para Arlene.

Com as mãos calmamente cruzadas à frente sobre a tampa abaixada da carteira, Arlene inclinou-se para diante. "Isso não seria algo que eu pessoalmente faria", disse ela, "mas sinto que é uma escolha que todas as mulheres deveriam ter, mesmo que seja..." Arlene procurou uma palavra "não *correta*". Ela voltou para mim, por um momento, os olhos castanhos e firmes, e em seguida prosseguiu em um tom curiosamente uniforme: "Estou pensando a partir do ponto de vista das necessidades do planeta. Existe um grande número de pessoas no mundo, muito pouco espaço e muito pouca comida... está tudo fora de controle. Se se tratasse de um país pobre do Terceiro Mundo, de outra nação, essa questão não estaria sendo discutida. As pessoas nesses lugares não têm a opção de ter esse procedimento. Mas aqui nos Estados Unidos, onde o nosso consumo é muito superior à nossa parcela dos recursos mundiais, temos a possibilidade de ter esse procedimento. Assim sendo, nos Estados Unidos, embora esse tipo de aborto talvez não seja moralmente correto, é uma escolha que as mulheres deveriam ter."

Falando agora com suavidade e sem esforço, Janice replicou:

"Você então está dizendo que é uma escolha que todas as mulheres deveriam ter, que não é algo que você pessoalmente escolheria, mas que todas as mulheres deveriam poder decidir por si mesmas. Que isso seria especialmente importante agora, especialmente nos Estados Unidos, porque existe no mundo a questão da superpopulação, e uma vez que os recursos não são igualmente distribuídos pela população do mundo inteiro, que a escolha talvez não seja *boa,* mas que talvez faça sentido com relação à sociedade que temos hoje como um todo."

Pausa. "O resumo é satisfatório?", perguntei a Arlene. Ela assentiu com a cabeça, porém sem muita convicção.

"Você tem certeza?" Ela não respondeu.

Comecei a detectar algo acontecendo debaixo da superfície dessa interação suspeitosamente calma entre as duas mulheres. Na maioria dos outros casos em que tentei essa experiência com assuntos relacionados com a política, o racismo e a religião – bem como com a questão geral do aborto – o esforço dos alunos para se afastar das emoções foi muito mais visível. Nesse caso, o esforço só se manifestara no início, quando Janice definiu o aborto com nascimento parcial. Depois disso, ele se acomodara em uma conversa aparentemente desanimada e comecei a me perguntar se eu não teria escolhido as pessoas erradas para o debate.

A FORÇA MORAL DE ESCUTAR

Mas tudo isso estava prestes a mudar. Estava prestes a mudar por causa do que sempre acontece quando o exercício é sinceramente tentado como um exercício sobre o estudo da força moral de escutar. O que pode ter parecido por alguns momentos uma conversa insípida era na verdade a manifestação de um esforço de atenção totalmente novo, com cada participante esforçando-se de uma maneira pouco familiar para ouvir com atenção o outro, sem reagir, sem julgar, sem nenhuma ansiedade a respeito de ganhar ou perder. E esse esforço mútuo de atenção imparcial produziu um dos mais belos e visíveis resultados do exercício: conferiu às duas participantes a experiência sustentada de se separar intencionalmente das suas opiniões, em vez de simplesmente refreá-las como cachorros em uma coleira. Além disso, o esforço de genuinamente afastar-se – interiormente – das suas opiniões a fim de prestar atenção à outra pessoa foi profundamente sentido na turma, embora os alunos talvez não tivessem conseguido explicar o que era tão extraordinariamente fascinante a respeito de uma pequena e modesta discussão.

"Arlene", perguntei, "você tem certeza que está disposta a aceitar que Janice apresentou um resumo satisfatório do que você disse? E a questão dos países do Terceiro Mundo?"

"Isso mesmo", declarou Arlene casualmente. "Ela de fato deixou isso de fora."

Antes que Arlene pudesse repetir essa parte, Janice interrompeu.

"Tudo bem", disse Janice, "aqui está: nos países do Terceiro Mundo as pessoas não têm o luxo ou a escolha de fazer ou não um aborto. Mas como nos Estados Unidos temos muitas coisas e muito dinheiro – que tomamos do resto do mundo – somos livres para tomar essas decisões."

"Está satisfatório agora?", perguntei a Arlene. Ela respondeu que sim. "Muito bem", eu disse para Janice, "agora dê a sua resposta. Leve o tempo que for preciso." Ela não precisava de nenhum tempo.

"O.k.", disse Janice, animadamente, "nos países do Terceiro Mundo, onde o aborto não é uma opção, as mulheres em geral não se submetem ao controle da natalidade, de modo que acabam tendo muitos filhos que não podem criar. É verdade que não desejamos recriar essa situação na nossa sociedade na qual temos tantos recursos disponíveis. Concordo, portanto, que temos a capacidade de fazer essa escolha enquanto outros países não têm essa opção. Mas eu me pergunto se o simples fato de sermos tão poderosos torna aceitável que tenhamos essa escolha. Quero dizer, quanto mais poderosos nos tornamos, mais escolhas temos direito de fazer, independentemente de elas serem em última análise benéficas ou não para as pessoas? E gostaria de saber se existem outras soluções para o problema dos abortos tardios que as pessoas não estão levando em consideração apenas porque a escolha do aborto parece tão imediatamente disponível. Nos outros países, por exemplo, talvez elas sejam obrigadas a descobrir uma maneira de fazer uma coisa positiva a partir de uma situação negativa, ao passo que aqui nós mais ou menos procuramos a solução rápida para nos livrarmos da situação, como uma pílula mágica para fazê-la desaparecer. E essa atitude pode ser um bloqueio difícil de corrigir, de modo que talvez essa questão vá demorar muito para ser resolvida, porque essa postura está disseminada na sociedade americana."

E agora Arlene: "Ela diz que aqui, nos Estados Unidos, temos muito poder, e quanto mais poder temos maior o número de escolhas que temos disponíveis, e as pessoas têm a capacidade de tomar essas decisões. Mas como é tão fácil fazer essas escolhas, as pessoas são pouco criativas e não tentam descobrir outras opções que... preservem... que sejam... melhores." Arlene parou. Outra coisa estava acontecendo.

"Vocês estão acompanhando o diálogo?", perguntei à turma, a fim de criar um espaço no processo que estava tendo lugar entre as duas moças.

Janice levou o queixo de encontro à ponta dos dedos, concordou com a cabeça e declarou que Arlene tinha feito um resumo satisfatório do que ela acabara de dizer. Nesse momento, Arlene sentou-se de repente muito ereta na cadeira, apresentando-se alta e de ombros largos, os olhos firmes brilhando.

"Responda", disse eu, quase sussurrando.

"Concordo com Janice", retrucou. "Os americanos como um todo são moralmente preguiçosos, e se o aborto não estivesse tão prontamente disponível, as pessoas *pensariam* mais a respeito do assunto. E talvez isso fosse uma coisa boa, uma coisa muito boa!" Arlene esperou um momento e em seguida acrescentou em um tom de voz forte:

"Mas ainda acho que a opção deve estar disponível. Apenas não é *correto*", declarou, elevando a voz, "dizer a uma pessoa que ela não pode fazer uma escolha com o próprio corpo. Algo está acontecendo dentro dela e ela deve ter o *controle* sobre isso! Vejam bem, não estou dizendo que nunca podemos dizer a uma pessoa o que ela não deve fazer; existem questões complexas que envolvem a definição de feto e que dizem respeito a pessoas que nascem ou não nascem e assim por diante... não vou entrar neste assunto agora. Então, sim, certamente existem coisas às quais temos que dizer não. Obviamente é errado matar uma pessoa, mas também é errado dizer a uma mulher o que ela deve fazer com o seu corpo, e é isso que as forças dominantes na nossa sociedade ainda não compreenderam. Eu, a mulher, os direitos do meu corpo, os meus direitos... ."

Arlene parou aqui. Uma vez mais as batidas do relógio tornaram-se audíveis.

Virei-me para a turma: "Por favor, reparem", disse eu, "que um novo pormenor, uma nova questão foi introduzida no diálogo."

UM MOVIMENTO EM DIREÇÃO À CONSCIÊNCIA

Entretanto, era mais do que apenas um novo pormenor; era uma parte nova e profunda da psique que estava emergindo da mente e dos instintos de Arlene e que afetou instantaneamente todos os presentes. O certo e o errado, em nenhum dos seus sentidos habituais, não era a questão. A questão era o coração humano, o que se exterioriza, o sentimento, o pensamento da pessoa. As palavras de Arlene encerravam uma nova autoridade, proveniente do início do movimento em direção à consciência. *Em direção* à consciência, não mais do que isso, mas tampouco menos. O *início*, não mais do que isso, mas tampouco menos. Ela estava lutando pela sua consciência. Os anos que eu passara criando condições nas quais fui capaz de pedir a rapazes e moças que tentassem pensar com sinceridade haviam me tornado sensível, talvez em excesso, a esse elemento dentro deles, ao momento em que abandonam tanto o "aceitável" e o superficialmente inovador e começam a falar simplesmente por si mesmos, certo ou errado. Essas circunstâncias nunca aconteciam de um modo violento, estridente, e eram sempre repletas de uma tranquila eletricidade.

Arlene prosseguiu: "Este corpo continuará a ser meu até o dia em que eu morrer, e durante esse período não deverá ser regulado com um propósito inadequado. Não estou me referindo apenas aos fetos e sim a mim mesma e a todas as mulheres que desejam ser livres. Lutamos há séculos para conquistar os direitos que os homens desfrutam. Em *Roe*, a Suprema Corte decidiu que era a mãe que merecia o nível mais elevado de proteção constitucional.* É isso que estou enfatizando. As mulheres precisam ser suficientemente respeitadas para ter os mesmos direitos dos homens, o direito de decidir o que é melhor para a nossa vida, para o nosso corpo, de ser vistas como iguais, ser tratadas como iguais. É claro que o aborto com nascimento parcial é um pesadelo, mas por acaso os homens que criam as leis entendem o pesadelo da gravidez indesejada que às vezes tem lugar durante a gestação da mulher? Eles já tiveram um útero, já fizeram um exame preventivo ou um exame cervical? Já tiveram filhos ou sentiram um bebê crescer dentro deles? Sabem o que sente a mulher que está apavorada e sozinha, e precisa tomar a decisão de fazer um aborto? Que não tem opções que protejam a sua saúde e que se sente forçada a cuidar sozinha da questão?

---

* Arlene está se referindo à decisão da Suprema Corte dos Estados Unidos, em 1973, de que os estados americanos não poderiam proibir o aborto no primeiro trimestre da gestação, no caso conhecido como Roe *versus* Wade. Jane Roe era o pseudônimo de Norma McCorvey, grávida de 21 anos que entrou na Justiça no Estado do Texas pelo direito de abortar. A decisão a favoreceu, mas ela nunca abortou. Deu a filha para adoção. Hoje, mudou de lado e milita pela proibição do aborto no país. Henry Wade era o procurador de justiça do distrito de Dallas. Representava o Texas no caso. Em 1992, o tema voltou a ser apreciado pela Justiça americana. A Suprema Corte não mudou de posição, mas admitiu restrições, como a necessidade da autorização dos pais no caso de menores. (N. da T.)

Como podem os homens querer legislar a respeito de algo que jamais entenderão? Como podem definir regras sobre o meu corpo, se nunca viveram no corpo de uma mulher?... e nunca realmente incluem a opinião e a influência da maioria das mulheres nas suas decisões?"

Janice, ainda na postura de suplicante, permaneceu de cabeça baixa, as palmas das mãos unidas, o queixo roçando na ponta dos dedos. Uma única coisa mudara: os seus olhos estavam agora fortemente cerrados enquanto ouvia com grande concentração cada palavra proferida por Arlene.

O que estava acontecendo era algo que mais cedo ou mais tarde tem lugar todas as vezes que aplico o exercício e, em cada uma delas, parece um milagre. Ocorre quando os sentimentos mais profundos começam a se exteriorizar; não estou me referindo às explosões emocionais agitadas que todos conhecem muito bem, e sim às paixões mais profundas da consciência emergente. O "milagre", embora seja na verdade legítimo, é que quanto mais intensas e profundamente sentidas as paixões da consciência, mais a pessoa também testemunha tranquilamente a si mesma, ou seja, mais ela se torna dinamicamente calma. E essa atitude de recuar para dentro de si mesmo se espalha ou se reflete no parceiro do diálogo, e também, até certo ponto, nos alunos da turma. Assim como nas nossas relações mútuas a agitação da emotividade tende a despertar a agitação como resposta, a firmeza da atenção, que é a companheira interior do sentimento moral essencial, inspira esse mesmo estado no nosso semelhante.

A atenção da turma estava agora completamente voltada para Janice. Como ela retrucaria a essa poderosa declaração de Arlene?

Permanecendo de olhos fechados, Janice apresentou o seguinte resumo:

"Tanto as mulheres quanto os homens devem ter o direito de escolher o que querem fazer com o seu corpo. E, no caso das mulheres, o feto que está dentro dela se enquadra nessa jurisdição. Além disso, precisa haver uma definição do que é errado que todos entendamos e com a qual concordemos. Por conseguinte, temos que aceitar o aborto; o aborto com nascimento parcial precisa ser permitido baseado no princípio de que todas as pessoas têm o direito de fazer o que bem entenderem com o seu próprio corpo."

"O resumo foi satisfatório?", perguntei a Arlene. É claro que tinha sido ao mesmo tempo satisfatório e insatisfatório. O conteúdo era "preciso", mas o ardor de Arlene não estava presente no relato de Janice, de um modo inevitável e justo – ainda mais justo porque a mesma qualidade de sentimento também estava surgindo em Janice, embora estivesse prestes a se expressar de outra maneira. E posso afirmar, sem nenhuma hesitação, que o sentimento que cada moça estava experimentando com relação à questão do aborto era, sem que elas realmente o definissem para si mesmas, acompanhado e equilibrado, ou melhor, de uma estranha maneira intensificado, por outra paixão essencial igualmente profunda, outra precursora igualmente profunda da consciência: a saber, *o desejo da verdade, seja qual for a direção que ela siga.* O amor à verdade. É preciso vê-lo para acreditar, para saber como ele é realmente. O amor à verdade não é o que acreditamos que ele seja quando iniciamos o processo do pensamento e do diálogo. O intelecto comum, por si só, não é capaz de realmente amar a verdade. Ele pode "se interessar" pela verdade, mas o que ele realmente ama e serve é em geral outra coisa, algo que existe dentro de nós e que não é tão belo. Como Sócrates nos mostra por intermédio da genialidade de Platão, o amor à verdade só pode surgir quando precisamos pagar interiormente por ele, somente quando deparamos com a resistência das nossas "próprias" opiniões arraigadas. *Quando deparamos com a nossa resistência e mesmo assim prosseguimos, abandonando o apego aos nossos pensamentos, uma ação interior está tendo lugar, a qual Sócrates apresenta como uma antecipação do "ato de morrer".* Ele ensinou que o verdadeiro filósofo estuda a morte e o ato de morrer por meio do ato de sacrificar o apego a um pensamento "importante" que esteja ocorrendo dentro da sua mente.

UMA COISA EXTRAORDINARIAMENTE SUTIL

E agora Janice, inicialmente com as pálpebras trêmulas, e em seguida arregalando os olhos, voltou a cabeça na direção de Arlene e começou a dar a sua resposta. Estava óbvio para todos que "uma coisa" extraordinária estava acontecendo entre as duas mulheres.

"Arlene expressou com muita clareza um dos principais pontos de toda esta questão", declarou, olhando diretamente para Arlene, mas ainda mantendo as mãos juntas diante de si. "O feto faz parte do corpo da mulher, ou é uma entidade separada dentro da mulher? E... temos direitos, mas também responsabilidades com relação ao nosso corpo. Creio, porém, que temos um diferente tipo de responsabilidade para com os nossos filhos. E eu me pergunto se realmente entendemos a diferença entre os dois tipos de responsabilidade, e até mesmo se compreendemos o que significa a palavra 'responsabilidade'. Assim, se eu tenho um filho – quero dizer, se uma mulher chega ao terceiro mês e decide por qualquer razão que não deseja continuar a gestação, a pergunta então é a seguinte: ela foi irresponsável com o seu próprio corpo ou irresponsável com outro... *corpo,* o de outra pessoa? Quando, por assim dizer, a responsabilidade da maternidade se estabelece? Acho que essa é a questão e creio que as pessoas de certo modo a tornam indistinta quando dizem: bem, trata-se de um feto e o que isso tem a ver com a maternidade? – não existe um instinto materno, não há nada disso.

"É claro que afirmar que a maternidade ou o instinto materno não existe é obviamente errado. Mas a questão é: quando ele começa? Quando passa a existir efetivamente esse relacionamento entre mãe e filho? Conheço pessoas que tiveram abortos espontâneos e sentem que esse *vínculo* foi rompido; então, quando o vínculo começou? E, na minha opinião, isso é uma questão de assumir a responsabilidade por *outra coisa* e não apenas pelo nosso próprio corpo... ."

Janice parou no meio da frase. De um modo lento e pouco característico, ela colocou as mãos nos joelhos e fitou Arlene, em silêncio. Esta última, por sua vez, também assumiu uma postura que não lhe era típica, embora a mudança fosse mais sutil do que a de Janice. Os seus ombros largos e imponentes delicadamente relaxaram e ficaram mais arredondados, como asas que se dobrassem. Os seus luminosos olhos negros se mantiveram firmes.

Os alunos da turma, perguntando-se quem iria falar a seguir, pacientemente viravam a cabeça de um lado para o outro. Por um momento, eu me senti tentado a dizer alguma coisa para quebrar o silêncio. Entretanto, assim que comecei a falar, compreendi como isso teria sido tolo. O que quer que estivesse se passando entre as duas moças estava se tornando mais palpável. Era algo muito sutil e muito forte; a palavra "sagrado" não seria totalmente inadequada. E ao ver isso, ao senti-lo, lembrei-me, de repente, que esse "algo" é que era o ponto central do exercício. Perguntei aos meus botões como eu poderia ter me esquecido daquilo, mesmo que por um único momento.

Finalmente, Arlene fez o seu resumo: "O que eu ouço você dizer... é que estamos traçando uma distinção entre a responsabilidade da mulher pelo seu corpo e a responsabilidade da mulher pelo corpo que está se desenvolvendo dentro dela. Ouço você dizer também que temos que examinar onde termina a responsabilidade dela pelo seu corpo e onde começa a responsabilidade dela como mãe. Ouço ainda você dizer que ela precisa decidir quando o que está dentro dela torna-se *o seu filho.*"

Sem esperar que eu fizesse algum comentário, Janice inclinou-se para a frente e falou diretamente para Arlene, em um sussurro suave e estranhamente ressonante que foi claramente ouvido na parte de trás da sala. "Exatamente", disse ela.

AMANDO E ESCUTANDO

O que aconteceu depois foi algo que, à sua maneira, viria a ser um dos acontecimentos mais comoventes que já presenciei em uma sala de aula. Arlene ficou simplesmente sentada, aparentemente pensando em como iria retrucar. Ficou parada, sem dizer uma única palavra. Ninguém estava nem um pouco inclinado a quebrar o silêncio. Um processo totalmente desconhecido para qualquer um dos alunos estava tendo lugar dentro de Arlene. Estaria ela se esforçando desesperadamente para encontrar um contra-argumento? Talvez sim... e talvez não. Estaria se sentindo "derrotada?" "Superada?" Não havia nenhum indício de que fosse esse o caso. Entretanto, era óbvio que a moça estava passando por um conflito.

O que ela finalmente disse nos pegou a todos de surpresa.

Arlene proferiu apenas algumas palavras:

"Não posso realmente argumentar contra o que você disse", declarou, quase em um sussurro.

Todos prenderam a respiração enquanto as palavras davam a impressão de estar suspensas no ar. Notei que Janice estava pronta para se levantar da cadeira, talvez para abraçar Arlene. A turma não sabia o que fazer. Parecia que nem mesmo Arlene compreendia a mudança que ocorrera nela e, por intermédio dela, no restante de nós.

Talvez porque eu tivesse presenciado algo semelhante anteriormente, em outros tipos de condições, percebi com muita clareza que, por um momento, Arlene havia se submetido a outra qualidade de energia dentro de si mesma. Ao mesmo tempo, senti em mim mesmo um reflexo da liberdade interior dela, uma amostra do amor pela verdade – da verdade não como palavras, mas como uma energia consciente que reúne os contrários, que liga as pessoas, a verdade como amor. E é porque a ação genuinamente moral em outra pessoa desperta em nós uma amostra da nossa possibilidade interior que não podemos deixar de sentir um respeito e amor genuínos por uma mulher ou um homem bom. A boa ação da pessoa inspira um reflexo dessa ação em nós mesmos. Nós nos tornamos bons quando sentimos a bondade de outra pessoa. E no momento em que vemos essa qualidade, nós a desejamos; não podemos deixar de desejá-la. Somos feitos para isso.

É claro que são necessárias condições especiais para que essa força passe por entre as pessoas e por dentro delas. Nas condições internas e externas habituais da vida do dia a dia, ou o nosso egoísmo não pode permitir que essas percepções nos penetrem, ou somos enganados pela bondade artificial em outra pessoa ou então, no final, simplesmente nos bifurcamos de um modo esquizofrênico, e o nosso profundo amor pelo bem se esconde enquanto na nossa personalidade superficial só somos "bons" quando isso convém aos nossos interesses; e na nossa mente nós nos tornamos sentimentalmente ingênuos a respeito de nós mesmos e dos outros ou terrivelmente céticos (ou "realistas") com relação ao estilo do mundo. Ou então, o que é ainda pior – e, é claro, muito comum – o aumento da maldade e da brutalidade no homem desperta em nós as mesmas forças misteriosas de medo e ódio subjetivo que são invariavelmente a origem da maldade humana sempre e em toda a parte.

Estamos falando agora de um triunfo moral específico nessa mulher em particular e, por meio dela, Arlene, e nessas duas mulheres pensando juntas e se esforçando para escutar uma à outra, e além delas. A turma irrompera em um palavreado confuso – Arlene "perdera" o "debate"? Mas se foi esse o caso, por que todo mundo estava sentindo que uma vitória tivera lugar?... sem nenhum "perdedor"? Por que todo mundo estava se sentindo tão eufórico? Por que uma atmosfera tão comemorativa permeava a sala de aula? Por que não havia a menor sensação de que alguém ou alguma opinião estivesse "certa" ou "errada"?

Sim, tudo isso estava "apenas" no teatro de ensaio da mente, mas que momento magnífico! E sim, ele não duraria muito mais do que esse momento e poderia não influenciar as atitudes da vida de ninguém, mas que vislumbre esplêndido da possibilidade humana, que vislumbre incrível da assombrosa exigência daquilo que com excessiva facilidade chamamos de ética! Esse momento – chame-o, se quiser, de momento de misticismo moral, ou de momento de força moral conjunta – não apenas traz para mais perto de nós o significado da ética, como também, igualmente, nos mostra o quanto estamos realmente distantes do bem na vida do dia a dia e no nosso estado cotidiano da existência, nas nossas relações mútuas diárias.

"Podemos continuar com isso de outra maneira", declarei, finalmente.

"Digam-nos", disse eu, dirigindo-me às duas mulheres, "quais são os seus comentários a respeito deste processo de escutar? O que as impressionou a respeito dele, seja com relação ao esforço de ouvir, ou a respeito de como vocês estão *se sentindo* agora a respeito do seu ponto de vista sobre essa questão? A posição ou a opinião de vocês mudou sob algum aspecto? De que maneira?"

"É um exercício muito poderoso", respondeu Arlene, com a voz ainda refletindo o seu estado vibrante. "O fato de termos que repetir com precisão o que a outra pessoa disse significa que temos que escutar com muita atenção."

"E o que isso faz a você, o que significa, o que essa atitude exige de você?"

"Exige que eu me concentre", respondeu Arlene. "Significa que preciso realmente compreender o que a outra pessoa está dizendo..." Os olhos geralmente firmes de Arlene estavam se deslocando na direção de Janice. Estava claro que embora ela estivesse falando comigo, o seu coração estava com Janice.

"E isso realmente muda a minha perspectiva."

"De que maneira?"

"Não consigo realmente me agarrar com tanta intensidade ao que eu acredito quando estou constantemente liberando essa convicção para ouvir o que a outra pessoa está dizendo."

Nesse ponto, quase perdi a compostura. "Fantástico!", exclamei. "Passamos a vida tendo discussões e argumentando a respeito disso ou daquilo, e nunca, em nenhum momento, escutamos uns aos outros dessa maneira!"

Voltei-me então para Janice, cujas mãos estavam agora completamente relaxadas no colo e cujos olhos fitavam Arlene, fascinados.

"Embora tenha sido Arlene que cedeu", eu disse a ela, "estou certo de que você deve ter sentido a mesma coisa que ela."

Janice olhou para mim e, por um momento, começou a juntar as mãos, mas em seguida deixou-as cair de novo, lentamente, no colo.

"Sem dúvida", concordou ela. "Obviamente, ambas dissemos muito mais do que geralmente se diz em uma discussão, mas dei comigo ouvindo uma pessoa, não um argumento..."

Novamente interrompi, agitado:

"Este é decididamente o ponto mais importante de todo o exercício. Repita o que você acaba de dizer!"

"Eu estava ouvindo uma pessoa, não apenas um argumento."

Virei-me para a turma. "Vocês ouviram isso?", perguntei. "Vocês entendem o que elas descobriram? Podemos continuar a discordar eternamente de outra pessoa. Podemos ter um ponto de vista radicalmente diferente. Podemos ser tão veementes quanto quisermos a respeito da nossa opinião. No entanto, desde que reconheçamos e sintamos que estamos escutando uma *pessoa,* não haverá nem violência nem guerra."

Depois de um longo silêncio, eu disse o seguinte para as mulheres: "Obrigado. Vocês foram maravilhosas."

Arlene se levantou para voltar ao seu lugar, mas Janice não se mexeu. "Espere", disse ela, juntando novamente as palmas das mãos e abaixando o queixo até que este tocasse a ponta dos dedos. "O que acontece quando temos que efetivamente tomar uma decisão? Quando realmente temos que decidir o que fazer. E aí? É muito bom e interessante discutir o assunto, *mas quando realmente temos que tomar uma atitude?*"

A turma, de repente, emudeceu. Arlene ficou de pé ao lado da sua carteira na primeira fila, perto da janela, mas não se sentou.

O professor, no caso eu, também fiquei absolutamente imóvel. A questão, a *única questão,* desceu sobre a turma e paira no ar como uma grande vida alada. Devido, em grande parte, ao que acaba de acontecer na turma, a questão única de como efetivamente viver penetra agora igualmente todos os presentes e desperta em todos um "sentimento-essência" que está em algum ponto entre o assombro e o desespero. Assombro como o que sentimos quando levantamos os olhos para a imensidão do céu bordado com uma infinidade de mundos estrelados; desespero como quando enfrentamos com sinceridade o rumo da vida criminosa da humanidade na Terra ao lado do caos aparentemente incontrolável e da fraqueza moral das nossas manifestações individuais na vida.

·•· *Capítulo Quatro* ·•·

ENTRE O ASSOMBRO
E O DESESPERO

Final da tarde, início de dezembro. O ar está úmido e frio. Atrás de um véu de nuvens rarefeitas e cinzentas, o Sol se aproxima do horizonte. Em breve será noite.

Quando saí da sala de aula e encaminhei-me para o meu carro, continuei a sentir a reverberação do exercício com Janice e Arlene, especialmente a maneira como ele terminou, ou seja, com o protesto tenso de Janice a respeito do que acontece quando temos que decidir, quando efetivamente precisamos *fazer* o que é certo.

Mas o que *eu* estou fazendo? Que "questão única" é essa que estou constantemente evocando, ou incutindo na mente e no coração dos meus alunos? E o que realmente devo a eles?

Todo o empreendimento da filosofia repentinamente pareceu-me uma presunção colossal, talvez até uma espécie de loucura: um pequeno homem desejando agarrar o mundo universal quando até mesmo o menor dos elementos da natureza – uma folha, uma gota de chuva, o canto de um pássaro – desafia todo o entendimento em si mesmo e na sua ligação com a totalidade da realidade, a totalidade da Existência.

E, à sua maneira, ainda mais impressionante e incompreensível é o próprio homem. Pelo menos, ao ficar debaixo das estrelas e voltar a atenção para o mundo natural que nos cerca, podemos instintivamente sentir e mentalmente aceitar que uma única e idêntica ordem universal abarca todas as coisas, que as mesmas leis poderosas atuam tanto na Terra quanto no ilimitado mundo cósmico. Nesses momentos, podemos muito bem acreditar nos grandes filósofos e visionários que nos dizem que todas as coisas emanam do que é chamado de o Um, o Bem, o Ser dos seres, e se inclinam para ele. Mas e o homem?

Tomada no sentido abstrato, como um ser que possui um raciocínio autoconsciente e o poder relativamente independente de agir em função do amor e do dever, um ser destinado a administrar a Terra, um servidor livre e consciente da Origem de todas as coisas – considerada dessa maneira, a nossa existência humana, a raça humana, onde quer que esse ser possa existir no universo, pode ser compreendida não apenas como parte da grandeza universal da Criação, mas também como o seu aspecto mais valioso. No entanto, por outro lado, o homem no sentido concreto, o homem como ele efetivamente é e se comporta na Terra, nós mesmos como realmente somos – esse homem ultrapassa toda compreensão possível. A maldade humana simplesmente não pode ser contida na mesma mente que contempla a beleza e a ordem do mundo universal. A contradição é muito extrema.

Quantas vezes não dei uma aula expositiva sobre o suposto "problema do mal" e das diversas doutrinas religiosas a respeito do pecado e da ignorância, sem efetivamente sentir nada com relação ao horror da depravação e da crueldade coletiva da humanidade. E então, por um breve momento, uma imagem aparece, uma memória, um fato, um vislumbre, uma informação nas notícias, um fragmento da história, uma narrativa contada pelo nosso avô ou por um velho amigo – uma imagem da obscenidade objetiva da guerra, da destruição intencional de milhões de vidas humanas em prol de ideais insanos ou propósitos "nobres" que escondem nada mais do que a ganância de poder, o ressentimento maciço, a "honra" neurótica do falso eu, a identidade coletiva enganosa... . Aqui, uma imagem extraída da literatura que descreve um cossaco arrancando um bebê dos braços da mãe e furando-o no ar com uma baioneta; ali, um filme que exibe soldados nazistas colocando com uma escavadeira de terraplanagem, em uma vala cuidadosamente preparada, um monte de cadáveres ambulantes sendo conduzidos às câmaras de gás... . Ou dados estatísticos extraídos de um livro e que entram na minha cabeça, no meu coração, nos meus ossos e nas minhas entranhas: um relatório sobre milhares, centenas de milhares, milhões, dezenas de milhões... de armênios, ruandeses – incontáveis milhares de seres humanos massacrados e empilhados em três ou quatro camadas sobre meio hectare de terras abandonadas por Deus. Nós os ouvimos gritar e berrar enquanto mergulham no buraco da morte. Ou a imagem ofuscante de Hiroshima e os soldados robóticos do Japão submetendo a sua vida vazia, mas ainda assim humana, ao insensato "divino imperador", a crueldade colossal e engenhosa dos oficiais japoneses – ou, em outro lugar, dos soldados chineses, ou, em ainda outro lugar, esmagadoramente perto de casa, dos assassinos americanos e traidores dos índios americanos, dos pais, das mães, dos filhos, dos sonhos, dos símbolos, das histórias, das tradições, da vida da cultura. Ou então as imagens da Passagem do Meio* da costa africana para o Novo Mundo... nós os ouvimos sufocar e gritar, com o nobre corpo acorrentado às estacas, nauseados e nesse contínuo pesadelo, cujos sobreviventes enfrentariam uma vida de escravidão – espremendo dessa vida destruída uma espiritualidade, uma música, um pesar e um sofrimento além de tudo que é possível imaginar; nós os ouvimos cantar e sonhar com o céu; escutamos os seus fantasmas na nossa mente.

E tudo isso é apenas a extremidade visível da massa soterrada de depravação humana.

Mas onde está a grandeza, o Bem situado do outro lado da contabilidade humana? E as alturas iluminadas do amor, da beleza, da sabe-

---

* No original "Middle Passage". Refere-se ao transporte forçado de africanos para o Novo Mundo como parte do tráfico de escravos no Atlântico, e era a parte intermediária da viagem triangular do tráfico. Os navios deixavam a Europa em direção aos mercados africanos, onde as mercadorias que transportavam eram vendidas ou trocadas por prisioneiros e vítimas sequestradas na costa africana. Os traficantes partiam então para as Américas e o Caribe, onde os africanos eram vendidos ou trocados por mercadorias destinadas ao mercado europeu. (N. da T.)

doria e da inteligência humana? E os inúmeros milhões de pequenos e invisíveis sacrifícios espalhados pela nossa vida e pela história da nossa raça; ações sabe-se lá de que mães, filhos, pais, irmãos e desconhecidos; e sabe-se lá que atos de compaixão, que escolas de pensamento e prática cuidadosamente construídas, que símbolos, catedrais e harmonias conscientemente criados que transmitem a verdade e a esperança para o mundo do homem; que encarnações de Deus mundialmente históricas ou o Bem que emana da grande dança e do jubiloso trabalho da transmissão espiritual dos templos interiores da Índia, do Egito, de Jerusalém...?

Onde estou? Já está escuro; como aconteceu tão rápido? Onde está o meu carro? Estive andando ao redor de um grande círculo sem me dar conta disso. O grito de Janice surge e vai embora, a nobreza de Arlene aquece os meus pensamentos, a sua descoberta, a sua humildade, o alçar da turma inteira à luz de uma atenção mais humana, uma atenção moral no estágio protegido da mente – prova de que existe dentro do homem um manancial de força moral que não foi conhecida, reconhecida ou especificada por toda uma civilização – evidência, uma insinuação, uma solução para esse enigma tão grande quanto o céu que agora escurece sobre mim; o enigma da maldade humana – evidência que não sobreviverá ao primeiro passo fora da sala de aula, a amostra de um indício do manancial de força moral no homem que não sobreviverá à primeira atração na rua, à primeira impressão, e que certamente não sobreviverá à primeira irritação, preocupação, à primeira pontada de fome, impaciência, raiva ou ressentimento... e então adeus à atenção do homem e olá para o sonhador risonho, maquinador, paranóico e inconstante que todos somos, pobres e moralmente impotentes representantes do... *homem*!

Na penumbra que se aprofunda, fico observando do outro lado da rua as dezenas de estudantes que jorram do Prédio das Ciências Humanas, rindo e conversando animadamente uns com os outros ou falando no celular enquanto se dispersam. Vê-los e ouvi-los faz com que eu – um homem que acaba de caminhar inconscientemente ao redor de um círculo – "volte à terra". Por um momento, sinto uma sensação especial de mim mesmo aqui no meu corpo, não muito diferente da que descrevi anteriormente no meu encontro com a senhorita Yoder na sua mesa na biblioteca da Central High School. E, de repente, toda a questão do bem e do mal parece completamente diferente, totalmente nova. Por um instante, a questão se desloca para um novo terreno. Como pude ter me esquecido disso? Como pude esquecer o que estudei durante tantos anos e constatei na minha vida pessoal com grande dificuldade: em outras palavras, que a percepção da maldade no mundo e em nós mesmos nos faz uma exigência específica, a exigência de que não apenas *façamos* o que quer que seja possível, mas que também *sejamos capazes* de fazer, de *ser* o que somos destinados a ser?

Vejo neste momento que não conheço ou entendo a maldade no mundo ou em mim mesmo. Não compreendo na verdade o que realmente é o mal ou por que ele existe. Como recordar isso e como tirar as conclusões certas? Como lembrar, como perceber que ser tragado pelo desespero moral (e pelo seu resultado mutilado de culpa e desamparo passivo) na verdade esconde de nós o fato que simplesmente não entendemos o que é o Homem, que espaço ele ocupa no cosmos. Não sabemos quem somos, e não enxergamos ou entendemos as forças na Terra, e além da Terra, que deram origem ao que chamamos de mal. Além disso, o que é de suma importância, como lembrar que esse entendimento não pode proceder apenas da mente, somente das ideias; tampouco ele pode provir apenas da emoção e nem mesmo da dolorosa compreensão da maldade humana quando ela se apresenta bem diante dos nossos olhos.

A nossa moralidade? Ela por acaso é mais do que a pregação de uma pulga montada nas costas de um elefante enlouquecido? Contemplo esses jovens e as coisas com as quais eles ou eu nos preocupamos de manhã à noite. Apreciemos as nossas promessas morais, as nossas regras de ouro, as nossas leis e regras da civilização. E depois avaliemos os crimes que cometemos, os crimes da humanidade, as depredações, a violência contra as crianças, a tortura, a destruição, o genocídio, o estupro – e o engano, o tumulto da revolução, a pregação de ideologias assassinas, as religiões assassinas – podemos realmente acreditar que qualquer parte disso estava sob o controle humano? Que forças universais dão origem a esses crimes? Todos esses assassinos, bem como os milhões de assassinos obedientes que estes últimos lideram, também não tinham mães e mentores que os ensinaram o que era bom e que o era mau? Também não fizeram promessas morais, não achavam que estavam praticando o bem? Que espantosa força hipnótica de autoengano nos permite, nos obriga a adotar os nossos princípios morais com a convicção de que seremos capazes de viver com eles ou até mesmo de tentar vivê-los na nossa vida efetiva? Que maneira monstruosa de enganar a nós mesmos, como pessoas e como espécie! Por acaso a nossa moralidade é algo mais do que a auto-ocultação organizada? E os grandes céticos e detratores do mundo não estão certos quando afirmam que o homem nada mais é do que um animal decaído que precisa ser contido pela ilusão da moralidade, amparado por ameaças psicológicas de culpa e mitologias religiosas de céu e inferno, bem como pela ameaça concreta da força física e da punição?

E no entanto... e no entanto não é possível que somente no teatro da mente possamos afastar a nossa atenção da sujeição ao desejo, à opinião e ao medo; não é possível que seja somente na mente que possamos respeitar o nosso semelhante independentemente do nosso bem-estar, segurança, satisfação ou metas pessoais. Será que, de fato, apenas na nossa mente – ou, o que é pior, somente na nossa fantasia – voluntariamente nos submetemos à lei moral, à lei da consciência na nossa vida? Por que a estabilidade da nossa vida é uma ilusão assim? Por que o menor arranhão da vida ou do nosso semelhante nos faz virar de cabeça para baixo? O que significa dizer que a nossa vida e toda a nossa sociedade é, como foi observado, "uma bolha de sabão que só pode existir em um meio tranquilo?"[10]

E no entanto... o que dizer dos atos invisíveis de sacrifício e amor que têm lugar no mundo e até na nossa vida insignificante? Esses atos invisíveis, esses movimentos de amor e atenção humanos libertados do ego não são satisfatórios, não são eles, e apenas eles, que sustentam a nossa vida e a vida das nossas civilizações, da própria humanidade? De fato, temos heróis cujas ações são como faróis para o mundo, mas para cada ato heróico que aparece nas manchetes da história existem milhares, milhões, de atos heroicos atrás de quase todas as portas e dentro de quase todos os corações humanos. Em algum lugar no interior do gênero humano, entre as pessoas que conhecemos e dentro de nós mesmos, existem e existiram essas transações energéticas de amor, que talvez até toquem as raias da inconsciência, mas que sustentam a vida de todos nós. Como mensagens neurais, elas passam por dentro do corpo da história humana, invisíveis, não reconhecidas. Sabemos que estão presentes. Sabemos mesmo? E elas estão mesmo?

Entretanto os crimes – hoje talvez chamados meramente de "deficiências", angústia psicológica, neurose, distúrbio mental ou depressão: essas não são apenas "doenças" psicofísicas – são falhas morais, falhas morais da sociedade, do mundo. Cada ferimento causado pelo amor contido ou distorcido é uma falha moral; cada ato de amor, mesmo no seu ponto praticamente neutro, mesmo na forma da violência contida ou na expressão reprimida da maldade e dos seus rebentos – até mesmo cada um desses atos ou cada minúsculo domínio do medo e da raiva por outra pessoa – cada um desses atos encerra uma dimensão moral. *Todas as ações entre as pessoas pertencem à ordem moral,* embora apresentem efeitos físicos, neurais e psicológicos. Será que não enxergamos isso? Não vemos que nós seres humanos, que nós, homens e mulheres, estamos vivendo em um universo moldado, construído e estruturado pelos elementos do bem, com cada elemento do universo servindo ao seu propósito, fazendo o que é "bom" no plano cósmico como um todo? Cada elemento da natureza, da criação, contém o seu bem – chame-o de função, se quiser – e cada elemento vive e respira a partir da interação de finalidades e propósitos que são singularmente bons para ele mesmo e coletivamente bons para o todo. A totalidade da natureza baseia-se na comunidade, seja a comunidade das espécies, dos animais unicelulares ou a comunidade dos homens.

Assim é a natureza, assim é o cosmos, um vasto organismo cósmico – que significa uma vasta comunidade cósmica. A comunidade humana encerra o seu bem exclusivo e contribui com esse bem exclusivo para o todo universal.

Eu não me mexi. Será que, uma vez mais, eu me afastei da minha existência atual, da sensação da presença? Será que novamente saí do meu corpo e entrei na pequena prisão dos meus pensamentos? Será que de novo tornei-me o pobre ser – o Homem-na-Terra – cujos impulsos morais, quer confusos, quer claros, não podem passar da sua mente para os músculos do seu corpo? O Homem-na-Terra que venera os mandamentos da sua religião, os ensinamentos éticos dos seus santos e filósofos, ou as inspiradas sensações sagradas dos seus hinos, corais e músicas triunfantes, ou os dolorosos lamentos místicos dos seus maiores poetas; o Homem-na-Terra que curva a cabeça em humilde pesar diante da Cruz ou da grande vida lendária dos Homens-Deuses, os seus grandes mestres virtuosos – que, sim, sabe o que é bom, que sente o que é bom, mas que, quando penetra na sua vida efetiva, só obedece ao seu medo, à sua raiva, às suas mágoas e às suas fantasias religiosas; o Homem-na-Terra que não pode nem lutar pelo bem e nem mesmo se recolher a uma sincera fuga contemplativa do mundo, que sabe, mas é impotente para *fazer,* impotente para agir motivado pelo que sabe ou pelo que sente. *Por que não conseguimos ser bons?* É por isso.

É porque não existe nenhuma relação profunda ou verdadeira dentro de nós entre a nossa mente e o que nos impele a agir; a palavra para esse poder no nosso idioma é *emoção:* o que nos induz à ação física, ao ato do discurso humano ou ao desejo verdadeiro de amar, servir ou tomar parte na grande luta pelo que é objetivamente bom, correto e justo. Qual é a coragem que precisamos para entender e depois nos agarrarmos ao nosso entendimento à medida que conduzimos o nosso corpo e o nosso coração para o vórtice da nossa vida e da vida do nosso semelhante e da nossa comunidade? Por mais nobre que seja a busca da verdade, como pode ser nobre simplesmente cultivar a verdade longe do campo de batalha da vida que requer a coragem do Homem-na-Terra para proteger o que Deus ou a Natureza colocou em nossas mãos para servir e proteger?

Pequeno homem, pequena mulher, você e eu, e o restante de nós – todo o nosso sofrimento não é um sofrimento moral? A nossa vida ferida, as nossas mágoas profundas, desilusões, divórcios, traições, abortos e sacrifícios irracionais que não conduzem a nenhum bem; os nossos atos virtuosos e pequenos sacrifícios que só servem para iluminar mais o nosso desamparo metafísico e psicológico – não é tudo isso uma falha moral que não deve induzir culpa em nós, e sim algo mais profundo do que a culpa, o sabor da verdadeira percepção do nosso ser ou estado de ser? – que deve e pode ser curado em estágios que correspondem ao que está efetivamente destruído em nós mesmos e a como isso pode ser reparado.

Como podemos realmente afastar-nos do teatro da mente e ir para as ruas e céus da vida efetiva? Existe um poder moral do nosso ser, uma atenção que pode se libertar gradualmente, em estágios precisos, das serpentes das nossas opiniões, coração, corpo, da nossa história e do nosso condicionamento cultural – um poder capaz de seguir para dentro, em direção a Deus, e para fora, em direção ao nosso semelhante a serviço do que é Bom e do que traz para nós e para os nossos semelhantes o Bem verdadeiro que, segundo nos dizem, foi preparado para nós na essência do nosso ser como Homem?

Podemos refletir juntos sobre isso?

⸱⸱᠆ *Capítulo Cinco* ᠆⸱⸱

A CAMINHO DO BEM E DO MAL

A nossa questão é imensa, vasta além do que é possível imaginar. Diz respeito a toda a história da humanidade, do mundo. Quem é capaz de conceber a extensão da desumanidade do homem para com o homem através dos tempos? Nem mesmo aqueles entre nós que foram profunda e pessoalmente marcados e devastados pela inconcebível brutalidade da maldade humana, nem mesmo eles provavelmente são capazes de imaginar todo o horror dessa maldade através de todo o período da vida humana na Terra, das "glórias" do Egito faraônico, dos "magníficos" impérios conquistadores da antiga China, da Pérsia e de Alexandre, às hordas assassinas da Ásia Central, aos incontáveis genocídios e quase-genocídios de ontem e de hoje. A mancha da maldade humana reveste a Terra e se infiltra em todas as realizações do homem na arte, na ciência e nas instituições da sociedade. Ao que tudo indica, a religião como a conhecemos não pode modificá-la e nem mesmo compreendê-la. A nossa ciência da psicologia, tão repleta de esperança apenas há poucas décadas, não é capaz de mudá-la ou entendê-la. O governo não consegue controlá-la e, na maioria das vezes, nem mesmo impedi-la de se manifestar. E, como sabemos intimamente, as nossas modernas instituições de comércio e negócios, sem levar em consideração o custo para a vida e o bem-estar humanos, continuam a nos horrorizar quando violam os princípios mais fundamentais da verdade e da honestidade. Transportado para a corrente sanguínea da cultura moderna pela poderosa tecnologia social do dinheiro e das finanças, o impiedoso cálculo da exploração e do lucro cego contagia praticamente todos os aspectos da vida humana na Terra.

A amplitude e a profundidade dessa questão na história humana é tão vasta que está além do que é possível imaginar. Mas ela é igualmente imensa, por assim dizer, na sua intimidade pessoal, individual. A força da maldade humana – dê a ela o nome que desejar – atinge profundamente o coração humano assim como alcança a cadeia causal da história humana. Ela é tanto o nosso, o meu, fato central quanto é um fato central da humanidade, do Homem-na-Terra. Os dois aspectos do mal, o interior e o exterior, o pessoal e o coletivo, refletem-se mutuamente. E não podemos imaginar, não podemos compreender nenhum dos dois aspectos da força do mal, assim como não conseguimos imaginar, não conseguimos entender a grandeza da bondade do que somos na nossa essência oculta e o que somos destinados a ser: instrumentos conscientes do Absoluto.

As grandes espiritualidades religiosas e filosóficas do mundo ensinam que o Homem-na-Terra existe entre dois infinitos: o grande cosmos que está em volta e acima de nós, e o mundo cósmico dentro de nós, cada um deles um reflexo do outro. A nossa profundidade interior é tão vasta quanto o universo que habitamos é imenso e profundo fora de nós. Podemos dizer, nesse aspecto, que para que possamos conhecer o universo, ou seja, para que possamos conhecer a realidade, é fundamentalmente necessário que conheçamos a nós mesmos. Em um determinado sentido, poderíamos afirmar que, nesse aspecto, o homem existe entre duas Bondades – a Bondade que está em cima e a Bondade que está no interior, ou, como às vezes é dito, o homem é um microcosmo. Mas agora precisamos apreciar outro aspecto dessa ideia que é geralmente deixado de fora da sua expressão nas apresentações familiares, um aspecto que está presente na totalidade dos ensinamentos, mas que foi, por assim dizer, "deslocado" para um lugar muito distante da ideia do microcosmo. E precisamos examinar essa ideia ao começar a refletir sobre o trabalho de sair do teatro da mente a fim de tentar viver de acordo com o que sabemos ser bom. Essa ideia é a seguinte: o homem também existe entre duas maldades: a maldade exterior e a maldade interior: o pecado e a ignorância da própria humanidade, e o pecado e a ignorância do nosso eu.

A doutrina cristã do "pecado original" foi, sem dúvida, concebida como uma expressão dessa ideia. Como tal, a intenção dela talvez fosse ajudar os homens e as mulheres a enfrentar o estado degradado do seu ser e, ao fazer isso, respaldar neles – em nós – a ação saudável do remorso. Em vez disso, a doutrina teve o efeito de induzir uma reação oposta dentro de nós, a saber, a *culpa,* uma reação que se disfarça de remorso, mas que se tornou um dos principais obstáculos à confrontação com nós mesmos, necessária para que o homem receba a força reconciliadora do que no cristianismo é chamado de Espírito Santo (ou o "Consolador"), cuja noção está presente em todas as grandes tradições, com outros nomes – o mesmo Espírito Santo simbolizado pela pomba branca.

Tanto metafísica quanto psicologicamente, a culpa é o oposto do remorso. A culpa baseia-se na premissa ilusória que deveríamos e *poderíamos* ter agido de um modo diferente nesta ou naquela situação, com esta ou aquela pessoa ou à luz deste ou daquele ideal. O remorso, por outro lado, está radicado na percepção objetiva que é o estado do nosso ser que foi revelado, que é isso que somos, que é o contrário do que acreditamos a respeito do nosso potencial moral. Na culpa, podemos prometer agir de um modo melhor, o que frequentemente é uma maneira que o ego tem de "isolar em quarentena" a impressão momentânea da incapacidade moral arraigada e impedi-la de penetrar em nós como verdade. O remorso, por outro lado, não traz consigo promessas externas ou internas de fazer qualquer coisa; traz apenas a aceitação profundamente pesarosa do que somos, junto com o relaxamento físico e metafísico da condição de tensão do ego, relaxamento esse que abre o coração e o corpo para receber uma nova qualidade de atenção – uma atenção ou energia consciente, que na tradição ortodoxa oriental foi chamada de "atenção que vem de Deus". É fundamental que estudemos essa diferença em nós, pois são as emoções como a culpa e o medo, com os seus reflexos de autocomiseração e de raiva, que irrompem em nós com uma força enorme fora do teatro da mente, nas "ruas" da vida do dia a dia; são essas emoções que precisamos entender para que haja qualquer esperança de que manifestemos nas nossas ações o bem que descobrirmos em nós – mesmo que apenas no "teatro da mente" – quando tentamos tocar ou sustentar em nós mesmos o poder do amor, que é a base suprema de todas as ações e princípios éticos.

Essas ideias a respeito da maldade humana e da sua reconciliação dentro de nós mesmos por meio da ação do remorso podem ser encontradas, sem dificuldade, nos discursos e textos de mestres e guias de todas as grandes tradições espirituais, orientais e ocidentais, através das eras. Existe no entanto, nesse contexto, um elemento desses ensinamentos que não é frequentemente notado, um elemento que parece, de uma maneira estranha, ter se ocultado ao mesmo tempo que se expressava repetidamente nas mensagens literárias e artísticas que chegaram até nós. E é seguro afirmar que esse talvez seja o elemento que está faltando em todos os nossos esforços de viver de acordo com o que sabemos ser bom. Trata-se de um elemento que foi esquecido na maioria das religiões ocidentais; e quanto às religiões orientais, mesmo com toda a sua funcionalidade psicológica, é possível dizer que elas contêm esse elemento, mas talvez não saibam que o possuem. Ou então, se essa for uma afirmação excessivamente presunçosa, é possível que elas não tenham encontrado a maneira de extraí-lo da sua vasta rede de ensinamentos e mostrá-lo com clareza à mente moderna, o que faz com que esse aspecto, continuando a ser confundido com outros aspectos dos seus ensinamentos práticos ou teóricos, ou a ser obscurecido por eles, persiste em escapulir, despercebido, como uma donzela tímida que reluta em correr o risco de ser explorada ou inapropriadamente manipulada.

E, no entanto, sem esse elemento, a ética precisa, em última análise, continuar a ser o que foi em grande parte da história humana e na nossa vida pessoal: pouco mais do que um enorme autoengano, o sonho de *fazer* – um ideal irrealizável que na melhor das hipóteses pos-

A CAMINHO DO BEM E DO MAL 109

sibilita que a sociedade funcione, mas que em um sentido mais profundo apenas disfarça a nossa impotência coletiva e individual, a ponto de o mundo da natureza e do homem estar correndo o risco de ser completamente destruído.

O SIGNIFICADO DO CORPO HUMANO

Identificamos o elemento que está faltando como o trabalho de estabelecer um relacionamento entre a mente e o corpo, mas mesmo assim não estamos mais perto de compreendê-lo. E isso se deve ao fato de que o avanço em direção a uma nova visão da natureza e do significado do corpo humano exigirá que tenhamos acesso a uma esfera de ideias, experiências e atitudes que não podemos inventar, descobrir sozinhos e nem recolher passivamente do que se tornou acidentalmente disponível a partir das antigas tradições. Ao mesmo tempo, falar sobre ele clara e diretamente acarreta o risco de enredá-lo nas maquinações das nossas explicações mentais habituais. Este último perigo pode explicar o que se esconde atrás da ocultação desse elemento nos antigos ensinamentos, onde podemos supor que a razão pela qual ele era praticado sem ser explicitamente conceitualizado era impedir que ficasse aprisionado no intelecto. Não obstante, precisamos perguntar o seguinte: a verdade a respeito da natureza e do propósito do corpo humano está *excessivamente* oculta nas ideias, rituais e ideais dos ensinamentos e práticas espirituais disponíveis na nossa época?

Esse elemento foi oferecido ao nosso homem de uma só perna na comunidade espiritual de Hillel? Reformulando a pergunta: onde podemos encontrar, na tradição hebraica, o ensinamento que diz que a obtenção da força moral, ou seja, a aptidão para a ação moral genuína e constante, requer uma prática específica que conduz a um relacionamento transformado com o corpo físico? E onde encontramos esse ensinamento na tradição cristã? Ou na tradição islâmica? Ou os seguidores dessas tradições devem ficar para sempre presos à opinião de que o corpo é simples e unicamente o inimigo do bem? Ou, na melhor das hipóteses, a perspectiva positiva do corpo, que encontramos em algumas indicações remanescentes, está limitada ao ponto de vista de que ele pode fornecer a recompensa de um prazer santificado associado à execução apropriada do homem dos seus deveres e obrigações mundanos, como, por exemplo, no relacionamento sexual entre marido e mulher?

A questão é que em nenhum lugar dos conceitos convencionais conhecidos encontramos indicações claras de que o corpo destina-se a ser um elemento necessário em um processo que conduz ao desenvolvimento da *capacidade* do homem de fazer o que é bom. Pelo contrário, tanto os nossos ensinamentos religiosos modernos quanto os ensinamentos éticos seculares e humanistas pressupõem que o principal elemento da moralidade é a nossa intenção, intenção essa que está completamente sob o nosso controle. Em nenhum lugar, ou apenas muito rara e obscuramente, encontramos alguma sugestão de que embora sejamos destinados a agir em conformidade com o bem, na verdade não o fazemos; não por causa das nossas intenções, mas devido ao nosso estado de ser, que encerra alguns aspectos fundamentais, sendo que um deles, bastante crítico, é o nosso relacionamento subdesenvolvido ou distorcido com o corpo. Outro aspecto – e os dois estão mutuamente relacionados – é a falta de entendimento intelectual do que é realmente o corpo humano e do que ele de fato significa em todos os níveis, ou seja, físico, cósmico e metafísico.

Repetindo: no caso em que certas doutrinas, como na noção do pecado original, parecem ensinar que o homem não é capaz de ser bom, independentemente da sua intenção, a implantação do sentimento de culpa afasta o que sem dúvida é o significado e o propósito essencial dessa doutrina, a saber, apoiar e favorecer o surgimento do remorso da consciência na mente e no coração, bem como o relaxamento concomitante da alma que abre o homem para a graça reconciliadora do Espírito Santo. Desse modo, quando São Paulo clama em Romanos 7:19: "Não faço o bem que prefiro, mas o mal que não quero" e logo depois declara em Romanos 7:24: "Desventurado homem que sou! Quem me livrará do corpo desta morte?", a resposta derradeira que ele dá é que o Espírito (*pneuma*) "dará vida" ao corpo que está destinado a morrer. E quando o Espírito entra no corpo (por meio de um ato de *fé*), ele toma o lugar do nosso infrutífero esforço de obedecer às leis e doutrinas religiosas que talvez tenham tido o efeito inesperado de nos mostrar que por nós mesmos e como somos, as nossas intenções morais e as nossas ações encontram-se em obstinada oposição.

O LIMIAR SOCRÁTICO

E quanto a Sócrates? E quanto à influência da Grécia antiga na civilização atual e no nosso entendimento de nós mesmos? Não é a nossa cultura um produto distante dessas duas correntes históricas: a visão judeu-cristã e a visão greco-romana? E quanto ao "segredo de Sócrates"? E quanto ao "segredo" relacionado com o papel fundamental do diálogo intransigente no caminho do autoconhecimento e com o papel essencial do trabalho de autoconhecimento no caminho da virtude? Essas práticas nos conduzem, *podem* nos conduzir, ao efetivo poder de *fazer* o que é bom na nossa vida efetiva?

A resposta, sem dúvida, é Não, não podem. Elas só podem nos conduzir ao limiar do poder moral. Entretanto, para cruzar esse limiar, para efetivamente viver uma vida virtuosa, algo mais é necessário, e esse "algo mais" não é esclarecido ou explicitado nos textos de Platão. O vasto *corpus* da filosofia platônica, com a sua imensa perspectiva da ordem cósmica, e a natureza do espaço e do tempo que liga esses dois mistérios a um plano de criação divino todo-abrangente, a sua doutrina do Bem como o Ser de todos os seres, a suprema realidade consciente que permeia o mundo universal; o seu ensinamento a respeito de níveis de conhecimento do entendimento e da necessidade de lutar a fim de despertar do sonho semelhante a uma caverna da nossa existência do dia a dia com toda a sua violência, irrealidade e medo; o seu diagnóstico inigualável da vida política e comunitária do homem não-desperto e a necessidade de que as comunidades e estados que buscam a justiça se coloquem debaixo da orientação de governantes interiormente desenvolvidos – tudo isso só nos conduz ao limiar da virtude, ao limite do poder moral. Além desse limite encontra-se o segredo de Sócrates e o segredo do seu renomado discípulo, Platão. Nem a incomparável ciência do diálogo criada por Sócrates, nem o exame intelectual do sistema filosófico todo-abrangente de ideias articulado por Platão, podem nos ajudar a transpor o limiar do poder para agir de acordo com o bem. É por esse motivo que, circundando os profundos textos de Platão, existe um silêncio ainda mais penetrante, o silêncio vestido no tênue véu das palavras "a tradição oral", no tênue véu do ensinamento sobre as intransponíveis limitações e perigos da palavra meramente escrita. É por essa razão que os discursos e diálogos de Sócrates quase sempre terminam com uma pergunta não-respondida, *a* pergunta não-respondida: o que é a virtude e como podemos aprender a viver de acordo com o que é bom?

Não sabemos – excetuando-se insinuações extremamente escassas e ambíguas – o que Sócrates ensinou aos seus discípulos fora do processo do diálogo, e como o fez. Platão e, talvez em grande medida, outro famoso discípulo de Sócrates, Xenofonte, nos permitem enxergar apenas um minúsculo vislumbre da maneira como Sócrates se comportava com aqueles que ele tentava despertar além do teatro da mente. Tampouco sabemos realmente o que, além das palavras e ideias, estava sendo empreendido nos mil anos de história da academia platônica, a qual exerceu uma influência enorme, e quase inteiramente não documentada, no mundo antigo e no mundo do final da antiguidade. É suficiente dizer que todo princípio do que é chamado "tradição oral" ou "tradição oculta" não se refere apenas a ideias infantis de doutrinas e palavras secretas, e sim a profundas condições emocionais e físicas destinadas a ter um efeito no ser do homem, e não apenas na mente. Mas não temos, e nem podemos ter, registros explícitos de quais eram essas condições no mundo antigo, ou mesmo saber se essas condições efetivamente existiram ou continuaram a existir depois da morte dos seus criadores e fundadores. E quando a natureza dessas condições especiais é de fato descrita nas mensagens das grandes tradições espirituais, isso é feito por meio de palavras e imagens (literatura, história, arte, arquitetura, música, dança) que requerem um estado de luta interior corretamente orientado para que possam realmente ser compreendidas pelo que são. Em outras palavras, essas mensagens contêm níveis internos de significado que só podem ser discernidos pelos níveis interiores da percepção humana despertados no processo do desenvolvimento global do estado de ser do homem.

Sim, a nossa civilização origina-se em grande parte das duas tradições da religião judeu-cristã e dos ideais greco-romanos de conhecimento e justiça. No entanto, é seguro afirmar, quando examinamos o mundo que nos cerca e olhamos para dentro de nós, para a nossa vida, que essas tradições não trouxeram consigo o conhecimento de como tornar o homem bom. Na melhor das hipóteses, nas situações em que essas tradições de religião e filosofia não foram demonizadas e degradadas pelo fanatismo, pelo sentimentalismo ou pelo hiperintelectualismo, elas representam maneiras de nos conduzir apenas ao limiar do poder moral. Por conseguinte, estamos vivendo em um mundo de limites, uma espécie de imensa planície ou país no qual, por mais intensa que seja a nossa caminhada, ou independentemente da direção que norteie a nossa busca, chegamos a um limiar que não podemos atravessar. É como a imagem de ficção científica de um campo de força que encerra a humanidade dentro dos seus limites sem que tenhamos conhecimento disso. Nós não vemos e nem entendemos esse campo de força, esse limiar, essa limitação da nossa força moral. E nada que tenhamos feito ou possamos fazer parece ser capaz de penetrá-lo. Tudo o que podemos dizer é que os nossos ideais religiosos, as nossas resoluções morais, as nossas ideologias, as nossas campanhas, por mais honrosamente concebidas, não impediram que o nosso mundo e a nossa vida chegassem à beira do desespero e da destruição, tendo talvez até acelerado o processo.

Como pudemos não querer saber e ter esperança de que de fato exista um elemento ausente, um "segredo" nobre e genuíno que efetivamente oferece a esperança real, e não imaginária, de que nós, homens e mulheres, de que esta humanidade da qual fazemos parte, possa de fato cruzar o limiar e ingressar na verdadeira realidade que tradicionalmente tem sido chamada de Bem, e que nas nossas ações individuais, do dia a dia, genuinamente merece ser chamada de consciência?

·•· *Capítulo Seis* ·•·

INTERLÚDIO: A VESTE DO BUDA

No Museu Nacional de Nova Delhi existe uma estátua do Buda, o Desperto, em tamanho natural, coberta por um traje aderente e transparente. Com um refinado esplendor de dobras curvas e geometricamente espaçadas, a veste revela, com delicadeza, cada protuberância e contorno do gracioso corpo masculino do Buda. Conhecido simplesmente como o Buda em Pé de Mathura, trata-se de um exemplo notável da escultura realista budista, típica do período Gupta na Índia, entre o século IV e século VI d.C.

O que pode ser surpreendente a respeito da escultura para o observador ocidental comum é a representação sensual do fundador de uma das grandes tradições espirituais do mundo. Por que esse traje justo? Uma vez que nada é acidental nessa arte sagrada, surge necessariamente a pergunta a respeito do significado que devemos extrair desse fato, já que, com muitas representações do Buda ou de santos budistas, a postura como um todo representa tanto a profunda contemplação interior quanto o ato da compassiva instrução espiritual. Trata-se, portanto, não apenas da representação de um elevado estado interior do ser humano, como também de uma exposição da ação de toda a tradição espiritual – da esperança e da exigência que ela oferece à humanidade diante de todo o sofrimento e a maldade humanos, e em face da própria morte: a esperança e a exigência, no caso do budismo, que reside no trabalho de libertar a mente das ilusões egoístas, de libertar o coração dos seus temores e anseios e de libertar o corpo mortal das suas obsessões.

Para a maioria dos ocidentais, e talvez de muitos outros povos modernizados, a percepção do sensual na arte sagrada é uma impressão indigesta que assume a forma de uma profunda, porém efêmera, intuição coberta por julgamentos puritanos, rótulos intelectuais ou traduções ingênuas radicadas em associações familiares da liberação do prazer físico desimpedido.

VISLUMBRES

Essa intuição profunda e ao mesmo tempo efêmera nos informa que o corpo humano encerra um significado e um propósito que não sabemos como chamar e dos quais só temos vislumbres incompreendidos no decurso da nossa vida. Esses vislumbres da vida mais refinada dentro do corpo também são indigestos; pouco ou nada existe nas nossas categorias psicológicas, científicas ou religiosas convencionais que nos ajude a interpretá-los com relação às grandes possibilidades e ideais da vida humana – como o ideal do poder moral.

Examinemos, por exemplo, certos estados de profundo assombro que podem nos ocorrer quando estamos no meio da grandeza da natureza ou na silenciosa intensidade do amor mútuo e compassivo. Ou apreciemos o estado de pesar e tristeza todo-abrangente que pode se seguir à morte de um ente querido. Ou contemplemos a reação impressionante e imediata a um perigo que ameace a nossa vida ou a de um companheiro. Nesses estados, podemos observar que o corpo se transforma temporariamente e é permeado por uma energia refinada, uma qualidade sutil de sensação diferente de qualquer coisa que experimentamos na rotina habitual da nossa vida ou mesmo nas satisfações mais intensas que buscamos dos nossos desejos ou anseios de prazer.

Quase todo mundo já experimentou essa qualidade de sensação em ocasiões relativamente raras, mas muito poucas pessoas sabem o que ela pode significar. Tampouco temos consciência de que o cultivo intencional do seu surgimento na nossa vida é possível e necessário para o crescimento do nosso ser, inclusive o possível desenvolvimento do nosso poder de ação moral. O nosso entendimento contemporâneo não separa, e não pode separar, essa experiência transitória de sensação sutil das emoções que invariavelmente a acompanham ou resultam dela, e que, na verdade, geralmente trazem consigo uma qualidade totalmente diferente de energia, bem mais grosseira. A verdadeira sensação de assombro, como, por exemplo, diante da magnificência da natureza, pode ser rapidamente encoberta pela ânsia de explicar, ou pelo forte desejo de efetuar mudanças repentinas na nossa vida ou na vida do mundo. Analogamente, a profundidade do sofrimento inconsolável em face da morte pode, mais cedo ou mais tarde, dar lugar a emoções avassaladoras de medo pessoal ou de culpa dolorosa. Quanto à experiência da presença humana total e da ação altruísta instintiva no momento de perigo iminente, a reação a ela, quando passa o perigo, é com frequência simplesmente a perplexidade de um retorno rápido ao estado usual de consciência com a sua noção habitual de tempo, ansiedade ou ego.

Um sem-número de exemplos originários de muitos tipos diferentes de circunstâncias poderia ser citado nesse fenômeno do surgimento dentro de nós mesmos do que poderíamos chamar de sensação sutil interior do corpo. E se recordarmos quem somos durante essas experiências, veremos que nesses períodos estamos muito mais perto de ser o tipo de homem ou mulher que a consciência nos diz que deveríamos ser. No estado de pesar ou profundo assombro, por exemplo, o tipo de acontecimento ou de ação praticada por outras pessoas que poderia, por via de regra, nos perturbar, irritar ou seduzir não tem nenhum poder sobre nós. E na reação ao perigo imediato, a nossa preocupação habitual com o nosso bem-estar, ou mesmo com a nossa vida, com frequência se submete, instantaneamente, ao impulso aparentemente "instintivo" de salvar ou proteger o outro.

Em síntese, nesses estados passamos a ser *bons*. E não nos tornamos bons ou virtuosos diretamente por causa das ideias que alimentamos a respeito do certo e do errado, devido às nossas opiniões filosóficas com relação ao significado da vida humana ou por causa das nossas convicções religiosas a respeito do amor e do sacrifício. Não. Sabemos muito bem que essas ideias e convicções com frequência têm um poder muito pequeno, ou nulo, de determinar as nossas ações no fluxo e no ímpeto das escolhas que compõem a nossa vida. É precisamente esse fato que se encontra no centro de toda esta investigação, o fato que, embora "saibamos" o que é bom – de acordo com as nossas convicções morais – não *fazemos* o que é bom; junto com o fato decorrente que aquilo que *fazemos* é, com dolorosa frequência, o exato oposto do que "sabemos" ser bom.

O "CONHECIMENTO" E O CONHECIMENTO

A palavra "conhecer" está entre aspas, porque o tipo de conhecimento que geralmente temos a respeito das nossas obrigações e deveres morais não é o conhecimento no sentido pleno da palavra. No que diz respeito à moralidade, o tipo de conhecimento de que precisamos é de uma ordem inteiramente diferente do conhecimento contido no intelecto. Como Sócrates nos diria, só sabemos genuinamente o que é bom quando isso é conhecido não apenas na mente, mas também no corpo e no coração. Podemos entender intelectualmente o que é bom, e ao mesmo tempo desejar e escolher fazer algo totalmente diferente, e vice-versa. E o corpo, o nosso corpo como ele é na nossa existência costumeira, cria os desejos que nos guiam no desenrolar da nossa vida ou então se submete de má vontade aos nossos gostos e aversões condicionados, com frequência em detrimento da nossa saúde física e do nosso bem-estar.

E como é o corpo, apenas o corpo material com os seus ossos e músculos, que é na verdade o instrumento do movimento e da ação no mundo, na Terra, segue-se que o entendimento profundo e direto do significado do corpo e dos seus possíveis estados é de suma importância para o homem ou para a mulher que deseja passar dos ideais éticos à ação ética concreta – quer dizer, o homem ou a mulher que procura abandonar o teatro da mente e ir para as ruas da nossa vida real no mundo real que nos cerca: o mundo que os budistas chamam de *sam-*

sara, o carrossel da ilusão que se desloca sobre a realidade; a realidade acomodada nos braços da ilusão – o mundo a respeito do qual o nosso homem de uma perna só ouviu falar nas primeiras linhas da lei mosaica: "e a Terra era informe e vazia, e as trevas vagavam sobre a face do abismo."

Aqui estamos, portanto, no limiar que forma o limite entre o teatro da mente e as ruas do mundo real. E aqui, nesse limiar socrático, não somos recebidos pelo anjo do Senhor com a sua espada flamejante, que defende o portão que conduz ao paraíso do Éden, e sim pelo Desperto, com o seu corpo humano radiante, que se oferece para nos guiar pelas ruas e encruzilhadas confusas e tumultuadas da nossa vida exilada.

Ao colocar-nos nesse limiar, contudo, precisamos fazer uma pausa. Precisamos nos lembrar de que maneira nós – homens e mulheres modernos – poderíamos ter obtido o direito de chegar até esse ponto, o privilégio raro e genuíno de começar de fato, e não na imaginação, o trabalho de colocar em prática os grandes ideais que bradam para a humanidade através dos milênios. E também precisamos chamar de volta à nossa mente os vislumbres empíricos de algo como o poder moral que tivemos na nossa vida, por mais preliminares e artificialmente induzidos que possam ter sido. A experiência de escutar outra pessoa na presença das condições protegidas do diálogo filosófico e do "debate sagrado" é apenas um dos exemplos das condições especiais artificialmente induzidas. A plena criação dessas condições especiais requer, sem dúvida, a sabedoria prática de um Sócrates. No entanto, até mesmo nós, que estamos tão distantes da sabedoria prática que criou esse tipo de forma espiritual, podemos imitá-la proveitosamente se ao menos compreendermos realmente que a intenção oculta do diálogo socrático é o estudo do poder moral da atenção consciente no ato de pensar em conjunto e escutar, um ser humano ao outro. Essa ação de ouvir, que requer que a mente se afaste de si mesma a fim de abrir espaço para os pensamentos do outro, consente desse modo, em si mesma, o processo do desenvolvimento de ideias e da evolução de um novo entendimento. Esse novo entendimento mental, que é acompanhado por uma nova qualidade de sentimento pela verdade e pela qualidade humana do nosso semelhante, é precisamente o limiar do teatro da mente, ou seja, é esse estágio de entendimento filosófico e sentimento moral que representa, com relativamente poucas radiantes exceções, o limite ético do homem ou da mulher cuja mente ainda não alcançou um relacionamento harmonioso com o corpo – o corpo considerado como o instrumento de ação no mundo. Esse entendimento situa-se no limiar da virtude, mas não é ainda o poder da virtude. Não é ainda o poder de ser bom. E é exatamente no outro lado desse limiar que Platão silencia Sócrates. É exatamente no outro lado desse limiar que tem início a "tradição oral", a "tradição oculta" de condições especiais que não podem ser assentadas por escrito porque o que está envolvido é energia e não ideias. O que está envolvido é o estudo prático da energia humana que é apenas vislumbrada, ainda que vigorosamente, no esforço do ser humano de escutar o seu semelhante. Nos níveis mais elevados, essa energia é justificadamente chamada de *amor*.

É no corpo e através do corpo que todas as energias do homem se movimentam e se comunicam umas com as outras, e é no corpo que todas as energias da vida humana podem ser estudadas, discernidas e, com o tempo, como consequência da luta interior, assumir um relacionamento harmonioso, permitindo desse modo o ingresso na vida e na ação humanas de uma força espiritual de grande poder e eficácia moral.

Assim sendo, ao fazer uma pausa no limiar do mundo real da nossa vida, reconhecemos que para quase todos nós, homens e mulheres modernos, cuja educação teve lugar principalmente apenas na mente, verdadeiras ideias são necessárias a fim de fortalecer o entendimento dos nossos propósitos morais e metafísicos. E para esse estudo, precisamos de companheiros. O trabalho de estudar grandes ideias com outras pessoas representa um apoio contínuo e fundamental ao longo do caminho, que não apenas nos conduz ao sabor do entendimento, mas também nos oferece, no esforço de escutar, um antegozo genuíno do poder moral que na nossa vida habitual não é mais do que um distante ideal.

As ideias, portanto, são necessárias.

Mas não são suficientes.

UM NOVO TIPO DE CORPO

Agora transpomos o limiar. Vamos para "a rua". Entramos na nossa vida.

O que acontece?

Fomos embora.

Esquecemos.

Não mencione aqui o bem, o amor e a justiça, não fale em agir corretamente de acordo com a verdade. Deste lado do limiar, onde homens e mulheres desconhecem ou esquecem o significado do seu poder singularmente humano da atenção consciente, não fale de dever, obrigação, certo e errado. Não nos regale com o seu profundo entendimento da verdade metafísica, da tradição espiritual; não fale de ética, da necessidade de amar o nosso semelhante, de nos importarmos com a humanidade, de fazer o que é certo para o nosso amigo e a nossa família. Não nos diga para cumprir as nossas obrigações como resultado do nosso livre-arbítrio, em vez de por hábito, medo ou orgulho pessoal. Não mencione o amor cristão, o amor humanista ou a ética racional. Não faça referência às últimas formulações a respeito de viver no momento presente, do "poder do agora" ou da "plena atenção", não nos diga para despertar, para incorporar-nos à realidade ou a Deus – não.

Não, diga isso ao corpo, pois o corpo é o instrumento da ação. Mas o corpo não entende as nossas palavras, as nossas ideias. Ele só faz o que desejamos quando o tratamos brutalmente ou o subornamos – quando o chicoteamos ou lhe damos o seu açúcar, no suposto "autocontrole" ou "autopermissividade". O nosso corpo está longe de ser a veste radiante do ser humano desperto.

E o que estamos buscando é um corpo, uma vida na Terra, no qual as nossas ações e o nosso comportamento sirvam os impulsos e intenções mais elevados, os sentimentos superiores, que constituem a essência da verdadeira virtude humana. Não estamos procurando simplesmente uma versão aperfeiçoada do automatismo moralista nem uma autoafirmação infantil disfarçada de liberdade. Em um sentido incrivelmente real, estamos em busca de um novo tipo de corpo, um corpo que tem um novo desígnio, um novo propósito: o de servir voluntariamente a Deus. Além disso, para aumentar o mistério, na busca de um novo tipo de corpo dentro de nós, existe a possibilidade de descobrirmos um novo coração, um manancial de amor no nosso interior que talvez tenhamos vislumbrado no decorrer da vida, como nas lendas em que o buscador ou o caçador tem apenas um vislumbre fugaz de um rosto sereno e belo ou de um grande ser alado, vislumbre esse que, quando compreendido, encerra o poder de modificar totalmente o rumo da nossa vida.

MORALIDADE INTERMEDIÁRIA

Aqui, no outro lado do limiar socrático, precisamos parar e nos erguer diante dessa questão antes de dar um único passo em direção às realidades da vida do dia a dia.

Na verdade, precisamos dar um passo atrás e refletir uma vez mais sobre como desejamos viver. Além disso, recuando ainda mais, temos que examinar como efetivamente vivemos a nossa vida. Precisamos novamente perguntar a nós mesmos o que somos e o que deveríamos ser. Entretanto, não poderemos realmente responder a essas perguntas enquanto permanecermos nas condições protetoras da "sala de aula" ou do seu equivalente.

Assim sendo, temos que fazer essas perguntas de uma nova maneira, levando em consideração os vislumbres de esperança que já apareceram – a ajuda que é oferecida pelo exame intensivo de ideias verdadeiras (como no caso do nosso homem de uma só perna) e pela abertura do coração por meio do esforço de escutar conscientemente os pensamentos de outra pessoa.

Acima de tudo, precisamos descobrir o que devemos fazer para efetivamente transmitir o nosso sentimento e os nossos ideais para o corpo. Precisamos estudar a possibilidade de criar um relacionamento duradouro e intencional com o corpo, o instrumento físico da nossa vida e da ação no mundo. Esse será o próximo estágio do nosso trabalho em direção a tornar-nos um ser humano completo, ou seja, um ser humano *bom*, um verdadeiro ser humano, em quem o corpo, com as suas imensas energias vitais, obedece de bom grado ao verdadeiro homem ou mulher de consciência que nos chama a partir de dentro de nós mesmos. Não estou me referindo ao corpo obrigado a se submeter como se fosse um cachorro, que é mal acostumado como uma criança mimada ou que é desprezado como um órfão emburrado das ruas que só está esperando para se vingar de nós.

Sim, precisamos agora cruzar o limiar socrático, mas como fazê-lo sem ser engolidos pelas influências ilusórias da vida corriqueira? Como transpor o limiar socrático sem perder a nós mesmos? A resposta é clara: precisamos utilizar meios e maneiras de estar externamente "na rua" na nossa vida efetiva, enquanto, de algum modo, ou até certo ponto, permanecemos interiormente no teatro da mente, no espaço protegido onde os ideais da verdade, da justiça e da moralidade são lembrados, examinados e respeitados. Precisamos estar em dois lugares ao mesmo tempo, simultaneamente em ambos os lados do limiar socrático: concomitantemente na rua e na sala de aula. Precisamos fazer algo que é fundamentalmente desconhecido para nós: *questionar* a nossa vida sem nos privarmos interna ou externamente do que a vida nos oferece e nos pede; afastar-nos de nós mesmos enquanto nos envolvemos sincera e até apaixonadamente com a nossa vida e respondemos às suas obrigações. Somente então podemos esperar encontrar os recursos e a orientação para mudar a nossa vida.

Uma nova moralidade surgirá com esse esforço aparentemente autocontraditório. Essa nova moralidade não nos hipnotizaria com ilusões de poder moral, nem nos desanimaria com o ceticismo ético e o relativismo característicos da nossa cultura, cultura esta que tentou em vão se orientar sob a autoridade do intelecto isolado, desligado da consciência do corpo, que é o instrumento óbvio da ação na nossa vida, e da voz da consciência que grita e sussurra no coração. Mas como vamos chamar essa nova moralidade? Precisamos ser muito cuidadosos ao designá-la.

Como chamaremos uma moralidade cujo propósito é promover dentro de nós uma harmonização entre os nossos ideais étnicos e as energias da vida e da ação no nosso corpo físico, mortal? Estamos falando de um ponto de partida até agora não reconhecido *entre* a impotência moral e a vontade moral, que poderíamos chamar de *moralidade intermediária* e que pode nos conduzir ao poder moral no pleno sentido da palavra. Talvez fosse melhor referir-nos a esse *novo tipo* de moralidade como "a ética do limiar", já que estamos falando a respeito de uma maneira de viver a nossa vida efetiva sem abandonar os princípios e as proteções da moralidade tradicional, ao mesmo tempo que questionamos até que ponto eles realmente se aplicam a nós como somos – quer dizer, até que ponto, dentro de nós mesmos, nós somos, por assim dizer, *pré-éticos*. Estamos longe de falar, como o fez Nietzsche, em ir "além do bem e do mal", mas simples e sinceramente em *avançar na direção* do bem e do mal.

Não desejamos ser enganados nem pelo absolutismo moral, nem pelo relativismo moral. Talvez no final encaremos esse novo tipo de moralidade como uma moralidade *reconciliadora* que oferece uma ponte entre o que somos e o que desejamos vivamente ser à luz dos preceitos éticos e religiosos que formaram a base tanto da nossa quanto de todas as outras civilizações do mundo. Mas que nome daremos a ela agora? Designá-la corretamente será o primeiro passo em direção a compreendê-la corretamente.

❧ *Capítulo Sete* ❧

A ÉTICA DA ATENÇÃO

Os objetos visíveis são vistos apenas quando o Sol brilha sobre eles;
a verdade só é conhecida quando iluminada pela ideia do bem.

REPÚBLICA, LIVRO VI[6]

Volte comigo, por favor, para a sala de aula. Mas não vamos permanecer na sala de aula. Vamos levar a sala de aula para as ruas, para o mundo.
Para a nossa vida.

O NOSSO MUNDO E A NOSSA VIDA

A tarefa de leitura são *Meditações* de Marco Aurélio.

O cenário é uma barraca de campanha ao longo da remota fronteira indomada do Império Romano no segundo século após o nascimento de Cristo. A noite está fria e, dentro da tenda, exausto e sem conseguir dormir, com o corpo envelhecido atormentado pela dor, está sentado o homem mais poderoso da Terra: Marco Aurélio, Imperador de Roma na época da mais ampla hegemonia do vasto Império nas terras da Europa, do norte da África e da Ásia Menor. Durante sete anos ele estará comandando o impressionante exército romano contra as tribos germânicas invasoras nas florestas e nos pântanos da planície húngara. Trocará ideias com generais, alguns bravos e sagazes, alguns invejosos e ambiciosos, outros fortes, outros tolos, mas todos situados entre os homens mais respeitáveis do maior império da Terra. Líderes tribais violentos e astutos serão aplacados, capturados, executados, subornados, persuadidos ou jogados uns contra os outros. Milhares de homens gritarão, sangrarão e morrerão em volta do comandante-em-chefe. Muitos morrerão de acordo com a honra sagrada de um soldado ou cidadão romano. Inimigos serão massacrados ou capturados e escravizados.

Ao mesmo tempo, no decorrer desses sete anos, os assuntos políticos, financeiros e jurídicos do Império precisarão ser supervisionados a distância pelo Imperador. Enquanto dirigir as grandes ações da guerra, o Imperador estará recebendo emissários e mensageiros tanto do Centro quanto das províncias distantes que exigem decisões de enormes consequências, além de diariamente relatar acontecimentos e ações que, se não forem observadas com grande inteligência, têm o potencial de abalar todo o mundo civilizado. O Imperador terá que alternadamente mostrar e refrear o seu poder em toda parte e em todas as coisas. Um passo errado, um detalhe despercebido, uma emoção de raiva ou de medo que instigue uma reação inadequada, uma opinião inapropriada baseada em boatos ou mentiras, e metade da Terra poderá ser abalada ou se envolver com uma corrente de forças conducentes ao caos e à destruição. Cada movimento e palavra do Imperador de Roma são como o passo retumbante de um gigante no frágil jardim do mundo. Esse é o poder do Imperador de Roma. Esse é o poder desse homem, Marco Aurélio.

Entretanto, para Marco Aurélio, o poder significa mais do que o domínio sobre nações e povos. Significa, acima de tudo, o domínio sobre si mesmo – especificamente, um relacionamento intencional com a própria mente, os próprios pensamentos, os próprios impulsos e emoções. Ao se esforçar para manter essa atenção constante e cada vez mais profunda à própria mente, o homem se abre à mente e ao poder de Deus dentro de si mesmo. Essa era a essência do modo de vida chamado *filosofia*. Acima de tudo o mais, esse "homem mais poderoso da Terra" esforçava-se por viver como um filósofo no meio de todos os acontecimentos, gigantescos e pequenos, que constituem a vida humana. E viver como um filósofo significava conferir uma suprema prioridade, sempre e em todas as coisas, ao exercício de permitir que a mente de Deus dentro de si mesmo determinasse as suas palavras e as suas ações. Por meio do ato de nos ocuparmos da nossa própria mente, a nossa porção da mente de Deus pode se derramar e atravessar o coração que sente e o corpo que se movimenta com relação aos afetos e deveres da nossa vida. Esse era o propósito interior de Marco Aurélio, o Imperador de Roma.

A FONTE DE TUDO O QUE É BOM

Na quietude da noite fria, os exércitos adormecidos, as tochas e as velas silenciosamente cintilando, ele se senta à sua mesa refletindo sobre como levar a sua visão da realidade e o bem para a sua vida. Com a pena na mão, ele escreve para si mesmo:

> A duração da vida de uma pessoa é apenas um ponto; a nossa substância está se escoando neste exato momento; os sentidos estão turvos; a composição do corpo está declinando, a psique está caótica, o nosso destino é incognoscível [...]. O que pode então nos guiar e proteger nesta vida? Apenas uma coisa: a filosofia, que consiste em manter o divino espírito dentro de nós livre da corrupção e do dano [...].[11]

Ou novamente:

> Não permita mais que o princípio norteador dentro de você seja arrastado de um lado para o outro, como um fantoche, pelas cordas dos impulsos egoístas.[12]

Ou ainda:

> Você talvez tenha visto uma mão ou um pé decepado, ou uma cabeça separada do corpo. Esse é o estado ao qual o homem está fazendo o possível para se reduzir, quando se recusa a aceitar o que se abate sobre ele e foge dos seus companheiros, ou quando ele age

tendo em vista apenas objetivos egoístas. Você se torna então um proscrito da unidade da Natureza: apesar de ter nascido parte dela, você se separou com a sua própria mão. No entanto, aqui está a ideia sutil: ainda está em seu poder reunificar-se. Nenhuma outra parte da criação foi tão favorecida por Deus com a permissão de unir-se novamente, depois de ter sido dividida e lacerada. Observe, portanto, a bondade com a qual ele dignificou o homem: ele concedeu ao homem o poder de nunca se desligar do Todo universal, mas caso o homem venha a se separar, ele também lhe conferiu o poder de se reunir e uma vez mais assumir o seu lugar como parte do Todo.[13]

E como o homem se reúne a Deus, a Mente do universo? Invertendo o processo pelo qual ele se desligou, esquecendo-se de quem é – ou seja, ele se reúne a Deus por meio do ato de recordar quem e o que ele é enquanto ser humano dotado do poder divino da razão consciente. O ser humano deixa de ser humano quando se esquece disso e age apenas sob a influência do desejo e do impulso egoísta. Mas quando ele ativamente se lembra do que é, não apenas com palavras ou uma bela ideia, mas por intermédio do esforço de ter consciência de si mesmo, por meio do ato de cuidar da própria mente e emoções, somente então é possível para a inteligência objetiva e o amor que é a natureza de Deus começar a se derramar nas suas ações. Somente então ele pode ter esperança de ser justo, somente então ele pode – nós podemos – esperar nos tornarmos *bons*.

Escrevendo para si mesmo, Marco Aurélio pergunta:

De que maneira estou usando agora os poderes da minha alma? Examine a si mesmo, a cada passo, com relação a esta questão, e pergunte: "Qual a relação dela com a parte de mim que é chamada de parte dirigente? Que tipo de alma habita o meu ser neste momento? A de uma criança? De um adolescente? De um tirano? De uma mulher? De um boi estúpido? De um animal selvagem?"[14]

E, como se respondendo a si mesmo, ele escreve:

Se você executar a tarefa que tem diante de si aderindo rigorosamente aos verdadeiros ditames da mente com zelo e energia, e ao mesmo tempo com compaixão e humanidade, desprezando todas as finalidades inferiores e mantendo a divindade dentro de você pura e honrada, como se nesse exato momento você fosse chamado a devolvê-la ao Criador – se você se ativer firmemente a isso, sem esperar ou evitar nada, buscando apenas em cada ação transitória uma correspondência com a Natureza e em cada palavra e declaração uma veracidade destemida, você viverá uma vida de qualidade. E a partir desse rumo, nenhum homem tem o poder de detê-lo.[15]

Volte a atenção para dentro, pois a fonte de tudo que é bom reside no interior, e ela está sempre pronta para jorrar, se você continuar a investigar.[16]

Tome a decisão em todos os momentos [...] de concluir o assunto em questão com genuína seriedade, interesse amoroso, independência e justiça. Liberte a sua mente de todas as outras considerações. Você pode fazer isso se executar cada ação da sua vida como se fosse a última, pondo de lado todos os impulsos caprichosos e a resistência emocional às escolhas da razão, bem como todo fingimento, egoísmo e descontentamento com o que lhe foi outorgado. Perceba como são poucas as coisas que a pessoa precisa dominar a fim de viver uma existência tranquila e virtuosa. Os deuses não pedem de nós nada além disso.[16]

O NOVO PODER DA MENTE

Os meus alunos estão fascinados pelo texto, pelas antigas anotações de Marco Aurélio que ele escreveu para si mesmo há quase dois mil anos e que milagrosamente sobreviveram ao longo dos séculos. Zelosamente, explico que elas representam a expressão da escola filosófica conhecida como estoicismo, e os meus alunos redigem anotações. Mas algo mais está despertando dentro deles: é como se de repente tivessem deparado com o que sempre imaginaram que a filosofia deveria ser, talvez até de um modo inconsciente. É como se estivessem, de repente, descobrindo que a sabedoria e a orientação da sabedoria podem muito bem existir efetivamente na sua vida. É óbvio que estão sentindo isso. Durante a leitura desse texto, eles vêm para a aula revigorados e com o coração totalmente aberto.

E eles estão simplesmente experimentando o que um sem-número de pessoas já vivenciou com esse magnífico livro. Houve uma época, não tão distante, que muitos milhares de homens e mulheres carregavam consigo esse livro, meditavam sobre ele nos momentos difíceis da vida, extraíam dele força e esperança – não o tipo de esperança decorrente de fantasias e sentimentalismo, mas o tipo de esperança proveniente da descoberta de um poder ou capacidade dentro da mente que eles ao mesmo tempo sabiam e não sabiam possuir. Esse poder mental, essa capacidade, não é a mesma coisa à qual as pessoas precisam recorrer no trabalho acadêmico, embora esse trabalho seja importante na sua esfera particular. Esse poder não diz respeito ao domínio da lógica, à análise, à memória ou à percepção de generalizações e padrões. Essa capacidade mental não é a mesma coisa que a nossa sociedade exige que as pessoas exercitem e desenvolvam na vida social, no emprego, no trabalho criativo, no esporte, no ativismo ou mesmo na vida religiosa – embora, ao mesmo tempo, essa capacidade esteja presente, sem que as pessoas o saibam ou a especifiquem – e portanto sem que formem a intenção de estudá-la e desenvolvê-la mais detalhadamente, transformando-a no que ela pode vir a ser e no que está destinada a ser na vida do homem.

Que capacidade é essa? É o verdadeiro poder da mente, um poder a respeito do qual temos apenas um conhecimento extremamente superficial. Estou me referindo à *atenção*. Dentro de tudo o que esta palavra significa reside a origem, a fonte de tudo o que o homem é e de tudo que ele deve a si mesmo, a Deus e ao seu semelhante.

A VERDADEIRA FILOSOFIA

Os meus alunos sentem que esse livro representa a filosofia considerada não apenas como uma atividade de "sala de aula". Ele se destina à vida no mundo. Aliás, era precisamente isso o que a filosofia significava na antiguidade.

Mas de que maneira? Apenas por intermédio de ideias perspicazes ou inspiradoras? Simplesmente por meio de conversas a respeito da força interior ou do poder de amar e ser justo? Somente com o recurso das palavras – palavras que seriam traídas pelo primeiro movimento na rua? Pela primeira reação emocional, por um olhar sórdido, um impulso sexual, uma pontada de fome, uma palavra colérica, um pensamento isolado, um ruído estridente, a vitrine de uma loja – sem mencionar os grandes e verdadeiros acontecimentos da vida; se bem que, de fato, os grandes e verdadeiros acontecimentos da vida – a morte, uma perda repentina, um terremoto, os estrondos da guerra – com frequência nos intimam por si mesmos a lembrar e experimentar essa grande capacidade desconhecida que existe no eu humano.

Sim, a questão está presente: *de que maneira,* repito, *de que maneira* pode essa sabedoria nos retirar da sala de aula e nos conduzir à vida? Os alunos sentem essa possibilidade nessas antigas páginas; eles merecem saber como Marco Aurélio efetivamente empregou a filosofia na sua vida, como ele efetivamente a encarava como um determinado número de exercícios a serem praticados durante as horas do dia, dos dias da semana e das semanas e anos da vida. Os alunos merecem saber de que maneira a filosofia era praticada e não apenas discutida em sala de aula.

Quanto a mim, o professor, não mereço também ter esse conhecimento? Como posso ter certeza de que sei o que esse homem quis dizer há dois mil anos com as palavras que hoje traduzimos por "mente" e "alma"? Uma coisa é ser um estudioso, estudar história, línguas e filosofia acadêmica; outra, bem diferente, é viver. E é a questão de viver que agora se deslocou para a sala de aula.

O HOMEM "MENOS PODEROSO" DO MUNDO

De que maneira Marco Aurélio efetivamente tentava viver a filosofia? Não estou imaginando que eu estava estudando com ele na barraca, ou que estava ao lado dele nos momentos do seu dia, ou que, quando ele era jovem, sentei-me ao lado dele enquanto ele estudava os ensinamentos do homem "menos poderoso" do mundo, o ex-escravo Epiteto que, segundo está registrado, definia o bem para o homem simplesmente como o poder de lidar corretamente com as impressões, e que também afirmou que a filosofia começa treinando-nos no estudo das ideias e da teoria, e somente então nos conduz ao que é mais difícil, ou seja, às suas aplicações na nossa vida:

> Na esfera da especulação não existe nenhuma influência que nos impeça de seguir o que aprendemos, mas existem muitas influências na vida que nos arrastam no sentido contrário. Podemos rir, então, daquele que afirma querer tentar viver primeiro, porque não é fácil começar com o que é mais difícil.[18]

E que também disse o seguinte: "É aqui, portanto, que começa a vida filosófica; na descoberta do verdadeiro estado da nossa mente." E também: "Se você sempre procurar a paz fora de si mesmo, nunca será capaz de ficar em paz, pois você a procura onde ela não está, e se recusa a procurá-la onde ela está."[19] E novamente: "Somos loquazes e eloquentes na sala de conferências [...] mas quando nos aplicam testes práticos, nós nos revelamos uma desprezível ruína."[20]

Eu me ouvi perguntando à turma, fascinado pelo mesmo tipo de paixão filosófica que os dominava:

"Do que Epiteto está falando? Precisamos descobrir por nós mesmos. Não é possível que ele esteja se referindo a uma ideia ingênua e fantástica sobre a qual só temos que pensar de uma maneira diferente a fim de transformar a nossa vida. Isso não pode ser uma versão de auto-hipnose da Roma antiga ou o tipo de filosofia pessoal barata que lota as prateleiras das livrarias populares! O que ele quer dizer com 'mente'? O que os ensinamentos desse grande mestre escravo – que sabia melhor do que ninguém que era quase impossível e, no entanto, extremamente 'simples', transpor o limiar socrático, deixar o teatro da mente e ir para as ruas da nossa vida – revelaram ao Imperador a respeito do 'Deus interior'? Precisamos tentar entender o que ele quis dizer e o que havia nos seus ensinamentos que despertavam o reverente respeito de alguns dos mais nobres e poderosos homens e mulheres da sua época, pessoas que teriam instantaneamente percebido claramente qualquer fingimento, dissimulação ou carisma escorregadio. Não podemos simplesmente nos dar ao luxo de imaginar que ele ou o seu grande discípulo, Marco Aurélio, estivessem se referindo, exatamente – ou, talvez, até mesmo de um modo aproximado – ao nosso significado de 'mente', 'pensamento', 'vida interior'."

Fiz uma pausa e, pondo de lado por um momento o texto de Marco Aurélio, peguei o meu exemplar de *Os Discursos de Epiteto*.

"Ouçam o seguinte", disse eu, e li uma parte dos inúmeros trechos nos quais Epiteto está respondendo a uma pergunta, frequentemente formulada por algum ilustre cidadão romano. Parece que alguém tinha perguntado a respeito da amizade.

A AVALIAÇÃO DA AMIZADE

Epiteto começa fazendo referência à lendária guerra entre gregos e troianos.

Como qualquer colegial sabe – ou costumava saber – o início desse episódio de mútua carnificina que mudou o mundo tem lugar dentro da estrutura do que parecia ser uma amizade indestrutível entre dois nobres: Páris, filho do rei de Troia, e Menelau, rei do poderoso estado grego bélico de Esparta. Páris, em uma viagem ao exterior, é recebido por Menelau com a hospitalidade da realeza, e uma grande amizade é celebrada entre os dois homens. Páris, no entanto, se apaixona pela bela mulher do rei, Helena, e foge com ela, com o consentimento desta, para Troia, onde ela passa a viver com ele como sua esposa. Em consequência disso, os reis e príncipes da Grécia reúnem uma força de mais de mil navios tripulada com guerreiros e zarpam para Troia a fim de trazer Helena à força. A guerra dura dez anos e resulta na completa destruição de Troia e na morte de milhares de pessoas.

Ao responder à pergunta sobre a amizade, Epiteto diz o seguinte – e, nesse caso, leio todo o texto:

> Páris era hóspede de Menelau, e qualquer um que tenha visto as cortesias que usavam um com o outro não teria acreditado nas palavras de alguém que negasse que eles eram amigos. Entretanto, algo foi colocado entre eles, na forma de uma bela mulher, e por causa disso foi deflagrada a guerra! Por conseguinte, de agora em

diante, quando vocês virem amigos ou irmãos que pareçam concordar em tudo, não proclamem a amizade deles, por mais que eles possam jurar e afirmar ser impossível que se separem. Não devemos confiar no Princípio Diretivo dos homens maus; ele é incerto, irresoluto, subjugado ora por uma impressão, ora por outra. A pergunta que vocês devem fazer não é a que os outros fazem, ou seja, se eles nasceram dos mesmos pais e foram criados juntos [...] e sim apenas esta pergunta: onde reside o interesse deles – se fora de si mesmos ou no seu propósito moral, na sua vontade. Se a colocam fora de si mesmos, não os chamem de amigos, assim como não podem chamá-los de leais, constantes, corajosos ou livres; não, nem mesmo chamem-nos de seres humanos [..] porque não é humana a mente que faz com que firam e desprezem um ao outro e ocupem desertos ou mercados como animais selvagens, e se comportem como ladrões nos tribunais de justiça; e que os culpa de prodigalidade, adultério, sedução e de outros crimes que praticam um contra o outro. Um único tipo de ação mental é responsável por tudo isso: o fato de eles colocarem a si mesmos e os seus interesses em um lugar diferente da esfera do seu propósito moral interior. Mas se vocês ouvirem dizer que esses homens acreditam sinceramente que o bem reside exclusivamente na região da vontade e em lidar corretamente com as impressões, não precisarão mais se preocupar em descobrir se eles são pai e filho, irmãos ou companheiros íntimos durante anos a fio; afirmo que se vocês compreenderem apenas esse fato, poderão proclamar com confiança que eles são amigos e também pessoas leais e justas. Onde mais se encontra a amizade senão onde estão a fé e a honra, onde os homens dão e recebem o que é bom, e nada mais?[21]

A minha vontade era continuar a ler e fazer uma preleção. A minha mente estava transbordando de ideias e associações. Raramente me senti tão em sintonia com um grupo de alunos. Acredito também que a recíproca seja totalmente verdadeira. A "Verdade" e o "Bem" estavam prestes a se tornar concretos e palpáveis, algo que poderia mover os nossos membros, as nossas decisões na vida, os nossos afetos e objetivos, algo que realmente poderia servir de base para que fizéssemos uma avaliação de nós mesmos e de toda a nossa vida.

UM CONVITE

Ao mesmo tempo, havia algo loucamente confuso a respeito de tudo isso. Nem eu nem os meus alunos éramos capazes de lidar com êxito com a questão de o que, *precisamente,* esses dois grandes filósofos, Marco Aurélio e Epiteto, entendiam por mente, impressão, vontade, propósito moral, julgamento e atenção. São essas palavras nomes diferentes para uma única coisa, um único poder dentro de nós? Ou referem-se a diferentes aspectos da mente? Se for esse o caso, o que então eles querem dizer com mente; ela é a mesma coisa que o eu? A minha mente é o meu eu?

Durante um longo tempo, por exemplo, discutimos a seguinte questão, aparentemente estranha: quando tentamos seguir o conselho de Marco Aurélio de que devemos pensar de um modo diferente, digamos, a respeito das suas experiências (ou impressões) ou mesmo sobre qualquer coisa – que faculdade da mente ou da psique usamos para realizar esse objetivo? Eu quero, digamos, encarar uma coisa de um modo diferente, um insulto ou algo assim, para não ser impelido a sofrer ou praticar ações imorais – como, exatamente, essa mudança de atitude é efetuada? Com que poder da mente ou da alma? Com que poder da mente ou do eu sigo o desejo da verdade ou da virtude? E por que ninguém parece trazer à baila essa questão em nenhum dos textos dos filósofos?

E por que falar na vontade moral no mesmo momento em que falamos em lidar corretamente com as impressões e formar julgamentos verdadeiros? De que maneira a intenção de ser bom está enredada com o desejo de conhecer a verdade? A ética e o conhecimento são dois nomes para a mesma coisa ou dois aspectos diferentes de um único poder humano? Que poder é esse?

Essas questões não eram puramente "acadêmicas" para nenhum de nós. Precisávamos entender, não apenas para conhecer o texto ou qualquer coisa desse tipo, mas pelo bem da vida. Para tentar, finalmente, colocar em prática uma coisa que parecia oferecer uma nova e emocionante possibilidade. De qualquer modo, era assim que *eu* sentia essas questões – tanto para mim quanto em prol dos meus alunos.

Em prol dos alunos – poderia eu realmente deixá-los com mais um conjunto de belas ideias? Precisa sempre ser verdade, como afirma Epiteto, que podemos levar essas ideias e opiniões para a porta da sala de conferências, mas que ninguém as leva para casa? "Assim que saímos daqui", diz ele, "estamos em guerra [...] com os nossos vizinhos, com aqueles que zombam e riem de nós." "Precisamos ser gratos", acrescenta, "àqueles que nos incomodam, pois eles provam diariamente que não sabemos nada."[22]

Sem pensar mais no assunto, decidi tentar uma coisa nova, ou seja, nova para mim em um ambiente acadêmico. E no momento em que decidi experimentá-la, ela me pareceu tão certa que fiquei impressionado por nunca ter tentado antes. De uma certa maneira, era apenas um passo óbvio a ser dado: por que efetivamente não *experimentar* o tipo de exercício da mente e da vontade que Marco Aurélio fazia — já que é isso que as suas "meditações" efetivamente são, ou seja, exercícios espirituais praticados no dia a dia da vida da pessoa.[23] Por que não trabalhar na prática com eles dessa maneira, em vez de apenas ler o texto como um registro de conceitos e raciocínio, o que é na verdade o que quase toda a filosofia *moderna* se tornou? Søren Kierkegaard, o perigoso "existencialista espiritual" do século XIX, disse que Hegel, o espantoso filósofo sistemático, passa os dias no palácio de cristal do *sistema,* enquanto à noite volta para casa e vive no canil da sua existência cotidiana!

Decidi, portanto, colocar essa ideia em prática e sugerir para a turma alguns exercícios que poderiam corresponder, pelo menos em uma certa medida, ao que Marco Aurélio talvez tenha praticado na vida diária enquanto discípulo do filósofo. Eu não estava trabalhando completamente no escuro, pois já tinha praticado pessoalmente muitos exercícios desse tipo, mesmo antes de ter encontrado os mestres espirituais e os ensinamentos que guiaram o meu caminho. Ao mesmo tempo, ao passar os exercícios para os meus alunos, precisei tomar muito cuidado para não oferecê-los como tarefas obrigatórias. Esses exercícios não eram como livros a ser lidos, dissertações a ser escritas, discursos intelectuais a ser compreendidos. Eram para ser minúsculas *investidas* experimentais através do limiar socrático que separa o teatro da mente das ruas da vida do cotidiano, voos de reconhecimento, por assim dizer – "experimentações" em viver a filosofia, em viver a busca do autoconhecimento.

Apresentar os exercícios como uma tarefa obrigatória teria destruído o seu propósito, pois faria com que os alunos sentissem que teriam que ser bem-sucedidos, da maneira como tinham êxito no seu trabalho acadêmico. E isso precisava ser evitado a todo custo. Os exercícios envolviam uma atitude totalmente nova diante dos acontecimentos da vida, a atitude da pergunta aberta sem uma resposta, a atitude de suspender a função "de responder" da mente e adotar a atitude calma e sinceramente imparcial de questionar e testar a si mesmo. Em outras palavras, aceitar na própria vida, mesmo que de uma maneira preliminar, a força da atenção relativamente consciente, a qual, na verdade, é indistinguível dos primórdios do poder da vontade, que por sua vez é a única base da verdadeira moralidade.

No término da aula seguinte, comecei a fazer referência ao texto das *Meditações*, já citado, no qual o próprio Marco Aurélio pede a si mesmo que "não permita mais que o princípio norteador dentro de você seja arrastado de um lado para o outro, como um fantoche, pelas cordas dos impulsos egoístas", bem como a vários comentários tanto de Marco Aurélio quanto de Epiteto sobre o poder que os pequenos aborrecimentos exercem sobre nós.

Eu disse então à turma: "Além da tarefa de leitura" (já estávamos chegando ao final das *Meditações*), "eu gostaria de convidá-los a experimentar uma coisa nova, não obrigatória. O exercício é o seguinte. Nos próximos dois dias, até nos reunirmos de novo, tentem experimentar um novo tipo de relacionamento com as coisas que mais os incomodam. Vocês poderão começar, se quiserem, daqui a alguns minutos, quando deixarem a sala de aula. No exercício, vocês devem simplesmente *afastar-se* de si mesmos e observar o seu estado de estar incomodados ou irritados. Não tentem fazer nada a respeito. Não tentem se livrar desse estado, justificá-lo ou julgá-lo como sendo bom ou mau. Sejam meros observadores, não apenas desse estado como também de quaisquer outras coisas relacionadas a ele. Afastem-se desse estado sem tentar modificá-lo ou fugir dele. Vocês entenderam?"

Algumas pessoas – não muitas – assentiram com a cabeça, mas sem muito entusiasmo. Aparentemente, muitos dos alunos achavam que ter consciência dos aborrecimentos era algo que, de qualquer maneira, acontecia mais ou menos com eles o tempo todo. "Por exemplo", prossegui, "digamos que vocês avistem um local para estacionar, mas outra pessoa chegue primeiro. Ou então vocês estão na fila do caixa de uma loja e alguém na sua frente está comprando uma caixinha de chicletes e fazendo um pagamento complicado no cartão de crédito." Todos riram, e o interesse da turma foi despertado. "*Observem* apenas que vocês estão irritados. Afastem-se interiormente da situação. Durante todos os dias, todas as horas, talvez todos os minutos, existem coisas que nos incomodam, nos irritam, de modo que não faltarão ocasiões para praticar esse exercício 'filosófico'."

Fiquei tentado a deixar a situação dessa maneira, especialmente porque o tempo da aula havia terminado. Mas quando me dei conta de que os alunos estavam agora sentados em silêncio, de olhos arregalados, e não estavam olhando para o relógio na parede, fechando os cadernos e nem arrumando a mochila, atrevi-me então a dizer mais algumas palavras.

"Dessa maneira", disse eu, "pode ser possível experimentarmos alguma coisa relacionada, de uma maneira preliminar, à antiga *prática* da filosofia, uma prática a respeito da qual Sócrates guarda silêncio no final dos diálogos, mas a qual, através dos séculos, talvez tenha sido transmitida oralmente, até que, por intermédio do escravo Epiteto, ela chegou ao Imperador Marco Aurélio.

"Estou propondo que vocês considerem a tarefa apenas um convite, uma experiência."

"E nós também estaremos fazendo a experiência", acrescentei, fazendo um gesto na direção do meu assistente, que estava sentado perto da janela.

E, com isso, dispensei a turma.

Isso aconteceu numa terça-feira. Como fazia com frequência, voltei para casa com o meu amigo e assistente docente, John Piazza, um homem de quase 30 anos que se graduara em filosofia e estava agora concluindo a pós-graduação no estudo da antiguidade greco-romana.

Tendo em vista a sua mente primorosamente treinada e o seu sentimento pelo espírito da filosofia antiga, ele representava para mim uma grande ajuda sob vários aspectos. Além disso, o seu conhecimento de grego clássico ajudou-me a manter as minhas explicações dos textos fundamentadas na realidade histórica. No entanto, o mais importante era que a sua visão do papel das verdadeiras questões filosóficas no desenvolvimento moral dos jovens coincidia exatamente com a minha.

No caminho de casa, em geral conversávamos a respeito da aula do dia para poder preparar a seguinte, mas nesse dia falamos muito pouco. Era como se instintivamente reconhecêssemos que uma possibilidade desconhecida, com um grande valor potencial, talvez tivesse sido introduzida no contexto da filosofia acadêmica, e não quiséssemos lançar uma rede de especulação sobre ela antes de descobrir os seus resultados.

"OH, ESQUECI!"

Iniciei a aula da quinta-feira discutindo algumas ideias metafísicas abstratas, intencionalmente evitando fazer qualquer menção ao exercício. Eu queria ver se os alunos trariam o assunto à baila; eu estava tentando a todo custo manter o exercício o mais voluntário possível. Algum tempo depois, contudo, depois de desenvolver um pouco o conceito estoico do *logos* – mantendo a discussão afastada dos aspectos práticos do texto de Marco Aurélio – um silêncio natural teve lugar e então peguei o livro. "A propósito", disse eu, virando as páginas como se procurando um trecho particular, "alguém fez o exercício?" Levantei os olhos e vi muitos rostos inexpressivos.

Coloquei o livro sobre a mesa. Apenas um aluno ergueu a mão e, depois de alguns segundos, outro aluno levantou parcialmente a mão.

Na verdade, eu não estava surpreso. Pus o livro de lado, dei a volta na mesa e me aproximei mais da turma.

"Vejam", disse eu, "estamos diante de algo importante. Respondam com sinceridade – lembrem-se de que a tarefa não é para nota – quantos de vocês simplesmente se esqueceram do exercício?"

Cerca de uma dúzia de mãos subiram lentamente, uma após a outra, seguidas de mais dez – e depois quase todo o resto da turma levantou a mão. Eu estava agora olhando para dois alunos (ou, mais exatamente, para um aluno e meio) que haviam se lembrado de fazer o exercício, para cerca de quarenta que admitiram ter se esquecido dele e para quatro ou cinco que não estavam entendendo nada.

"O fato de quase todos vocês terem se esquecido do exercício, apesar do forte interesse que demonstraram sentir depois que o descrevi em sala de aula há dois dias, precisa ser corretamente interpretado e não apenas posto de lado ou esquecido. O fato é que vocês, nós, todos nós somos engolidos pela nossa vida. Dizemos: 'Oh, esqueci', e calmamente nos envolvemos com o assunto seguinte. Nesse "Oh, esqueci' reside um dos aspectos mais fundamentais da condição humana, o qual, se adequadamente compreendido, explica por que não podemos pôr em prática, e não colocamos, as nossas boas intenções. Mas se vocês estudarem livros e ensinamentos que lidam com o autoaperfeiçoamento da natureza humana, verão que esse fato quase nunca é mencionado – o fato de que simplesmente não nos lembramos das nossas questões mais profundas enquanto vivemos a nossa vida, e portanto nunca realmente fazemos o que sabemos ser bom, exceto quando somos abalados por uma crise e entramos em um estado de autopresença. Raramente vocês verão esse fato abordado quando lerem livros e ouvirem ensinamentos religiosos, filosóficos e místicos. Será simplesmente admitido que vocês se lembrarão, se quiserem, de colocar em prática os ideais e os métodos oferecidos... ."

Decidi não aprofundar o assunto nesse dia; mais tarde eu voltaria a ele. Além disso, é claro, eu não queria explicar que enfrentar esse fato imenso a respeito da natureza humana era um dos principais objetivos desse tipo de exercício. Tampouco desejava informar que essa era a razão mais importante pela qual eu não o estava apresentando como uma tarefa do curso. Eu poderia facilmente tê-los "obrigado" a se lembrar – poderia, pelo menos, ter forçado um número bem maior de alunos a se lembrar – levando-os a temer as consequências caso não fizessem o exercício. Mas isso teria simplesmente evocado neles o mesmo tipo de influência – no caso, o medo – para a qual eles deveriam despertar durante a vida do dia a dia com a ajuda do exercício.

O EQUÍVOCO DO DR. KINDER

Voltei-me agora para a única pessoa que tinha levantado totalmente a mão. Estou me referindo ao dr. Nathan Kinder, médico aposentado que era um dos numerosos idosos – o "clube das pessoas com mais de 60" – que frequentavam as minhas aulas de tempos em tempos, e frequentemente o faziam para obter créditos. O dr. Kinder era um homem magro e elegante, com o rosto fino e corado, olhos azuis-claros, feições angulosas e proeminentes, e uma vasta cabeleira branca reluzente que o faziam parecer bastante com algum tipo de pássaro com crista. Ele vinha quase sempre para a aula vestindo um casaco esporte, gravata borboleta e portando uma bengala entalhada que, a julgar pelo seu andar confiante, era mais um acessório elegante do que uma necessidade ortopédica.

Eu gostava muito dele. Talvez se expressasse um pouco mais do que deveria nas aulas e talvez as suas perguntas frequentemente parecessem afirmações, mas ele sempre falava com sagacidade e inteligência. Além disso, o mais impressionante é que sempre dava a impressão de estar ouvindo não apenas a mim, mas também os alunos. Ao mesmo tempo, ao lado da sua atitude refinada e do seu considerável conhecimento do estudo científico e literário, e debaixo da sua grande experiência com a humanidade sofredora, os seus olhos encerravam uma qualidade comovedoramente faminta. Eu sentia nele uma necessidade humana em estado bruto que frequentemente se manifestava quando ele falava, mas que era quase sempre imediatamente ofuscada pela abundância do seu conhecimento acumulado e sua noção de status altamente refinada. Era como se um jovem puro, uma espécie de buscador adolescente, começasse a se expressar e, repetidamente, fosse seduzido pelo "velho médico sábio" com nariz pontiagudo, bengala e gravata borboleta.

"Então, dr. Kinder, o senhor se lembrou?"

"Bem, na verdade me lembrei", respondeu ele. "Mas a princípio achei o exercício fácil demais, excessivamente modesto e insuficientemente instigante. E quanto ao problema de lembrar-me dele, isso não foi nem um pouco difícil. Ele ficou comigo o tempo todo. Na verdade, anos atrás, quando eu estava estudando a história da filosofia, eu costumava dedicar-me a essa tarefa de tempos em tempos. Assim sendo, eu a aceitei com bastante naturalidade. Ao mesmo tempo, no entanto, devo dizer que também me senti um pouco apreensivo com esse sentimento de autoconfiança."

Olhando em volta, ele prosseguiu:

"Ontem pela manhã, a minha esposa me disse que a sua irmã viria almoçar na nossa casa, e eu imediatamente decidi me concentrar nesse fato para experimentar o que fora sugerido. Sempre achei Helen, a minha cunhada, muito irritante. Desse modo, concebi um plano para não demonstrar, em nenhuma circunstância, a menor irritação com relação a ela. Eu disse aos meus botões, pensando em Marco Aurélio, que ela também é um ser humano que encerra o mesmo princípio divino de todos os seres humanos" – e nesse ponto o médico sorriu diabolicamente – "ela apenas é capaz de ocultá-lo mais habilmente do que a maioria das pessoas."

Alguns alunos gostaram do que ele disse e riram disfarçadamente. O médico inclinou-se para trás, tocou a gravata borboleta e continuou:

"Bem, resumindo a história, durante todo o almoço eu efetivamente consegui refrear qualquer sinal de irritação com relação à minha cunhada e, na metade da refeição, percebi que eu não estava nem mesmo *me sentindo* irritado! Fiquei muito interessado nisso, ou seja, o fato de eu não *demonstrar* irritação de alguma maneira fez com que eu não me *sentisse* irritado. No entanto, quando comecei a me parabenizar pelo sucesso, ela fez um dos seus aviltantes comentários típicos com a minha mulher a respeito de alguma coisa e eu quase explodi."

O médico parou, olhou em volta por um momento, inclinou-se para a frente e os seus olhos azuis repentinamente ficaram jovens. "O que o senhor acha?', perguntou ele de repente completamente alheio ao seu público, a turma. "O que o senhor acha?"

Enquanto eu tentava encontrar uma resposta, a jovem sentada ao lado do médico sorriu calorosamente para ele, e o adolescente inocente escondeu-se de novo. O velho sábio assumiu novamente o controle e me disse com o seu sorriso de cumplicidade: "Acho que mereço no máximo um 7." E muitos alunos riram baixinho com o bom médico.

"Bem, dr. Kinder", disse eu, "o fato de o senhor ter se lembrado do exercício vale bem mais do que um 7."

De repente, o adolescente nele ressurgiu.

E de repente, éramos apenas nós dois.

"Diga-me, dr. Kinder, por que o senhor está se atribuindo uma 'nota' tão, digamos, medíocre?"

Ele ajeitou distraidamente a gravata borboleta com uma das mãos e, em um tom de voz jovem e questionador, perguntou: "Por eu ter finalmente me irritado?"

"Mas dr. Kinder, por que o senhor considera isso um fracasso?"

Eu não pretendia interrompê-lo, mas ele foi interrompido. Olhou para mim interrogativamente.

Na realidade, também olhei para ele interrogativamente. Para dizer a verdade, por mais estranho que possa parecer, nesse meio-tempo eu estava me lembrando do exercício, ou seja, *sentindo* qual era a verdadeira finalidade dele. Pensei com os meus botões: como é fácil esquecer o que é essencial nessa busca, *que é simplesmente ver o que existe*.

Eu disse então: "Dr. Kinder, qual *foi* o exercício? O senhor pode me explicar?"

O médico velho e sábio respondeu: "Não deixar que nada ou ninguém nos incomode ou irrite. E é um excelente exercício!"

A DESCOBERTA DE MARY ADIJIAN

Olhei ao redor da sala. "É assim que todo mundo entendeu o exercício?", perguntei – e em seguida, sem esperar que alguém respondesse, virei-me para a pessoa que havia levantado parcialmente a mão.

Ela era uma dessas alunas que se sentam discretamente na lateral e no fundo da sala, e que raramente participam dos debates. Ela se chamava Mary Adijian, e eu a conhecia principalmente porque, em virtude do seu sobrenome – Adijian – ela era a primeira da lista de presença sempre que eu era obrigado a fazer a chamada. Ela tomava notas avidamente, sentava-se ereta na cadeira e vestia-se com uma contida e antiquada feminilidade. Aparentava cerca de 25 anos, os seus olhos eram castanhos e suaves, e tinha um rosto tranquilo emoldurado por cabelos pretos cacheados.

"Ontem", disse ela, "quando eu voltava da faculdade para casa, parei na lavanderia para pegar umas roupas que eu deixara lá alguns dias antes. Entreguei o recibo a uma oriental baixa, que examinou os cabides e, em seguida, olhou para mim e disse que elas não estavam lá, as minhas roupas não estavam prontas. Comecei imediatamente a ficar irritada e mostrei o recibo onde estava escrito que as roupas ficariam prontas na quarta-feira, quer dizer, ontem. A mulher simplesmente disse: 'Ainda não prontas. Tentar de novo amanhã.' Em seguida eu disse, acho que estava até gritando: 'Mas vocês *prometeram* que entregariam hoje!' Ela então deu uma risadinha e repetiu: 'Não estão aqui. Tentar amanhã.' É claro que a mulher não estava rindo de mim; foi apenas uma risadinha constrangida, mas que realmente me deixou irritada.

"Eu estava prestes a sair furiosa porta afora, quando me lembrei da aula e do exercício. Lembrei-me das palavras: 'dê um passo atrás'. Eu então disse aos meus botões: 'Estou irritada. Ponto final'. E de repente [...] não consigo realmente descrever o que senti [...] de repente era como se eu fosse duas pessoas."

Mary fez uma pausa, tentando encontrar palavras. Em seguida, simplesmente repetiu: "É como se eu fosse duas pessoas."

Novamente, ela fez uma pausa. A turma permaneceu em silêncio. Finalmente, Mary declarou: "Eu não tinha a menor ideia de que a minha mente era capaz de fazer isso!"

"Fazer o que?", perguntei, suavemente.

"Isso", respondeu Mary. "Era como se um eu estivesse zangado e o outro apenas tranquilamente observando a cena."

"E depois, o que aconteceu?"

"Nada demais. Eu ainda estava irritada com a mulher, mas ao mesmo tempo não estava. E de certa maneira ouvi a mim mesma simplesmente dizendo, de um modo agradável: 'Obrigada', e fui embora."

O que me impressionou fortemente no que Mary disse foram as palavras: "*Eu não tinha a menor ideia de que a minha mente era capaz de fazer isso.*" A minha própria mente começou a acelerar. Eu não queria tirar conclusões precipitadas baseado na experiência de uma única aluna, mas não consegui deixar de febrilmente me perguntar se aquilo era verdade. Poderia ser verdade que nem todo mundo, pelo simples fato de ser um ser humano vivo que respira, conhecia o poder da mente de afastar-se de si mesma, o poder de *atenção da mente* de observar os próprios pensamentos e sentimentos, de se separar de si mesma dessa maneira simples e fundamental? Ou poderia ser verdade que toda uma geração de homens e mulheres não tivesse esse conhecimento?

Essa questão me intrigou de tal maneira que deixei de chamar a atenção para algo que era potencialmente de suma importância na experiência de Mary, ou seja, que ao dar um passo para trás para observar a própria irritação, ela tinha na verdade, naquele momento, se livrado do domínio desse sentimento, e que ela tinha se dirigido à oriental de um modo educado, embora ainda estivesse "irritada". Além disso, o mais importante de tudo é que ela o fizera sem ser moralista, sem dizer a si mesma que não deveria ficar zangada, ou seja, sem a violência e a falsidade interiores que com tanta frequência caracterizam as nossas "boas ações", e que realmente disfarçam e reprimem impulsos cuja energia finalmente acaba se manifestando de outras maneiras, talvez ainda mais prejudiciais. Em outras palavras, Mary tivera uma prova, mesmo que preliminar e efêmera, do poder moral da força da atenção. O simples fato de ela perceber a sua irritação fez com que esta, por um momento, se "desintoxicasse", possibilitando, sem nenhuma imposição ou hipocrisia, que uma manifestação humana benéfica tivesse lugar sob a forma de um simples "obrigado".

Eu queria elaborar alguns comentários sobre o que Mary havia descoberto, mas sem introduzir ainda a palavra "atenção", a qual, para a maioria das pessoas, é geralmente apenas um sinônimo livre para "pensamentos". Para quase todos nós, as expressões "prestar atenção a" e "pensar a respeito de" em geral significam mais ou menos a mesma coisa. Entretanto, o verdadeiro significado da palavra "atenção", pelo menos até onde eu entendo, está relacionado com o poder da mente humana que é inteiramente separado e diferente do que habitualmente experimentamos como pensar, ou ter pensamentos. Além do mais, e novamente, até onde eu entendo, essa força chamada atenção encerra muitos graus e níveis, e o supremo desenvolvimento moral e espiritual do ser humano depende substancialmente da sensibilidade da pessoa a esses níveis mais elevados de atenção. Além disso, para tornar as coisas ainda mais difíceis de entender, na tradução de numerosos textos espirituais do mundo, esses níveis superiores de atenção são às vezes expressos pelas palavras *pensamento*, *mente* ou até mesmo *raciocínio*, quando o que está sendo discutido é algo inteiramente diferente e que possui uma qualidade muito mais refinada do que esses termos normalmente denotam.

Mas eu não queria ainda falar a respeito dessas ideias. Eram necessárias mais experiências, mais tentativas de transpor o limiar socrático e entrar na própria vida sob a proteção de "exercícios" modestos e precisos empreendidos no espírito, ou no que eu estava pressupondo ser o espírito, de Marco Aurélio e do seu grande mestre, Epiteto. Desse modo, decidi apresentar outro exercício que se faria acompanhar de outros.

Quanto à leitura, o plano de estudos dizia que a tarefa seguinte deveria envolver textos escolhidos na tradição cristã. No entanto, determinei aos alunos que adiassem esse trabalho e que no momento relessem trechos das *Meditações* que lhes interessassem particularmente.

Em seguida, comecei a descrever o exercício seguinte.

··· *Capítulo Oito* ···

A ÉTICA DA ATENÇÃO II

Eu passara horas na noite anterior meditando sobre o texto, analisando cuidadosamente os exercícios filosóficos que Marco Aurélio apresenta para si mesmo como um conjunto de recursos destinados a levar ideais éticos e espirituais para a estrutura da sua vida cotidiana. Eu estava procurando o exercício mais adequado para sugerir para os meus alunos.

Como enfatizou o famoso acadêmico Pierre Hador, os exercícios filosóficos de Marco Aurélio se encaixam em três categorias, que correspondem ao que ele percebia como as três funções principais e distintas da totalidade da psique humana: (1) a função do pensamento ou julgamento; (2) a função do desejo ou emoção; e (3) a função caracterizada como o impulso de agir, relacionada com as funções motoras ou movimentos do ser humano.[24]

Em linhas gerais, a primeira categoria de exercícios envolve a aplicação de ideias filosóficas universais às nossas experiências pessoais, ou o que os estoicos denominam "impressões" (*phantasia*). A segunda categoria envolve uma disciplina relacionada com a nossa vida emocional, separada da nossa vida intelectual, as nossas reações emocionais a tudo que nos acontece. E a terceira categoria lida com as nossas manifestações efetivas, a maneira como de fato nos comportamos ou nos conduzimos durante a nossa vida.

Os exercícios do primeiro e segundo tipo são em geral os mais frequentemente associados ao estoicismo. Como exemplo do primeiro tipo, que envolve principalmente a função do pensamento, Marco Aurélio pede a si mesmo que procure sempre ter presentes certas verdades fundamentais a respeito do universo e da vida humana:

> Reflita com frequência sobre a rapidez com que todas as coisas que existem [...] passam impetuosamente por nós e são levadas embora. O grande rio da Existência circula continuamente sem uma pausa; as suas ações se modificam eternamente, as suas causas mudam sem cessar, e dificilmente uma única coisa permanece imóvel: enquanto sempre próximo o infinito se estende atrás e à frente – o abismo no qual todas as coisas são perdidas para a visão. Nessa condição, certamente um homem seria tolo caso ofegasse, se enfurecesse e se irritasse, como se o período das suas dificuldades pudesse ter uma longa continuidade.[25]

E como exemplo do segundo tipo, envolvendo o cultivo da emoção não-egoísta:

> O servo que foge do seu senhor é um fugitivo. Para nós, o nosso senhor é a lei (cósmica); e por conseguinte qualquer infrator precisa ser um fugitivo. Mas o pesar, a raiva ou o medo são rejeições de algo que, no passado, no presente ou no futuro, foi decretado pelo poder que dirige o universo – em outras palavras, pela Lei, que atribui a cada criatura o que lhe é devido. Consequentemente, ceder ao medo, ao pesar ou à raiva significa ser um fugitivo.[26]

Essas duas categorias de exercícios abrangem o cultivo de uma atitude e de um estado de serenidade interior, ou desapego, aliado a uma ênfase no que pode ser chamado de "emoção metafísica", ou seja, uma qualidade de sentimento, e até mesmo de amor, inerente ao funcionamento dentro do homem do princípio diretivo universal que é ao mesmo tempo um átomo da Mente Universal. A interpretação mais usual e conhecida da palavra "estoico", que a define ou como uma coisa fria e insensível ou como uma maneira de "ranger os dentes" diante da adversidade, não poderia estar mais distante da realidade. Na verdade, no verdadeiro estoico, que é o que Marco Aurélio se esforça para ser, o amor impessoal bem como o estudo abundante e a aceitação ampla da vontade de Deus tomam o lugar de todos os tipos de manipulação de si mesmo e da vontade individual.

A terceira categoria de exercícios, que abrange a disciplina de agir exteriormente na vida de acordo com o entendimento obtido durante a prática dos dois primeiros tipos de esforços interiores, nos conduz à esfera da ética do sentido mais conhecido da palavra, ou seja, a prática de nos comportarmos de acordo com a nossa interpretação do que é bom. Entende-se que na ausência dos dois primeiros tipos de exercício, a terceira prática, que estamos chamando de a prática de efetivamente transpor o limiar socrático, seria impossível. O cultivo do entendimento mental e a prática de nos separarmos das reações emocionais são pré-requisitos do comportamento moral intencional. E quanto ao papel absolutamente essencial de um relacionamento correto com o corpo físico, esse elemento permanece em grande medida oculto – como acontece em grande parte dos textos filosóficos da antiguidade – nas insinuações e relatos da forma e conteúdo da educação das crianças. Por ora, podemos apenas supor que esse aspecto fundamental do desenvolvimento humano estivesse entre os inúmeros elementos centrais que não se destinavam a ser consignados por escrito, mas que, talvez em alguns casos, formassem uma parte essencial do que é chamado de "tradição oral", que representa a soma das condições psicológicas, sociais e formais pelas quais uma comunidade espiritual mantém a possibilidade da transmissão direta da verdade espiritual e moral.

As *Meditações* contêm um grande número de exercícios do terceiro tipo. Eis um exemplo:

> Regozije-se e repouse em uma única coisa: passar de uma ação praticada a serviço da comunidade para outra ação praticada a serviço da comunidade; e tudo sempre acompanhado pela lembrança de Deus.[27]

Outro exemplo simples:

Adapte-se ao ambiente no qual a sua sorte foi lançada, e demonstre um amor verdadeiro pelos companheiros mortais com que o destino o cercou.[28]

No entanto, independentemente da categoria de exercícios que eu examinasse, nenhum deles parecia apropriado para a turma. E o motivo me parecia inequivocamente claro. Estava relacionado com a descoberta de Mary Adijian quando ela tentou afastar-se de si mesma: *"Eu não tinha a menor ideia de que era capaz de fazer isso!"* Havia muito tempo eu compreendera que o poder da mente de "dar um passo para trás" precisa estar na raiz de qualquer tentativa séria de trazer grandes ideias para a nossa vida. E que sem que nos tornemos conscientes desse poder e efetivamente o exerçamos, todas as tentativas de viver os nossos ideais inevitavelmente se transformam na manipulação de nós mesmos ou no autoengano, e terminam obrigatoriamente em algum tipo de fracasso.

Simplificando, sem esse movimento no sentido de nos afastarmos de nós mesmos, a tentativa de nos abstermos de dar vazão a reações egoístas torna-se, na melhor das hipóteses, a mera substituição de uma reação emocional por outra. Por exemplo, na experimentação do dr. Kinder, que à primeira vista pareceu tão produtiva, ele havia simplesmente "redirecionado" as suas reações emocionais para si mesmo, ou seja, para a sua tendência de ficar irritado com a cunhada. Ele tinha cedido, até certo ponto inconscientemente, ao que poderia ser chamado de "emoções secundárias", ou seja, reações emocionais às suas próprias reações emocionais. Em vez de observar a sua irritação, o dr. Kinder a desalojara, devido aos seus sentimentos de que ela era de algum modo "má". O resultado fora apenas uma pseudoliberdade, ao passo que o objetivo total e supremo do exercício era, pelo menos enquanto ele durasse, desintoxicar a própria estrutura da emoção egoísta, em vez de cultivar o automatismo da autoavaliação emocional de qualquer tipo. A sua resultante "explosão" de raiva foi simplesmente uma evidência de que a corrente fundamental de reatividade emocional não fora percebida nem examinada. O dr. Kinder transformara involuntariamente a experiência de autoconhecimento no esforço muito comum e, em última análise, inútil de sermos bons por meio da manipulação de nós mesmos.

POR QUE OS CÓDIGOS MORAIS FALHAM?

Sem dúvida aqui reside pelo menos parte do segredo que explica por que os códigos morais falham com tanta frequência ao longo da nossa vida e, em um sentido mais amplo, universalmente trágico, por que falham no decorrer da vida da humanidade. A questão é a seguinte: é possível existir uma genuína moralidade se o poder da mente de se separar de si mesma não for ativado? Se ela não prestar uma atenção consciente a si mesma? E a ignorância, ou o esquecimento, desse poder é uma razão fundamental pela qual os códigos morais baseiam-se, quase sempre, apenas na ativação de uma reação emocional intercorrente como o medo da punição pessoal ou o desejo de uma recompensa individual? – seja interna e psicologicamente por intermédio da culpa; seja externamente por meio de sanções sociais, do cumprimento de leis, promessas religiosas e ameaças do céu e do inferno? Em uma escala grandiosa, então, quanto da "moralidade" humana, longe de nos libertar da emoção egoísta, meramente não nos expulsa de uma emoção por meio de outra, com isso entranhando ainda mais o poder dessa emoção na psique humana. Com o egoísmo tão profunda e enganosamente inculcado no nosso coração e na nossa mente, é compreensível que, mais cedo ou mais tarde, todos os códigos morais venham a falhar! E não é de causar surpresa que individualmente na nossa vida pessoal, e coletivamente na vida da humanidade, continuem a surgir manifestações de violência e barbarismo, manifestações essas que abalam tudo o que imaginávamos compreender a respeito de nós mesmos e que são incompreensíveis para a nossa religião ou a nossa ciência. Não estamos falando apenas das terríveis manifestações ao longo da história, e especialmente na nossa época, de coisas como genocídio, sadismo em massa e o massacre fanático de milhões de pessoas sob a bandeira de ideologias ilusórias, mas também, na nossa vida pessoal, das nossas manifestações individuais de violência, ódio, ganância cega, instinto gregário, e de todas as maneiras pelas quais todos traímos os nossos ideais éticos.

Para prosseguir com a turma, e para seguir adiante com o empreendimento de praticar exercícios filosóficos do outro lado do limiar socrático – ou seja, "nas ruas" da nossa vida efetiva – pareceu-me absolutamente necessário verificar se outros alunos da turma, à semelhança de Mary Adijian, também não estavam familiarizados com o poder da mente de se separar de si mesma. E depois, se eu descobrisse que esse era o caso, o passo seguinte seria oferecer a eles a oportunidade, se o desejassem, de descobrir que a sua mente tinha, de fato, esse poder. E em seguida representar para eles, mesmo que apenas teoricamente (pois quem era eu para tentar qualquer coisa além disso?), o abrangente significado moral e as implicações desse poder para a vida deles e, na verdade, traçando um arco bem grande, para toda a humanidade!

O passo seguinte, portanto, era apresentar um exercício, ou uma sequência de exercícios, que permitisse que os alunos começassem a se familiarizar um pouco com esse poder e que possibilitasse que eles, quer ele representasse, quer não, uma nova descoberta, o estudassem em um contexto cuidadosamente delimitado na vida efetiva deles.

"Entre hoje e terça-feira", declarei no final da aula, "quando vocês estiverem sozinhos assistindo à televisão, simplesmente desliguem o aparelho no meio de um programa. Em seguida, levantem-se em silêncio e bebam um copo d'água ou façam outra coisa durante dez ou quinze segundos, ou talvez mais ou menos meio minuto. Depois, voltem em silêncio para a cadeira e liguem novamente a televisão no mesmo programa a que estavam assistindo.

"A ideia é estudar a dificuldade subjetiva no ato de desligar a televisão, e em seguida observar que, depois de desligá-la, é fácil simplesmente fazer outra coisa sem um sentimento real de perda. E, finalmente, voltar para a televisão, sentar-se, recompor-se um pouco, e depois ligá-la novamente e tentar captar um vislumbre de si mesmos sendo sugados de volta para o programa, seja lá qual for.

"É importante que vocês façam o exercício no meio de um programa que realmente lhes interesse e não durante um intervalo comercial ou em um ponto do programa em que vocês estejam prontos para mudar de canal. O exercício precisa ser feito em um momento em que vocês estejam realmente grudados na tela – estão entendendo o que estou dizendo?"

Sorrisos de puro prazer lentamente se espalharam pela turma.

Prossegui:

"Vocês também podem fazer o exercício no cinema. Na metade de uma cena, simplesmente levantem-se, vão até o saguão por alguns minutos e então, depois de se recomporem por alguns segundos, voltem aos seus lugares e observem a si mesmos sendo arrastados de novo para o filme."

Dispensei então a turma.

Quando os alunos estavam guardando os livros e os papéis, e se levantando para ir embora, uma voz perguntou: "Qual é a tarefa de leitura?"

"Continuem com Marco Aurélio", respondi.

Outra voz então fez-se ouvir, com um majestoso sotaque mexicano: "Professor, o que significa 'recompor-se'?"

Alguns alunos continuaram a sair em fila da sala, mas a maioria ficou parada, esperando para ouvir a minha resposta.

A pergunta me pegou de surpresa, e eu não quis dar qualquer tipo de resposta pronta. Permaneci em silêncio durante alguns segundos e finalmente disse: "Significa ficar interiormente quieto para que a sua atenção dispersa se dirija novamente para você."

O aluno, que se chamava Octavio, rapidamente, mais que depressa, replicou: "Obrigado, professor." E como se um interruptor tivesse acabado de ser religado, os alunos reiniciaram a conversa e voltaram a avançar de um modo levemente caótico em direção à porta.

EU SOU A MINHA ATENÇÃO

Embora eu tivesse me dedicado a esse exercício várias vezes durante os anos, eu o fiz novamente no fim de semana. Na primeira vez, ele me fez sentir o mesmo choque que eu sentira no passado, isto é, o choque de experimentar o forte puxão da minha atenção para fora e a poderosa resistência quanto a interromper a conexão com a televisão. Não se tratava apenas de eu gostar do programa a que estava assistindo, ou de ele estar despertando em mim associações agradáveis ou desagradáveis de processos de desejo indiretos, digamos, de medo ou curiosidade. Isso era parte do que estava acontecendo, é claro; mas o verdadeiro choque foi o estado interior de total perda da consciência de mim mesmo enquanto estava sentado na cadeira. Em outras palavras, enquanto eu tentava arranjar desculpas para não desligar a televisão, compreendi que eu gostava muito mais da minha ausência do que desejava a minha presença.

Entretanto, na segunda vez em que tentei fazer o exercício, surgiu algo novo que demonstrou com uma intensidade ainda maior o significado ético desse modesto exercício como um modo de estudar o poder da mente de livrar-se por um momento do domínio dos impulsos, pensamentos e imagens. O fato é que esses impulsos, pensamentos e imagens, tomados em conjunto, são uma causa fundamental das reações emocionais que determinam grande parte do nosso comportamento na vida do dia a dia.

O programa que eu por acaso estava assistindo era a série que se passa na sala do tribunal, *Law & Order* [Lei e Ordem]. Durante o programa, lembrei-me do exercício pelo menos uma dúzia de vezes, mas não consegui reunir a determinação necessária para efetivamente acionar o controle remoto que eu tinha na mão. O programa estava se aproximando de um final culminante em um confronto na sala do tribunal. De repente, sem negociar comigo mesmo, como se eu estivesse saltando de um trampolim depois de hesitar por um longo tempo, apertei o botão do controle remoto.

Não fiquei surpreso com o doce silêncio que imediatamente se seguiu, e saboreei-o plenamente. Tampouco fiquei surpreso com o fato de que eu não estava mais interessado no resultado do episódio, o qual um momento antes me deixara fascinado. O que me surpreendeu e me interessou profundamente foi outra coisa: uma impressão completamente nova da minha atenção voltando para mim vinda de fora de mim mesmo. O que eu vi, o que senti com grande clareza, foi, por assim dizer, a condição *essencialmente minha* da minha atenção. Ela era *minha*. Era *eu mesmo*. Era como uma substância, uma corrente de substância consciente que era o meu eu voltando para mim e uma vez mais habitando o meu ser, o meu corpo, que estava sentado na cadeira. Era, por assim dizer, o retorno à minha *essência*. E junto com essa sensação única, ou sentimento, havia uma nítida sensação de perplexidade, aliada a um quê de remorso e um certo tipo de medo, pelo fato de eu ter acomodadamente permitido que a minha *individualidade* se afastasse muito de mim – *sem que eu me preocupasse,* como se eu fosse um pastor que tivesse impensadamente negligenciado o seu rebanho. Como pude deixar que isso acontecesse? Por que não senti falta da minha atenção, da *essência*? E se ela nunca mais voltasse?

No passado, eu ouvira frequentemente a seguinte ideia ser formulada: "Eu sou a minha atenção." Mas ela era agora mais do que uma ideia respeitada. Era uma certeza vivida. E enquanto o tempo passou, essa certeza foi muitas vezes reconfirmada e o seu significado aprofundado.

A PRIMEIRA OBRIGAÇÃO DO HOMEM

Neste ponto, antes de dar seguimento à narrativa da sala de aula, quero fazer um breve resumo antecipado, que depende de uma elaboração adicional, das implicações teoricamente abrangentes e, creio eu, até mesmo revolucionárias, desse tipo particular de experiência, que foi repetida e confirmada em um sem-número de outras experimentações e situações da vida, e também na companhia de bons amigos e colaboradores filosóficos.

A descoberta principal e mais extraordinária é que eu – nós – somos obrigados pelo poder da consciência, a fonte de toda autoridade moral, a zelar pela nossa *essência,* que é a nossa atenção. Na verdade, pode ser possível afirmar que para nós, pessoas modernas, toda responsabilidade ética genuína começa exatamente nesse ponto, com essa responsabilidade pelo meu Eu totalmente nova, ou oculta. Não posso ser responsável diante de vocês sem ser responsável diante do meu Eu, sem deixar que ele viva em mim. Sou obrigado, por todas as leis da consciência, a recordar a minha atenção e zelar por ela. E aqui está o ponto moralmente revolucionário: *o iniciador verdadeiro e genuíno de toda ação moral é a atenção.* É a nossa atenção que pode nos libertar do domínio das nossas reações egoístas, dos nossos medos, fanatismos, paranoias, ilusões ou ódios. É a nossa atenção que pode controlar as nossas reações, livrar-nos da escravidão às nossas opiniões, aliciar o serviço do nosso corpo além dos seus anseios, dos seus apetites e impulsos impacientes. É a nossa atenção que pode amar sem ter que "gostar", que pode exigir o sacrifício dos nossos interesses pessoais em nome de um bem maior. Não se trata apenas de dizer que "Eu sou a minha atenção", e sim que *O Homem é: atenção consciente.* Em resumo, estamos moralmente obrigados a tornar-nos seres capazes da moralidade! Somos obrigados não apenas a amar, mas a tornar-nos *capazes* de amar, o que significa recordar a nossa atenção e zelar por ela.

Esse é o resumo mais breve de uma nova – e na verdade infinitamente antiga – visão da ética e do bem. Porém muito mais será necessário antes que possamos preencher o esqueleto da teoria e descobrir a esperança inesperada que essa visão pode trazer no papel de uma ponte entre o que sabemos no fundo que é bom e a maneira como efetivamente vivemos.

O GRANDE PROPÓSITO DA EDUCAÇÃO

Manhã de terça-feira. O verão de San Francisco (muito fresco) tinha se transformado durante o fim de semana no outono (muito quente) de San Francisco. As janelas da sala de aula e a porta de emergência estavam escancaradas.

Uma vez mais não estou com a menor pressa de discutir o exercício, já que não tenho o direito de esperar que ele vá ter para os alunos o mesmo significado que teve para mim. A questão do exercício surgirá quando isso acontecer; não tenho o direito de insistir no assunto. De qualquer modo, a essência são as *ideias* – nesse caso, as ideias contidas na filosofia de Marco Aurélio. Para os filósofos da antiguidade, as ideias eram uma preparação necessária, que antecedem e amparam a ação, para a vida no mundo e para o desenvolvimento do eu dentro de si mesmos. Para eles, as ideias não eram um fim em si mesmas; ou seja, não se destinavam a ser apenas subsídios para o pensamento especulativo. Elas tinham a finalidade de ser um catalisador para a assimilação e a transformação do "alimento" da experiência.

Ao mesmo tempo, para muitos de nós, assim como para o nosso homem de uma só perna, as ideias sem a experiência são uma necessidade para preparar a nossa mente para conhecer, teoricamente, a natureza do bem, para sentir o seu valor e resolver procurar por ele um dia como a coisa indispensável na nossa vida. Preparar dessa maneira a mente e o coração talvez seja a função mais importante do estudo acadêmico, e assim o era na origem da ideia da universidade há cerca de oitocentos anos. Ser acadêmico nesse sentido não é ser "meramente acadêmico". É também despertar o poder da mente de pensar de um modo independente a respeito do mundo invisível dentro de nós mesmos e do mundo invisível atrás das aparências da natureza e do universo – ou seja, contemplar questões que são independentes das necessidades da nossa existência social física e corriqueira. Nessa acepção, as grandes ideias são como as estrelas vistas em uma noite sem lua longe da "poluição luminosa" das cidades do homem. Contemplar o céu estrelado é intuir a existência da lei cósmica imperceptível aos nossos sentidos físicos, e intuí-la por meio de uma capacidade da nossa psique que quase nunca é ativada no decurso do que é chamado de "vida real", mas que seria mais adequadamente denominada "a vida na superfície de nós mesmos". As grandes ideias são como um mundo vasto, um mundo solar, derramando a nossa invisível energia revigorante sobre o espaço interior da alma humana e, à semelhança dos mundos estrelados acima de nós, essas ideias nunca podem existir sozinhas, sendo sempre uma parte inextricável de uma galáxia, de uma comunidade cósmica ou de outros mundos solares de diferente magnitude, idade e magnificência.

Abrir a mente ao seu anseio intrínseco pela verdade pura, não obnubilada pela "poluição luminosa" de pensamentos que são um brinquedo de atrações e compulsões, é a missão fundamental que reside não apenas na essência da filosofia, mas também no âmago do que um dia foi honrosamente chamado de "educação liberal". Nesse sentido, e fundamentalmente nesse sentido, eu sinceramente desejaria que o meu trabalho com os alunos fosse "puramente acadêmico".

AS DUAS MORALIDADES

Pedi à turma que refletisse sobre o seguinte trecho das *Meditações*:

> Sem o entendimento da natureza do universo, o homem não pode saber onde se encontra: sem o entendimento do propósito da natureza, não pode saber o que ele é, e tampouco o que é o universo propriamente dito. Se uma dessas duas descobertas lhe for ocultada, ele não será capaz de fornecer uma razão para a sua própria existência. Então, o que devemos pensar de uma pessoa que se preocupa em buscar ou evitar o aplauso das multidões que gritam, quando ela não sabe nem quem ela é nem o que ela é?[29]

Comecei então a desenvolver a perspectiva estoica da natureza do universo.

"Para os filósofos da antiguidade", declarei, "para Pitágoras, Sócrates, Platão, Aristóteles e, na verdade, para quase todos os outros grandes pensadores até a nossa era moderna, era óbvio que o universo é um vasto organismo vivo permeado por uma inteligência consciente onipotente e onisciente. 'Pensem sempre no universo como um organismo vivo', escreve Marco Aurélio, 'como uma única substância e uma única alma; e observem como todas as coisas são submetidas à perceptividade única desse todo singular, todas são movidas pelo impulso único dele ... .'[30]

"De acordo com Marco Aurélio", prossegui, 'o que ele chamava de "perceptividade única' que permeia e governa o cosmos também foi colocada dentro da alma do homem a fim de permear e governar o seu corpo mortal em todas as suas funções e ações. Sem similar no mundo inteiro, o homem é a criatura dotada de uma porção individual da chama da atenção consciente que define o poder dos próprios deuses – ou seja, as forças e as leis inalteráveis que protegem e, em última análise, dirigem o mundo universal no qual todas as coisas adquirem vida, têm a sua existência e morrem. Somente as nossas ações que emanam direta e conscientemente dessa porção de perceptividade ou atenção que é colocada dentro de nós têm um significado supremo e uma força moral genuína na nossa vida. Por conseguinte, segundo Marco Aurélio e a tradição que ele representa, a finalidade da nossa vida precisa ser empenhar-nos sempre para possibilitar que essa chama imortal interior de atenção divina ilumine e norteie as nossas ações e intenções durante a totalidade da nossa vida mortal finita. Quase tudo nas *Meditações* deve ser entendido como exercícios destinados a apoiar a luta para que nos lembremos dessa chama interior e nos tornemos disponíveis à sua influência a cada dia."

A turma ficara excepcionalmente quieta, e tive o impulso de solicitar perguntas, mas decidi prosseguir.

"Assim sendo", disse eu, "existem na verdade duas moralidades: a moralidade da ação e a moralidade do esforço da atenção. Em outras palavras, o homem tem duas obrigações: a de desenvolver o seu eu interior e a de zelar pelos seus semelhantes. A primeira obrigação é, na linguagem religiosa convencional, a obrigação para com Deus; a segunda é a obrigação para com o homem. Entretanto, quando falamos da 'obrigação para com Deus', não estamos nos referindo exclusivamente a um Deus externo que está acima, e sim à existência da 'perceptividade' de Deus dentro de nós mesmos – Deus dentro de nós mesmos. Ela ainda é, em um sentido real, o ser de Deus, mas não é apenas extrínseco ao homem.

"A rigor, contudo, mesmo que fôssemos considerá-lo apenas um Deus externo, a mesma distinção é válida, pois ser capaz de obedecer livremente a um Deus, mesmo que exclusivamente externo, também requer o desenvolvimento de uma força consciente dentro de nós mesmos capaz de ver e se separar das ilusões e dos impulsos que arrastam o homem para o domínio do ego.

"Podemos, por conseguinte, generalizar falando da obrigação para com o Eu dentro de nós mesmos como a obrigação do homem de tornar-se um ser efetivamente capaz de praticar uma ação ética para com o seu semelhante livremente determinada pela sua própria vontade. Não podemos ser genuinamente morais sem o poder interior da atenção livre, que Marco Aurélio chama de a 'perceptividade' de Deus.

Essa noção das duas moralidades era, pelo menos em parte, o significado da ordem e da sequência dos Dez Mandamentos? Neles, Deus ordena ao homem acima de tudo: "não terás outros Deuses antes de mim"*; ou seja, a primeira obrigação do homem é para com Deus, e somente depois que essa é claramente anunciada, a segunda obrigação, o dever com relação ao homem – a proibição de praticar o assassinato, o adultério, de levantar falso testemunho – é apresentada.

Isso quer dizer o seguinte: é ordenado ao homem que se esforce para tornar-se um ser interiormente capaz de praticar a ação moral, e somente então lhe é ordenado que aja eticamente para com os seus semelhantes. A mesma dinâmica é expressa por Jesus: "Buscai primeiro o reino dos céus." O erro aparece – e é um erro humano com consequências monumentais na história do mundo – quando o primeiro mandamento é tratado meramente como uma questão de escolha imediata, como algo que o homem ou a mulher tem o poder de fazer. Em resultado desse erro, toda a energia "moral" do homem se concentra nos deveres para com o seu semelhante, e praticamente nenhum esforço é despendido no empenho de tornar-se interiormente um ser capaz de efetivamente obedecer aos mandamentos comunitários. O resultado é o colapso inevitável e terrível de todos os ideais morais tanto na vida coletiva quanto na vida individual da humanidade.

Dizer que somos moralmente obrigados a nos tornar seres capazes de praticar a ação moral – ou, usando a linguagem de Marco Aurélio, homens e mulheres em quem a "perceptividade de Deus" é a força ativa, governante – é portanto mais do que apenas uma frase inteligente. Essa perceptividade é o que estamos chamando de "chama divina de atenção".

Ao tentar, como fazemos, viver de acordo apenas com a moralidade comunitária – o fato de ela ser oriunda de fontes religiosas ou seculares de autoridade é irrelevante nesse caso – a nossa situação poderia ser comparada à seguinte imagem:

---

* Essa é a tradução literal do primeiro mandamento em inglês, "thou shalt have no other gods before me", e como está sendo apresentada em muitos sites evangélicos, que é mais apropriada ao contexto deste livro do que a versão original em português, "Amar a Deus sobre todas as coisas". Os sites evangélicos em geral usam a expressão *não terás outros deuses diante de mim*", traduzindo "before" por "diante" com o sentido de "na presença", mas não creio que seja essa a interpretação do autor, que claramente vê na palavra "before" a intenção de "precedência". (N. da trad.)

Imagine um professor, divino ou humano, ordenando que um grupo de homens e mulheres voem ao redor de uma sala. Imediatamente, todo o grupo começa obedientemente a correr em um grande círculo, agitando os braços para os lados. Alguns começam a imaginar fantasticamente que estão de fato voando e começam a se sentir eticamente puros e bons. Esses sãos os "redimidos", os "orgulhosos". Os outros, contudo, percebem claramente que não estão voando e, como resultado, sofrem o infinito tormento da culpa e do ódio por si mesmos.

Obviamente, nesse caso, o que foi perdido de vista foi a primeira obrigação e a pergunta: como criar asas?

O CLUBE DO LOG-OFF

Como se estivesse sendo chamado de um sonho, ouvi a voz de Octavio Zambrano me chamar suavemente do meio da segunda fila:

"Professor, posso fazer uma pergunta?"

"Claro, Octavio, por favor, faça", retruquei, dando a volta na mesa e encaminhando-me para ele. Era um prazer olhar para o sempre sorridente, um tanto frágil, Octavio Zambrano, de rosto moreno e sinceros olhos castanhos. E eu sempre ficava encantado pela maneira como ele se dirigia a mim – como é o hábito dos alunos mexicanos – por meio de uma única palavra, "professor", como se ela representasse todo o meu nome e identidade.

"Professor", disse ele, com discreta cortesia, "posso perguntar a respeito do exercício que o senhor sugeriu?"

"É claro", respondi.

Eu nada sabia a respeito dos antecedentes de Octavio, mas desde o início do semestre ficou óbvio que ele recentemente saíra da adolescência com modos singularmente refinados e uma forte sede de todo tipo de aprendizado, especialmente do estudo das ideias filosóficas.

"Não tentei fazer o exercício da televisão", disse ele, "porque não tenho um aparelho de televisão e também não fui ao cinema na semana passada. Mas tomei a liberdade de fazer o exercício com o computador porque acredito que o mesmo princípio esteja envolvido. Estou certo?"

Imediatamente, todos os olhares se voltaram para Octavio. Se os alunos fossem cães ou gatos, todas as orelhas teriam ficado em pé.

"Prossiga", disse eu.

"Bem, Professor. Foi muito estranho. Escolhi fazer a tentativa com o computador porque há bastante tempo tenho consciência de que o meu computador é como uma droga para mim. Depois que estou on-line, entro em uma espécie de zona intermediária. Horas podem se passar sem que eu esteja realmente consciente. E quando finalmente fico exausto e desligo o computador, tenho a sensação horrível de ter me desgastado..." Octavio fez uma pausa, lutando com o constrangimento. A sua pele morena ficara avermelhada.

As orelhas verticais dos cães e dos gastos estavam estremecendo.

"Fundamos um clube no dormitório com cerca de vinte pessoas, que se parece um pouco com um clube de doze passos, que chamamos de Clube do Log-off. Tentamos ajudar uns aos outros a romper o hábito que sentimos estar corroendo a nossa vida."

As minhas orelhas agora estavam trêmulas. Eu queria muito ouvir tudo que fosse possível a respeito desse clube. Mas estimulei Octavio a prosseguir.

"No decorrer da semana que se passou", acrescentou ele, "sempre que eu me sentava ao computador e pensava no exercício antes de me conectar, eu às vezes conseguia desligar o computador e depois ligá-lo de novo. Mas quando eu já estava online e a ideia do exercício me ocorria, desligar o computador era absolutamente impossível. E além de ser impossível, eu nunca nem mesmo notava que estava negligenciando o exercício. Quero dizer, de certo modo eu notava, mas – e é isto o que quero perguntar – eu tinha a estranha sensação de que apenas por pensar no exercício, eu de certa maneira conseguira fazê-lo! Parecia que, de certo modo, *valia tanto* quanto se eu o tivesse feito! Era como se pensar a respeito do exercício fosse tão vantajoso quanto efetivamente fazê-lo!"

Octavio agora estava transpirando. Quanto a mim, eu estava abismado com a importância do comentário e com a profundidade emocional da reação de Octavio ao exercício. Eu não previra que este último fosse promover a descoberta experimental desse fato a respeito de nós mesmos que é a base da hipocrisia que assedia a nossa vida, possibilitando que continuemos a trair repetidamente os nossos ideais éticos ao mesmo tempo que acreditamos estar fazendo o que é bom – ou, de qualquer modo, que estamos fazendo todo o possível.

Não enfatizei para Octavio, e nesse ponto não desejo fazê-lo, que a sinceridade com a qual ele registrou a impressão de enganar a si mesmo talvez fosse uma pista para o elemento ético genuíno contido nessa descoberta. Pelo menos esse era o caso enquanto essa sinceridade transparente, ou pureza de atenção, não dava imediatamente lugar, como acontece com tanta frequência, à dolorosa insinceridade da culpa, com as suas promessas tranquilizadoras de se sair melhor, ou a auto-justificativa que revigora o ego – duas reações que impedem a assimilação desse precioso fragmento de autoconhecimento. Eu tinha a esperança de que, mais tarde, haveria a oportunidade de explorar esse ponto extremamente importante.

Mas nesse momento eu não queria que nada distraísse Octavio, ou qualquer um de nós que estivesse presente na sala, do que fora visto como um resultado dessa tentativa, por intermédio de um pequeno, modesto e inofensivo exercício, transpor o limiar socrático.

·· Capítulo Nove ··

A TRAGÉDIA DA ATENÇÃO

O QUE É O MAL? E POR QUE O MAL EXISTE?

Mas Octavio continuou a me surpreender. "Professor", disse ele, depois de se acalmar. Em seguida, após uma longa pausa na qual a palavra "Professor" pareceu flutuar imóvel sobre a sua cabeça, ele prosseguiu: "Professor, não foi exatamente isso que vimos naquele filme duas semanas atrás?"

Octavio estava se referindo ao registro filmado da clássica experiência do psicólogo Stanley Milgram – alguns a chamam de abominável – sobre a obediência e a autoridade realizada na Yale University no verão de 1961. A experiência e o que ela pareceu revelar a respeito da natureza humana foi tão perturbadora e assombrosa que, desde então, tornou-se um tema de estudo e debate para um sem-número de alunos de psicologia e sociologia, bem como para muitos filósofos e teólogos.

Tendo sido realizada como uma consequência imediata do julgamento de Adolf Eichmann que teve lugar em Jerusalém em 1961, a experiência de Milgram pareceu revelar uma terrível tendência nas pessoas de violar os princípios mais fundamentais da moralidade quando isso lhes é ordenado por alguém em uma posição de autoridade, assim como, no julgamento, Eichmann afirmou estar simplesmente "seguindo ordens" quando participou do massacre metódico de milhões de homens, mulheres e crianças nos campos de concentração da Alemanha nazista. A experiência de Milgram tem sido um elemento fundamental nos debates sobre o bem e o mal, e a fragilidade da moralidade humana, especialmente no que diz respeito ao que Milgram chamou de "os riscos da obediência".

No entanto, um aspecto crucial da experiência, como é mostrado no filme, foi analisado apenas de um modo limitado. Foi esse aspecto da natureza humana vividamente demonstrado que exibi do filme para todas as turmas de filosofia nas quais lecionei sempre que surgia a pergunta: o que é o mal e por que o mal existe?

E Octavio estava se referindo exatamente a esse elemento do filme. A fim de explicar o que é esse aspecto e por que ele é tão importante, é preciso ter primeiro uma imagem clara da concepção da experiência e dos seus resultados. Eis uma descrição dela, baseada no relato do próprio Milgram.[31]

O ambiente é um laboratório de psicologia na Yale University. Dois voluntários estão presentes para participar do que está sendo chamado de pesquisa sobre a memória e o aprendizado. Um deles é escolhido como "professor" e o outro chamado de "aprendiz". É dito a eles que a experiência envolve o efeito da punição sobre a capacidade de aprender e recordar. A pessoa que será o "aprendiz" é conduzida a uma sala à prova de som e lhe pedem que se sente no que parece ser uma espécie de cadeira elétrica. Os seus braços são então amarrados e imobilizados, e um eletrodo é preso ao seu pulso.

Nesse ponto do filme, uma leve exclamação de horror frequentemente se propaga pela turma. No entanto, todos entendem que se trata de um respeitável experimento científico e que, portanto, ninguém realmente será ferido.

O aprendiz, amarrado à cadeira elétrica, é informado que uma lista de simples pares de palavras será lida para ele através do microfone/alto-falante. O objetivo, segundo lhe dizem, é testar a sua capacidade de se lembrar da segunda palavra de um determinado par quando a primeira for lida novamente. O pesquisador diz ao aprendiz que sempre que ele cometer um erro, receberá choques elétricos com uma crescente intensidade. Tanto o "professor" quando o "aprendiz" são informados que "embora os choques possam ser dolorosos, não são perigosos".

Nesse ponto, os alunos da turma começam a balançar a cabeça e a franzir a testa.

Depois de observar o aprendiz ser amarrado na cadeira, e ouvir as instruções que lhe são passadas, o professor é colocado diante de um impressionante gerador de choques. O professor, é claro, não sabe que todo o experimento está montado para estudar a sua reação e ele próprio, e que o aprendiz é totalmente irrelevante para os resultados. Na verdade, este último não irá receber nenhum choque.

O painel de instrumentos consiste em trinta interruptores dispostos na horizontal e que estão rotulados com números que designam voltagens em uma amplitude de 15 a 450 volts. Esses interruptores estão claramente agrupados de acordo com a seguinte classificação, da esquerda para a direita: CHOQUE LEVE, CHOQUE MODERADO, CHOQUE FORTE, CHOQUE MUITO FORTE, CHOQUE INTENSO, CHOQUE EXTREMAMENTE INTENSO, E PERIGO: CHOQUE VIOLENTO. Depois deste último, dois interruptores estão sinistramente marcados com XXX.

Quando eu exibira o filme duas semanas antes, muitos alunos começaram a se contorcer na cadeira quando o rótulo das voltagens começou a aparecer na tela. Alguns deram risinhos nervosos.

O pesquisador – que veste um jaleco branco de laboratório que lhe confere parte da sua autoridade – demonstra que quando um interruptor é pressionado, uma luz-piloto correspondente, separada, se acende, ouve-se um zumbido elétrico e o indicador no medidor de voltagem oscila para a direita.

A câmera também mostra que no canto superior esquerdo do gerador há um rótulo que diz: GERADOR DE CHOQUES, TIPO ZLB, DYSON INSTRUMENT COMPANY, WALTHAM, MASS., SAÍDA 15 VOLTS – 450 VOLTS.

Antes que a experiência tenha início, para reforçar a confiança na autenticidade da máquina, tanto o "professor" quanto o "aprendiz" recebem uma amostra de um choque de 45 volts do gerador.

É realizada então uma determinação aleatória para definir quem será o "professor" e quem será o "aprendiz". Na verdade, como nós, espectadores, logo descobrimos, o processo de seleção é manipulado. O homem que será a vítima – o "aprendiz" – é na verdade um ator. O outro, que será o "professor" – que aplicará os choques – é um voluntário que realmente não sabe de nada e que veio ao laboratório acreditando sinceramente que está participando de uma experiência científica objetiva, pelo que será paga uma modesta quantia por hora. Mas na verdade, o ator que desempenha o papel do aprendiz não irá receber nenhum choque. A máquina é falsa, por mais real que possa parecer para o "professor".

O objetivo da experiência é examinar até onde alguém irá quando uma pessoa em uma posição de autoridade lhe ordenar que aplique um sofrimento cada vez maior a uma vítima indefesa que está se queixando.

No filme, o ator que desempenha o papel do aprendiz é um homem corpulento e despretensioso, de meia-idade, que veste um terno conservador e se chama "sr. Wallace". Pouco antes de a experiência começar, o sr. Wallace informa ao pesquisador de jaleco branco que alguns anos antes ele fora diagnosticado com um problema crônico no coração. O pesquisador garante ao sr. Wallace que a experiência não oferece nenhum perigo, mas esse pequeno fato informado espontaneamente terá uma função importante no drama que irá se desenrolar.

Quando a experiência tem início, o narrador do filme explica que "fora solicitado a trinta psiquiatras de uma importante escola de medicina que prognosticassem o desempenho de cem voluntários hipotéticos. Eles previram que apenas pouco mais de um décimo de um por cento aplicaria o choque mais violento do painel. *No entanto, na verdade, cinquenta por cento dos voluntários obedeceram plenamente às ordens*".

Assistimos então partes de várias sessões de "aprendizado", cada uma com um professor diferente. Os professores pertencem a várias categorias sociais e profissionais, que vão de executivos de grandes empresas a operários. No entanto, em todos os casos, o conflito surge no momento em que o aprendiz começa a demonstrar que está sendo incomodado. Alguns professores param mais cedo, outros mais tarde.

Mas estamos agora assistindo à interação entre professor e aprendiz que Milgram escolheu como a sequência culminante no filme. E é aqui que o segredo do bem e do mal humanos – que poderíamos chamar de *a tragédia da atenção* – começa a aparecer mais distintamente.

A ANGÚSTIA DE FRED PROZI

Somos informados que o sr. Prozi está "com cerca de 50 anos e desempregado na ocasião da experiência". Com o cabelo grisalho cortado rente, uma compleição robusta e vestindo uma camisa polo branca de mangas curtas, "ele tem uma aparência agradável, embora um pouco dissoluta". Não existe nada incrível ou extraordinário a respeito do sr. Prozi. Ele é alguém que conhecemos, alguém com quem já lidamos, já nos sentamos ao lado dele em um bar ou vagão-restaurante, brincamos com ele em uma reunião familiar, pedimos uma escada emprestada a ele ou o chamamos para consertar uma torneira que estava pingando.

Depois de o aprendiz ter tempo para "estudar" a lista de pares de palavras e a lista ser levada embora, o sr. Prozi, com uma atitude angelical de colaboração, começa o teste. Quando o aprendiz começa a reagir com resmungos de desconforto quando supostamente recebe um choque de 70 volts, o sr. Prozi funga e dá pequenos risinhos nervosos. Entretanto, ele prossegue corajosamente enquanto os choques aumentam de intensidade a cada erro cometido pelo aprendiz. Quando os choques chegam a 150 volts, o aprendiz começa a gritar e exige que o soltem. O sr. Prozi agora vira a cabeça na direção do pesquisador e sussurra queixosamente: "Ele está se recusando a continuar... ." O pesquisador friamente retruca: "A experiência requer que o senhor prossiga."

Com um olhar de perplexa aquiescência, o bondoso sr. Prozi prossegue. Cada vez que uma resposta errada é dada, a voltagem é aumentada e o aprendiz grita cada vez mais alto: "Deixe-me sair daqui! Deixe-me sair daqui! Eu me recuso a continuar!" Progressivamente atormentado, o sr. Prozi vira repetidamente o rosto na direção do pesquisador, com o cotovelo direito apoiado na mesa diante dele, perto do gerador de choques, e a mão direita paralisada, com a palma voltada para cima, em um gesto indefeso dirigido para o compartimento onde o aprendiz está amarrado à sua "cadeira elétrica". E repetidamente o pesquisador simplesmente responde com frases indiferentes como "Quer o aprendiz goste ou não, a experiência requer que o senhor prossiga".

Os meus alunos não conseguem compreender o que estão vendo. Parecem tão paralisados quanto o pobre sr. Prozi.

O sr. Prozi continua. Depois de suspirar alto e balançar a cabeça, ele pronuncia a palavra seguinte e as quatro alternativas, das quais só uma equivale à resposta correta. A palavra é "afiado". Devagar e nitidamente, ele declara as alternativas, claramente ansioso para que o aprendiz dê a resposta certa e evite o choque seguinte:

"A – a – afiado", diz o sr. Prozi, gaguejando nervosamente. Em seguida, declara enfaticamente:

"*Machado!*

"*Agulha!*

"*Vara!*

"*Lâmina!*"

"Responda, por favor."

Ouvimos um zumbido duradouro enquanto o aprendiz pressiona o botão indicando a sua resposta. O que está acontecendo com o aprendiz?

O zumbido continua por bastante tempo e, finalmente, quando pára, o sr. Prozi exclama, desesperado:

"Errado!" Ele se vira novamente para o pesquisador. "O choque agora será de 180 volts!"

"Por favor, prossiga, Professor!"

Prozi diz para o aprendiz (cujo nome, agora sabemos, é Neal): "Neal, você vai levar um choque de 180 volts!" E quando o sr. Prozi pressiona o interruptor, e ouve-se o zumbido que indica que o choque está sendo aplicado, o aprendiz grita do compartimento:

"Não consigo suportar a dor! Deixem-me sair daqui! Quero sair daqui!"

Isso é demais para o sr. Prozi. Em uma atitude de desafio, ele gira a cadeira e fica de frente para o pesquisador. "Não consigo aguentar mais", diz ele. "Não vou matar aquele homem. O senhor não o ouviu gritar?"

Mas o pesquisador mostra-se inflexível. "Como eu já disse antes, os choques podem ser dolorosos, mas ... ."

Os meus alunos estão sentados na beirada da cadeira, torcendo interiormente para o bondoso sr. Prozi.

"Mas ele está berrando!", exclama o sr. Prozi. "Ele não está conseguindo suportar os choques. O que vai acontecer com ele?"

E de repente todo mundo percebe que a atitude de desafio do sr. Prozi está desaparecendo. Pacientemente, em um tom casual, o pesquisador lembra ao professor o seu papel de professor, a sua tarefa, a sua missão: "A experiência requer que o senhor continue, Professor."

Recorrendo ao seu último resquício de independência, o sr. Prozi se queixa: "Ahh, não vou fazer o homem ficar doente ali dentro, entende o que estou dizendo?"

O pesquisador permanece calmo e implacável. "Quer o aprendiz goste ou não do que está acontecendo, precisamos continuar até esgotar todos os pares de palavras."

O sr. Prozi o interrompe categoricamente, e a turma está pronta para aplaudir. Mas não é o que acontece. Eis o que o sr. Prozi diz: "Recuso-me a assumir a responsabilidade. Ele está gritando lá dentro!"

Tudo bem, talvez essa seja a maneira de o bom homem enfrentar o pesquisador.

"É absolutamente necessário que o senhor continue, Professor!"

E nesse ponto, quando a turma mais tarde relata os seus sentimentos, o sr. Prozi escorrega para debaixo das ondas, por assim dizer, e submete a sua vontade. Indicando as questões restantes com a mão esquerda, ele diz, com a voz fraca e triste: "Faltam muitas, quero dizer, puxa, se ele errar, faltam tantas, quero dizer, quem vai assumir a responsabilidade se acontecer alguma coisa com esse cavalheiro?"

"Se acontecer qualquer coisa a ele, a responsabilidade é minha", responde o pesquisador. "Prossiga, por favor!"

E assim a sessão prossegue... ininterruptamente: 195 volts: "Deixem-me sair daqui! O meu coração está me incomodando! Eu quero sair! Vocês não têm o direito de me manter aqui! Quero sair, estou sentindo uma coisa estranha no coração, quero sair! Quero sair!" – 210 volts, 225 volts, 240 volts, 270 volts – o sr. Wallace grita, geme e depois berra angustiado: "Deixe-me sair! Quero sair! Tire-me daqui! Tire-me daqui!"

E o pesquisador diz: "Continue ... . Continue."

E o sr. Prozi, cabisbaixo, diante da máquina, olha repetidamente para o pesquisador, resmungando: "Eu me recuso a assumir a responsabilidade – o homem está gritando, o homem está sofrendo..." ao mesmo tempo que obedientemente pressiona interruptor após interruptor. Até...

Até que nenhuma resposta, nenhum som vem do compartimento. Nada. Silêncio. Um silêncio sombrio.

A turma também está silenciosa como um túmulo.

Sr. Prozi: "Não creio que ele vá responder."

O pesquisador retruca: "Se o aprendiz não responder em um intervalo de tempo razoável... considere a resposta errada. Diga: 'Errado', informe a ele o número de volts, aplique a punição e leia para ele a resposta correta. Prossiga, por favor."

E assim a experiência continuou, ininterruptamente. Em um determinado momento, o sr. Prozi suplica ao pesquisador: "O senhor não pode ir verificar se ele está bem, por favor?" O pesquisador, uma vez mais, responde friamente: "Não depois de termos começado. Por favor, continue, Professor."

O sr. Prozi obedece, suspirando profundamente. "Responda por favor", pede, dirigindo-se ao aprendiz. "Você está bem aí? Você está bem?" Ele gira novamente a cadeira e se dirige ao pesquisador. "Alguma coisa aconteceu àquele homem. É melhor o senhor ir dar uma olhada. Ele não responde e nem faz nada."

"Continue. Prossiga, por favor."

"O senhor aceita a responsabilidade?"

"Exatamente. A responsabilidade é minha. Por favor, prossiga."

E o sr. Prozi prossegue. Como nada além de um silêncio mortal vem do compartimento, ele rapidamente chega ao fim, 450 volts. Ele suspira e pára.

Mas ainda não acabou, ainda não acabou. "Continue a pressionar o interruptor de 450 volts para cada resposta errada. Prossiga, por favor."

Diante disso os alunos explodem. "Pelo amor de Deus!", grita alguém na sala pouco iluminada. "Cruzes", diz outro. "Não consigo acreditar!", exclama um terceiro.

Mas todo mundo se cala novamente quando o sr. Prozi fala:

"Mas não estou recebendo nenhuma informação! E se ele estiver morto ali dentro? Quero dizer, ele me disse que não consegue aguentar o choque, senhor. Não estou querendo ser rude [gemidos de protesto na sala], mas acho que o senhor deveria dar uma espiada nele. Tudo que o senhor precisa fazer é dar uma olhada nele. Espiar pela porta. Não estou ouvindo nenhuma resposta, nenhum barulho. Alguma coisa pode ter acontecido ao homem que está lá dentro, senhor."

Pesquisador: "Precisamos continuar. Prossiga, por favor."

E o sr. Prozi obedece, aplicando violentamente o choque máximo de 450 graus, vezes sem conta, em um homem possivelmente morto ou agonizante, que ele não consegue ver, amarrado em uma cadeira elétrica do outro lado da parede.

E somente então a sessão é interrompida. Outra voz se faz ouvir – aparentemente outro psicólogo entrou na sala – dizendo: "Desculpeme, Professor, mas vamos ter que suspender a experiência."

O SEMBLANTE DE FRED PROZI

Com frequência acendo as luzes e faço uma pausa no filme nesse ponto, pedindo à turma que reflita sobre o que viram. Às vezes discutimos a ética da experiência propriamente dita, e a dor psicológica que é obviamente sentida pela pessoa que desempenha o papel do "professor". Ou então, especialmente quando há na turma graduados com especialização em psicologia, às vezes criticamos o modelo da experiência, querendo saber, por exemplo, se subliminarmente o professor sente que o aprendiz é na verdade um cúmplice. Mas o efeito esmagador na turma é invariavelmente a terrível questão de o que eles próprios teriam feito se tivessem sido o professor. "Como isso é possível?", perguntam. Para muitos deles, e talvez para qualquer um de nós, a questão na verdade é a seguinte: é possível que nós pudéssemos renunciar tão facilmente à nossa humanidade?

Essas cenas e esse aspecto da experiência levaram essa questão a um sem-número de alunos e professores de psicologia e ciências sociais. Entretanto, na verdade, é a sequência seguinte do filme – que em geral é relativamente pouco examinada – que contém as pistas mais importantes para o mistério e a tragédia da dimensão ética da nossa vida. Faço uma pausa no filme, principalmente a fim de preparar os alunos para as cenas seguintes.

E foi o que aconteceu nesse caso particular. Em seguida, escureci a sala, e antes de reativar o vídeo, disse o seguinte à turma:

"Prestem bastante atenção ao que vai acontecer agora. Primeiro, eles irão interrogar o sr. Prozi para verificar como foi a experiência dele na sessão, depois irão explicar que os choques não eram verdadeiros e, por último, vão trazer à presença do sr. Prozi um robusto e saudável 'sr. Wallace', para mostrar que ele não sofreu nenhum dano. Em seguida, todos vão bater um papo descontraído para que o sr. Prozi possa recuperar um pouco de dignidade. Observem o sr. Prozi atentamente e prestem bastante atenção ao que lhe perguntarem. Observem não apenas o que ele diz, mas também o que ele *é*."

Volto a passar o filme. Fora do alcance da câmera, a nova voz declara: "Eu gostaria de lhe fazer algumas perguntas, se possível." O sr. Prozi virou a cadeira na direção das duas pessoas de quem só ouvimos a voz, o pesquisador e o psicólogo que aparentemente acabam de entrar no laboratório. A expressão do sr. Prozi está sombria. O que ele está sentindo? Que inferno ele acaba de suportar? Será que ele vai soltar os cachorros se tiver uma chance, por menor que seja?

A nova voz diz: "Eu gostaria de lhe perguntar como está se sentindo neste momento."

Vamos lá, sr. Prozi! Manda ver!

Mas não:

Sem modificar a expressão sombria, o sr. Prozi responde como se estivesse surpreso diante da insinuação que deveria estar sentindo alguma coisa fora do comum.

"*Eu* estou me sentindo bem, mas não gosto do que aconteceu ao homem lá dentro. Ele estava gritando e, ahn?, nós continuamos a lhe aplicar os choques; não gosto nem um pouco disso. Quero dizer, ele queria sair e nós continuamos a aplicar nele 450 volts; não gostei disso. Ele [referindo-se ao pesquisador] recusou-se até mesmo a ir dar uma olhada no homem!"

"Mas", continuou a voz, "quem estava efetivamente acionando o interruptor?"

"*Eu* estava", responde o sr. Prozi de uma maneira rápida e casual, "mas ele continuou a insistir. Eu lhe disse que não queria, mas ele disse que eu tinha que continuar. Eu disse que estava na hora de parar quando chegamos a 195 e 210 volts."

"Então por que você simplesmente não parou?"

"Ele *não deixou*", replica o sr. Prozi, levantando a voz, "eu *queria* parar! Insisti o tempo todo para que parássemos, mas ele disse não! Eu lhe disse também que fosse dar uma olhada no homem, mas ele se recusou!"

Um momento de silêncio. A câmera se aproxima do rosto do sr. Prozi. Procuramos em vão algum sinal de remorso. Tampouco existe o menor indício de que ele esteja ocultando alguma coisa do inquiridor *ou de si mesmo.*

"Analisem o semblante dele!", exclamo para a turma.

A voz começa agora a explicar o que realmente estava acontecendo. "Na verdade", diz a voz, "os choques não eram nem um pouco perigosos..."

Mas o sr. Prozi não parece registrar o que acaba de lhe ser dito.

"Não ouvi mais respostas do homem, quero dizer que acho que ele deveria ter ido dar uma olhada, mas ele não quis!"

"Mas responda-me uma coisa", diz a voz. "Existe alguma coisa que o sr. Wallace poderia ter dito que o teria feito parar?"

O sr. Prozi não parece realmente assimilar a pergunta. Ele faz uma pausa por um momento e murmura: "Ahn?, a única coisa que ouvi foi que os choques não foram realmente muito ruins."

Mas a voz repete a pergunta. "Existe alguma coisa que o sr. Wallace poderia ter dito que o teria feito parar?"

O sr. Prozi olha inexpressivamente para o inquiridor.

"Olhem para ele!", grito para a sala pouco iluminada. "Olhem para ele! *Ele não consegue ouvir a pergunta!* Não consegue deixar a pergunta entrar! Não consegue dar permissão a si mesmo para entendê-la! Olhem! Observem! *Este é o momento mais importante de toda a experiência!*"

Perplexo, o sr. Prozi meramente repete as palavras: "Alguma coisa que ele poderia ter dito que me teria feito parar?"

O sr. Prozi está tentando, em vão, entender a pergunta.

Exclamo novamente: *"Ele não consegue deixá-la entrar!"*

"Não", replica ele debilmente, sem realmente responder à pergunta porque é incapaz de compreendê-la!

"Por quê?", indaga a voz.

O sr. Prozi está agora mordendo o lábio inferior. "Ele não disse nada a respeito de me fazer parar."

Está claro para o inquiridor que o sr. Prozi não está entendendo a pergunta. "Não", diz ele, "estou perguntando se existe alguma coisa que o sr. Wallace *poderia* ter dito que teria feito você parar não importa o que o pesquisador lhe dissesse."

Um longo silêncio. O sr. Prozi está tentando mas não está conseguindo entender o simples significado da pergunta.

"Bem", responde, "imaginei que, ahn?, a voltagem era muito elevada – eu queria parar, mas ele continuava a insistir para que eu não parasse. Quero dizer, o homem lá dentro estava gritando: 'Não quero fazer isso! Quero sair daqui! Quero sair daqui!'"

"Por que o senhor não parou de qualquer maneira?"

Agora o sr. Prozi grita para o inquiridor:

"Eu parei! – mas ele me disse para continuar!"

E agora eu estou gritando para a classe: *"Ele não consegue deixá-la entrar!"*

A voz pergunta: "Por que o senhor simplesmente não desprezou o que ele disse?"

"Ele disse que eu tinha que continuar, *que a experiência tinha que continuar!*"

NA ESSÊNCIA DO QUE CHAMAMOS DE ÉTICA

Faço nova pausa no filme, dessa vez sem acender as luzes.

"A conversa agora está dando voltas", declaro, ouvindo a minha própria voz no escuro. "O sr. Prozi não entenderá, *não conseguirá* se permitir entender o que estão lhe perguntando. Vocês jamais verão em outro lugar uma demonstração mais clara de autodissimulação, o tipo de escudo que nos impede de enxergar as nossas próprias contradições, que impede a nossa atenção de penetrar profundamente e chegar à verdade a respeito de nós mesmos. E por quê? É fácil demais dizer que não queremos enxergar a nós mesmos. É claro que isso é verdade, mas não é uma explicação; é apenas um resultado de algo muito mais orgânico, muito mais profundo a respeito da condição humana. A atenção do sr. Prozi não tem força suficiente para penetrar na verdade e receber verdadeiras impressões das suas contradições morais. Ele não poderia fazê-lo nem mesmo se o desejasse. Não é apenas uma questão de o que o sr. Wallace poderia ter dito. Não há nada que o próprio inquiridor possa dizer a respeito da verdadeira natureza da experiência que possibilitará que o sr. Prozi receba essas impressões de si mesmo. Caso ele percebesse essas contradições, a sua consciência laceraria o seu coração. Uma espécie de mecanismo orgânico, psicológico, o está 'protegendo' da consciência. Exatamente como protege a todos nós!"

"Mas por que é assim, Professor?", indaga uma voz – a de Octavio – na escuridão.

De algum modo, talvez por eu não conseguir ver claramente ninguém, continuo a falar numa espécie de tom semioracular.

"Essa é a tragédia da atenção. A questão é como vir a desejar ver a nós mesmos dessa maneira, a desejar ouvir a voz da consciência. A verdadeira consciência, não o superego socialmente condicionado! A verdadeira consciência que existe dentro de todo ser humano. Para isso, talvez seja necessário um poder de atenção inteiramente novo que só surgirá se sinceramente o desejarmos. A atenção não pode ser imposta ao homem – eu acho que essa é a lei que governa esse poder exclusivamente humano, o poder de prestar atenção, de estar consciente, de ver o que está bem à nossa frente. A atenção segue o desejo ou a vontade. Ela aparece quando a desejamos profundamente, quando sentimos a necessidade. A questão é como vir a ter esse desejo, essa necessidade, na nossa vida moral."

Eu me contenho e faço uma pausa para respirar. Prometo a mim mesmo voltar a essa questão totalmente desconhecida e incrivelmente fundamental situada na essência de tudo o que chamamos de ética e a verdadeira prática do que é bom.

"Agora observem o que acontece quando a autoimagem do sr. Prozi é restaurada", acrescento enquanto volto a passar o filme.

A RECONSTITUIÇÃO DO SR. PROZI

A voz diz para o sr. Prozi: "Vou lhe contar algumas coisas a respeito da experiência."

O sr. Prozi agora está sentado em silêncio, imobilizado, com o rosto dominado por uma tristeza sombria, talvez com uma sugestão de náusea.

"O senhor está um pouco perturbado?", pergunta a voz.

Nesse ponto, o sr. Prozi se anima, embora o seu semblante retenha a tristeza e a sugestão de náusea.

"Bem, quero dizer que eu estou *preocupado* com o homem lá dentro!" O sr. Prozi está preocupado – não consigo mesmo, mas com "o homem lá dentro".

A voz o interrompe. "Vou lhe dizer primeiro que esta não é basicamente uma experiência sobre a memória e o aprendizado, e sim uma experiência na qual estamos examinando a sua reação ao receber ordens. E o sr. Williams (o nome do pesquisador) lhe deu as ordens como previsto."

O sr. Prozi distraidamente tirou um cigarro do bolso e colocou-o entre os lábios. O cigarro fica pendurado, apagado, enquanto ele procura um fósforo, fitando a voz com uma espécie de intensidade crescente, vazia e embotada.

E agora o desfecho. "Prestem atenção agora", recomendo à turma.

A voz diz: "O homem dentro do compartimento não estava na verdade recebendo choques."

O sr. Prozi fica olhando fixamente para a voz, perplexo.

A voz repete: "Ele não estava recebendo nenhum choque."

O sr. Prozi continua a olhar, com os lábios começando a tremer. O cigarro branco continua a pender apagado.

"O senhor quer dizer", diz finalmente o sr. Prozi, "que ele não estava recebendo *nada?*"

"Ele faz parte da representação", replica a voz.

O semblante do sr. Prozi se ilumina. O seu corpo assume repentinamente uma postura familiar, ele acende, confiante, o cigarro, sorrindo como uma criança, aponta para o compartimento e, em seguida, faz uma declaração, que deixa os alunos perplexos:

"Bem, estou feliz por ouvir *isso!* Quero dizer, eu estava ficando irritado! Estava me preparando para dar o fora!" É claro que isso é uma mentira; o sr. Prozi teria continuado a aplicar choques de 450 volts em um homem possivelmente morto, dia e noite, se assim lhe tivesse sido ordenado. Mas agora cabe aos psicólogos restabelecer as convicções do sr. Prozi a respeito da sua moralidade.

"A experiência foi configurada para ver como o senhor reagiria ao receber ordens", declara a voz, acrescentando em seguida, pseudo-objetivamente: "O senhor pareceu bastante relutante em continuar; na verdade, em várias ocasiões, afirmou não desejar continuar."

"Bem, eu estava *preocupado* com o outro homem, senhor."

Ao que a voz replica, ajudando o sr. Prozi a proteger a sua auto-imagem:

"Algumas pessoas na verdade teriam prosseguido alegremente."

"Não importa o que acontecesse!", exclama desdenhosamente o sr. Prozi.

"Não importa o que acontecesse."

"Bem... quero dizer, talvez em outras situações, nas quais uma vida humana não estivesse envolvida, eu fosse capaz de continuar, mas não consegui entender a razão..."

E assim a conversa prossegue, a voz respeitosamente solicitando as opiniões ponderadas do sr. Prozi a respeito da ética da obediência em várias situações. Finalmente, a voz diz o seguinte: "Por que não o apresentamos ao sr. Wallace? Ele é na verdade funcionário do projeto." O sr. Wallace entra então na sala, recuperado da cadeira elétrica, vestindo um terno escuro e sorrindo calorosamente para o seu antigo "professor", que obedientemente aplicou os choques fatais apesar de todos os seus gritos e protestos. O sr. Prozi está quase fora de si de tanta alegria. "Bem, Deus o abençoe", diz ele, "você tinha me deixado nervoso!"

"Está se sentindo melhor agora?", pergunta, sorridente, o sr. Wallace.

"Com certeza! Achei que você tinha morrido lá dentro!" Todo mundo está rindo. Finalmente, a voz diz: "Agora que você já sabe tudo sobre a experiência... como se sente por ter estado aqui?" O sr. Prozi termina dizendo: "... Eu estava prestes a ir embora – mas eu devia ter sabido que vocês não colocariam em risco uma vida humana..." Mais risos e bons sentimentos. A reconstituição do sr. Prozi está concluída.

⁕ *Capítulo Dez* ⁕

DESPERTANDO PARA A ESCURIDÃO ou O SIGNIFICADO DO SILÊNCIO

O sr. Prozi é apenas um homem moralmente fraco? Ou ele está em cada um de nós?

Algum de nós é capaz de sinceramente acreditar que não se comportaria da mesma maneira na presença de determinadas condições? No caso do sr. Prozi, as condições consistiam, entre outros fatores, em um laboratório de uma prestigiosa universidade aliado às instruções de um taciturno pesquisador científico de jaleco branco. A subjetividade do sr. Prozi era tal que a sua suscetibilidade moral foi esmagada por esses símbolos de autoridade. É claro que para outras pessoas esses fatores específicos poderiam não ter o mesmo poder. Esse tipo de influência não exerce um efeito idêntico em todas as pessoas.

Não obstante, considerando-se uma mudança nas condições externas que transmitem influências superficialmente diferentes, mas, de acordo com a subjetividade de cada um, possuem o mesmo poder emocional, podemos realmente ter certeza de que também não trairíamos alguns dos ideais morais da humanidade? De fato, o filme de Milgram mostra voluntários que se recusaram a ir tão longe quanto o sr. Prozi, inclusive alguns que desafiaram o pesquisador aos primeiros sinais de mal-estar do aprendiz. Mas como teriam eles – ou qualquer um de nós – se comportado se o contexto não tivesse sido "científico" e sim, digamos, "religioso", "patriótico" ou "comercial", ou envolvesse qualquer uma das combinações das inúmeras e variadas influências que, nas palavras de Marco Aurélio, nos conduzem de um lado para o outro como fantoches em uma corda, como o sexo, a cobiça do poder, a "pressão dos colegas" em suas inúmeras formas, a "autoimagem", etc., etc.? Analisando a situação sob esse aspecto, não somos todos mais ou menos igualmente fracos, dependendo apenas de quais circuitos subjetivamente formados são ativados?

Essa conclusão, a respeito da própria fraqueza moral individual de cada pessoa e de toda a humanidade, obceca quase todos os que assistem a esse filme, da mesma maneira que, em um nível bem mais profundo, obcecou os milhares de pessoas que acompanharam o julgamento de Adolf Eichmann em 1961 e ouviram o homem aparentemente "comum" declarar que estava apenas seguindo ordens quando planejou o assassinato de centenas de milhares de homens, mulheres e crianças em Auschwitz. E essa conclusão também reflete os ensinamentos das religiões do mundo quando afirmam que toda a humanidade, *sem exceção,* se perdeu e está condenada, seja devido à "desobediência" deliberada aos divinos Mandamentos ou à "ignorância" intencional da Realidade e do Bem.

Poderia haver no mundo uma questão mais premente e imperiosa do que essa? A mente fica atordoada, o coração fica paralisado quando tentamos compreender a profundidade e amplitude da maldade humana em toda a extensão do tempo e da cultura. O simples fato de sentir – de ver, sentir e sentir plenamente – mesmo que um único exemplo da crueldade humana, uma ocorrência, digamos, em que uma criança inocente é assassinada diante da mãe, um homem altivo é despido, espancado e escravizado pelo resto da vida, uma mulher é friamente desonrada e repetidamente brutalizada – de sentir e perceber plenamente esses atos serem perpetrados não por um louco, mas com a "sanção" da guerra, das "normas", da "honra" ou "da religiosidade" – é suficiente para nos fazer baixar a cabeça e questionar tudo que sa-

DESPERTANDO PARA A ESCURIDÃO 181

bemos a respeito da natureza humana e sobre nós mesmos. Mas sentir e perceber que esses crimes, e outros muito piores, foram cometidos aos milhares, aos milhões, em toda a história do mundo; sentir e perceber isso, sentir e perceber que em algum lugar, neste exato momento, esses crimes estão acontecendo em algum lugar do mundo, em um local talvez muito próximo..., em que estado de alma isso nos colocaria? Algum de nós conseguiria suportá-lo?

Mas sejamos bem claros. Não é a universalidade da depravação humana que está em questão aqui. Não é a desumanidade do homem para com o homem que precisa ser confrontada nessa experiência, na qual o homem comum é artificialmente induzido a aparentemente cometer a violência contra outro homem. A principal questão é a efetiva *incapacidade* do sr. Prozi de sentir o que ele estava fazendo quando neutralizou os gritos do "aprendiz".

Para ser mais exato, o que está em questão é a incapacidade do sr. Prozi de enxergar e sentir que é *ele* que está acionando os interruptores, apenas *ele* – não é o psicólogo, não é a universidade, não é a ciência, mas sim ele, John Prozi, o homem que diz "eu" quando fala.

Mesmo no final da experiência, quando finalmente recebe a ordem de parar, e quando lhe dizem que nenhum choque foi realmente aplicado, mesmo então ele é incapaz de perceber a realidade do que fez. Ele literalmente não consegue *escutar* o psicólogo lhe perguntar se havia alguma coisa que poderia tê-lo feito parar de acionar os interruptores. Não pode se permitir compreender a pergunta quando ela é enfaticamente repetida. Apenas fica olhando inexpressivamente para a frente enquanto as palavras passam por ele: "Estou perguntando se existe alguma coisa que o sr. Wallace poderia ter dito que teria feito o senhor parar não importa o que o pesquisador lhe dissesse." E quando o psicólogo faz a última pergunta sobre por que ele simplesmente não desprezou as ordens do pesquisador, o sr. Prozi apenas replica: "Ele disse que a experiência tinha que continuar!"

O sr. Prozi não está sendo falso. Não está "fugindo da questão". Isso implicaria uma espécie de intenção da parte dele. Ao mesmo tempo, seria errado afirmar que ele não tinha nenhum conhecimento do significado ético do que estava fazendo. Pelo contrário, desde os primeiros sinais de que o aprendiz estava sofrendo, o sr. Prozi começa, por assim dizer, a se atormentar interiormente – fungando, tossindo, rindo nervosamente, mordendo o lábio, virando repetidamente a cadeira para perguntar se poderia parar, até que no final o seu semblante e a sua postura tornaram-se uma personificação do medo e do sofrimento insensíveis à medida que ele obedientemente vai pressionando um interruptor após o outro enquanto entoa os pares de palavras no ar inerte.

Ele sabe!

E ao mesmo tempo não sabe.

Ele sabe o que é bom e no entanto não o faz. *Não é capaz* de fazê-lo!

Esse pequeno homem, essa pequena experiência, nós pequenas pessoas, homens e mulheres, nós estudiosos cultos, cientistas, professores da juventude, nós capitães da indústria, governadores, senadores, nós pais e mães, nós construtores de cidades, governantes de países, fundadores de nações, criadores de leis, nós leitores da sagrada escritura, nós céticos sinceros e crentes apaixonados – apenas nós, americanos, russos, judeus, cristãos, muçulmanos, criadores do futuro, luzes do passado – cidadãos da antiga Atenas e Jerusalém, de Tebas, Roma e da Babilônia – e além – apenas nós, passado, presente e futuro, escravos e imperadores, padres e rabinos, guerreiros e reis, e aqueles que ficam atrás e protegem o fogo – somos todos pequenos seres humanos – não somos? – que sabem o que é bom e o que não é, e talvez não sejamos capazes de fazê-lo.

E agora aqui está o autorrespeito do sr. Prozi sendo reconstituído. O psicólogo o alimenta com mentiras lisonjeiras que ele avidamente engole, mentiras a respeito da sua nobre relutância em continuar a acionar os interruptores. Porém, mais do que isso, o que é muito mais importante, o psicólogo dá ao sr. Prozi "permissão" para recriar as suas próprias mentiras a respeito de si mesmo, como quando, com os ombros relaxados, o semblante agora aberto e afável, ele exclama: "Eu estava prestes a ir embora!" Não, sr. Prozi, você não estava prestes a ir embora. Você teria continuado a pressionar os interruptores até que o próprio inferno se congelasse. Mas em hipótese alguma você deve saber disso. Na verdade, você não pode saber disso, porque seria destruído. Você não tem a força interior necessária para ter e enxergar essa informação, e continuar a viver. Por conseguinte, é fundamental que você receba de volta a sua "moralidade". E nós que tivemos o privilégio de observá-lo – na verdade um privilégio sombrio, tanto para nós quanto para os criadores do filme e da experiência, privilégio que nos coloca debaixo da poderosa obrigação de perceber o que realmente somos – nós que o observamos sabemos agora que a sua moralidade é um sistema de autoengano, no qual uma parte da psique se esconde da outra, no qual a parte que age se esconde da parte que sabe o que é bom.

Nós que estamos assistindo ao sr. Prozi, também não estamos vendo a nós mesmos?

O SILÊNCIO SAGRADO

Em todos os meus anos de magistério, nunca presenciei um silêncio como o que se seguiu naquela manhã específica.

Eu interrompera o filme exatamente quando o sr. Prozi tinha sido "reconstituído", e tinha a intenção de, após alguns minutos de discussão, passar o filme até o final, quando o narrador faz um breve resumo dos resultados estatísticos globais da experiência. Mas não fui capaz de me levantar, acender a luz e pedir comentários.

A sala e a tela permaneceram às escuras.

Alguns pequenos raios de luz passavam através das venezianas, e eu conseguia discernir o vulto indistinto dos alunos, sentados inicialmente imóveis e depois movendo-se delicadamente nas cadeiras, cruzando ou descruzando as pernas, mas todos em silêncio, com os rostos ainda voltados, imóveis, para a tela escura.

Qual era o significado desse silêncio? Por que ele parecia tão... diferente? Cada vez que eu começava a me levantar para acender a luz, eu me detinha. Sentia que não tinha o direito. Esse silêncio, essa escuridão encerrava algo sagrado.

Recordei-me das vezes em que eu exibira filmes sobre o Holocausto, por exemplo. Os cadáveres empilhados, os homens e as mulheres cavando o próprio túmulo, as mães com os filhos pequenos marchando em direção aos "chuveiros" de cianureto. Também houve silêncio nessas ocasiões. Houve a insuportável percepção de uma angústia incompreensível e um sentimento que ia bem além da indignação – o sentimento da vergonha pela humanidade, vergonha pela raça humana. Estávamos envergonhados de chamar a nós mesmos de seres humanos.

Mas esse silêncio era diferente.

Houve a ocasião em que um homem que servira no Corpo de Fuzileiros Navais no Vietnã falou em uma das minhas aulas a respeito das questões éticas e políticas que definiam a guerra. Quando se soube que ele recebera a Estrela de Prata por heroísmo, alguém lhe perguntou inesperadamente: "Qual a sensação de matar uma pessoa?" O homem, que se chamava Kelly, sentou-se em silêncio. Era um homem alto e forte, e vestia jeans e um casaco de campanha marrom-claro. Tinha ombros largos e a cabeça calva cingida por uma meia-lua de cabelo grisalho.

A sua constituição física parecia em desarmonia com a carteira de tampa dobrável da sala de aula. Depois de um momento de pausa, ele levou a mão ao queixo e passou silenciosamente os olhos pela sala, como se procurando alguém a quem pudesse dirigir a resposta à pergunta que lhe fora feita de um modo tão insensível. Aparentemente sem encontrar a pessoa adequada, ele simplesmente ficou sentado esperando pela pergunta seguinte.

Ninguém perguntou nada.

Depois de alguns momentos de silêncio, ele se levantou e deu seguimento à apresentação como se nada tivesse acontecido. No final da palestra, ninguém fez perguntas. Agradeci a presença dele e, enquanto ele se preparava para ir embora, os alunos irromperam em um aplauso comedido. Ele sorriu para a turma – poderíamos dizer que quase com compaixão, como se estivesse contemplando o futuro daqueles jovens – e a turma, em uníssono, parou de aplaudir.

O silêncio que se seguiu foi inequívoco. Todos, e não apenas a pessoa que fizera a pergunta a respeito de como era matar alguém, sentiram que tudo aquilo estava muito além da sua compreensão, ou seja, eles, nós, sentimos que realmente não tínhamos a menor ideia do que realmente era a guerra. Foi um silêncio repleto de humildade.

Mas esse, tampouco, foi exatamente o tipo de silêncio que se seguiu ao filme *Obedience*.

Enquanto permaneci sentado, bem como posteriormente, muito depois de a aula terminar, tentei não refletir apenas sobre o momento particular do silêncio que ocorreu depois do filme, mas a respeito do pleno significado do silêncio na vida humana. Eu me senti como um navegador que, através de uma momentânea separação da neblina, vislumbra uma terra desconhecida no horizonte distante, e que depois permanece inseguro com relação ao que realmente avistou.

E assim comecei a pensar e repensar no silêncio e nas suas qualidades. Comecei a relembrar todos os tipos de silêncio que eu vivera pessoalmente na vida. E comecei a verificar as minhas observações e reminiscências discutindo-as com amigos que eu respeito e que também estavam extremamente interessados nessas questões. Acabei me convencendo de que é entendendo o silêncio que podemos efetivamente dar os primeiros passos através do limiar socrático que separa o pensamento a respeito da bondade da sua manifestação intencional e constante na vida do dia a dia. É por meio da ativação intencional de uma certa qualidade de silêncio interior que podemos ter acesso a uma capacidade de atenção que por si só é capaz de penetrar o nosso corpo moralmente opaco e o nosso coração exaurido e endurecido – uma capacidade de atenção capaz de fazer o que não pode ser feito e nunca será feito por meio do raciocínio filosófico, pelo fervor religioso ou ideológico, ou por rigorosas resoluções da nossa suposta "vontade".

Ao mesmo tempo, permaneci cauteloso com relação à minha recém-formada convicção. Sempre desconfiei das pessoas que afirmam haver descoberto "a única grande explicação" para os enormes e difíceis problemas humanos, a "grande resposta", o "segredo" misterioso que abre todas as portas. Quer essas afirmações sejam feitas por visionários místicos que assim se proclamam ou por materialistas seculares exaltados, quer a "única resposta" envolva a idolatria a Deus, um método científico, a arte ou a lógica, sempre recuo, por ter sido queimado várias vezes quando jovem, quero dizer, dolorosamente desiludido, por esses entusiasmos e contra-entusiasmos. Assim sendo, prossegui cuidadosamente, refletindo.

O QUE É TOMADO? O QUE É DADO?

Corre o ano de 1977. A minha mãe, que se chamava Ida, caminha ao meu lado enquanto descemos as escadas da encosta da Pacific Heights de San Francisco em direção à minha casa. É uma tarde clara e quente de junho.

Essa tem sido a sua viagem anual para visitar a mim e os seus netos, que são agora, em 1977, jovens adolescentes. Todos os anos a visita é programada para coincidir com o seu aniversário, 9 de junho. Nesse ano, havíamos comemorado os seus 67 anos alguns dias antes em um elegante restaurante de San Francisco.

Ela é uma mulher baixa com um corpo ainda jovem e uma energia jovial, desejosa de fazer qualquer coisa que dê prazer à sua família. A sua única gratificação pessoal nessas visitas é uma viagem obrigatória às máquinas eletrônicas de Reno, onde ela gasta algumas das gorjetas que recebeu enquanto trabalhava como garçonete na zona norte de Miami.

Quando subíamos a escada naquela tarde de junho, a minha mãe, de repente, agarrou o corrimão de ferro e curvou-se com dor. Imediatamente amparei-a e, com grande dificuldade, praticamente carreguei-a para a nossa casa e ajudei-a a deitar-se no sofá. Eu não sabia o que estava errado, mas a sua palidez me deixou alarmado, de modo que telefonei para o número de emergência, pedindo ajuda. Quando os paramédicos chegaram eu soube, sem querer admitir para mim mesmo, que era o coração.

No hospital, o meu médico e amigo de longa data, o dr. Ira Kanter, confirmou os meus receios, mas tentou tranquilizar-me dizendo que a minha mãe tivera um ataque brando do coração. "Brando" ou não, ela foi internada na UTI e ali ficaria enquanto um cardiologista era chamado para avaliar o seu estado. Consegui vê-la muito rapidamente, mas eu não podia dizer ou fazer nada que pudesse perturbá-la ou agitá-la de alguma maneira. As visitas agora estavam fora de questão.

Nos dias que se seguiram, o seu estado foi de "brando" para "moderado" e passou a "grave". O tempo todo, enquanto eu caminhava, ia e voltava de carro do hospital, falava com amigos e com os meus filhos, a qualquer momento irrompiam soluços provenientes das profundezas e da amplitude do meu ser. Houve momentos em que achei que os ossos do meu peito iam se partir, e no entanto havia também a sensação de que eu não era mais eu mesmo como eu viera a me conhecer, e sim eu mesmo como eu realmente era – extremamente velho e imensamente jovem ao mesmo tempo, uma criança apavorada e ao mesmo tempo uma alma sábia, uma pessoa indefesa, dominada por forças imensamente poderosas e, ao mesmo tempo, completamente livres e estáveis.

Certa manhã, já no final da semana, pouco antes do amanhecer, o telefone me acordou de um sono agitado. Imediatamente senti o que ele significava. A voz do dr. Kanter me informou que a minha mãe morrera em paz durante a noite.

O pior acontecera. A coisa que eu mais temia no mundo – que eu receara, como me lembro precisamente, quando era bem pequeno, desde o primeiro momento em que tomei conhecimento da existência da morte – acontecera. Enquanto eu me vestia e depois, enquanto dirigia para o hospital, algo que emanava do meu coração e do meu peito, ou talvez passasse através deles, derramou-se por todas as células do meu corpo e do meu cérebro, e espalhou-se pelo meu alento. Entre contínuas e profundas ondas de soluços, o sentimento de um completo vazio habitava o meu corpo e a minha atmosfera. Era o que pode ser chamado de pesar objetivo, um oceano que agora movia a si mesmo, como uma lenta inundação, rapidamente arrastando tudo e todo mundo, além de todo som e toda fúria.

O dr. Kanter estava esperando por mim na sala da enfermagem da UTI. Ele tinha na época cerca de 60 anos, uma compleição suave e uma cabeleira ondulada completamente branca. Vestia o seu jaleco branco e tinha um estetoscópio no pescoço.

Jamais me esquecerei da maneira como me olhou nos olhos. Nós nos fitamos diretamente. "Sinto muito", disse ele, continuando a olhar resolutamente para mim e dentro de mim. E eu para ele. Jamais me esquecerei desses momentos e do que se passou entre nós, dois seres humanos recebendo um ao outro, na terra da morte.

Ele seguiu comigo pelo corredor e me deixou sozinho na porta do quarto da minha mãe. Como sabem todos os que veem pela primeira vez uma pessoa morta, a imobilidade da morte é inacreditável, especialmente quando se trata de um ente querido. Essa imobilidade não é exatamente imobilidade, e sim algo bem mais poderoso, bem mais ativo do que a mera imobilidade. Essa quietude preenchia o quarto. E era como se uma voz estivesse dizendo para mim: "Mas você a conheceu o tempo todo, não é mesmo? Desde o que dia em que nasceu."

Aproximei-me dela e contemplei-a. Ela não estava mais presente. Curvei-me e beijei-lhe a testa, que estava incompreensivelmente fria. Estremeci, sentei-me ao lado dela e ali permaneci, soluçando.

Saí do quarto e fui para a sala da enfermagem. O dr. Kanter ainda estava lá. Perguntei-lhe quando a minha mãe tinha falecido e cerca de meia hora depois ouvi a frase "violento ataque do coração". E em seguida escutei alguma coisa a respeito de ter havido na véspera uma omissão com relação ao medicamento que ela estava tomando. E também ouvi alguém dizer que o tempo todo a vida dela "estivera por um fio".

A seguinte ideia me passou pela cabeça: "Teria ela morrido devido a um erro na medicação?" Será que o dr. Kanter deixara a desejar nos cuidados com a minha mãe? Mas então outra ideia surgiu como um escudo contra a primeira: "A vida dela estivera por um fio o tempo todo. Não faria diferença. Ela teria morrido de qualquer jeito."

Ao mesmo tempo, fui invadido por um sentimento de raiva e indignação. Lembro-me com bastante clareza. Ele começou a ferver dentro de mim – *mas sem penetrar nem um pouco os músculos do meu corpo.* Este último era puro relaxamento, pura liberdade: uma sensação límpida e sutil. A raiva existia, mas não provocou nenhuma ação interna ou externa.

Não reprimi de nenhuma maneira essa emoção. Não discuti comigo mesmo sobre o que fazer. E o pensamento que no início me "protegeu" era agora completamente irrelevante, não mais do que uma folha desgarrada na tempestade da raiva. No entanto, o meu estado era tal que a tempestade propriamente dita estava na sua própria escala, como uma avalanche cuja terrível força é simplesmente embalada no silêncio da dor bem maior, imenso, gigantesco.

Nos dias que se seguiram nada que alguém dissesse ou fizesse poderia me ofender, magoar ou irritar. Não tive um único impulso de raiva ou pensamento de ciúme ou vingança. Ao mesmo tempo, a minha atitude com relação aos outros – a família, os amigos ou os desconhecidos – era indescritivelmente clara e direta. Eu não "exigia" nada de ninguém, e essa atitude, longe de me separar dos outros, na verdade abriu o meu coração para todos, de uma maneira e um grau extraordinariamente apropriados a cada pessoa com quem eu entrava em contato. Essa atitude não possuía nenhum conteúdo "filosófico" ou "mental". Não que eu estivesse sentindo ou pensando a respeito da mortalidade de todos os seres humanos e, portanto, lembrando-me de tratá-los com bondade ou compaixão. Não era nada que eu estivesse "fazendo". Eu simplesmente via e sentia as pessoas, amando algumas, antipatizando com outras, deixando que algumas entrassem em mim, mantendo outras afastadas. Tratei a mesma pessoa de um modo diferente em ocasiões distintas sem racionalizar a contradição, e quando eu desejava algo de alguém, simplesmente a pedia ou a tomava sob a orientação de uma espécie de clarividência moral que me permitia agir sem magoar, ofender ou seduzir ninguém. Quando alguém me pedia alguma coisa, eu dizia sim ou não com uma voz igual, uniforme. Não me preocupava nem um pouco com o que os outros iriam pensar de mim, se eu deveria estar dando mais atenção às pessoas ou fazendo mais por elas.

Às vezes eu ria e até gracejava. E lembro-me de como o meu riso parecia sonoro e profundo. Tampouco eu tinha medo de ocasionalmente derramar lágrimas, quer eu estivesse sozinho, quer acompanhado.

E agora, muito tempo depois desse período, quando penso no que estava me acontecendo naquela época e no estado de ser que me fora concedido, posso afirmar que cada célula do meu corpo, cérebro e coração estava habitada pelo silêncio sob a forma de uma atenção refinada e uniformemente distribuída como o perfume mágico de uma antiga lenda, proporcionando não a alegria, mas algo que lhe é afim e que é inominado, no meio de uma profunda dor e tristeza, e conferindo, por assim dizer, o santo graal do poder de amar, sem desejo ou ânsia, dentro da minha visão e esperança de realização.

Esses eventos interiores, como todos já experimentamos ou iremos experimentar em algum momento da vida, podem ser compreendidos, se respeitosamente os relembrarmos e tivermos ideias e uma visão de mundo capazes de nos ajudar a pensar sobre eles; esses eventos interiores podem nos mostrar que efetivamente carregamos dentro de nós a possibilidade do verdadeiro poder moral.

Esse é o silêncio do autêntico pesar humano – pelo tempo que perdura – seja uma hora, um dia, um ano ou até mesmo uma vida inteira – e antes que se altere, como quase sempre acontece, quando ele decai e se mistura às reações emocionais subjetivas como o medo, a culpa, a autocomiseração, a superstição, a amargura. É raro o homem ou a mulher em quem os vestígios deixados no ser pelo pesar objetivo permanecem uma influência moral duradoura e decisiva ao longo da passagem dos anos.

E assim a nossa questão assume uma nova forma: é possível viver a vida cultivando intencionalmente a obediência às forças que, na experiência do pesar genuíno, nos mostram o Eu que realmente somos, debaixo da máscara que agora chama a si mesma de "eu"? É possível viver todos os aspectos da vida do dia a dia prestando atenção ao chamado do nosso Eu com o poder que ele nos oferece de fazer o que é bom? É possível transpor o limiar socrático... *e lá permanecer*? – ou, em todo caso, fazer dele o nosso *lar*?

·⊷· Capítulo Onze ·⊷·

O ESSENCIAL

É possível.

Mas primeiro precisamos entender melhor o significado do silêncio. Vou falar agora a respeito de uma experiência para a qual não tenho palavras. Não estou me referindo a algo "místico" ou "inefável", algum tipo de epifania divina. De modo nenhum. O acontecimento, observado superficialmente, foi na verdade muito comum, talvez até mesmo banal, sem envolver questões externas de importância excepcional. No entanto, interiormente, foi um terremoto na minha vida. Fico sem palavras porque nessa experiência pude conhecer um ato genuíno de negar a mim mesmo algo extremamente preciso a fim de dá-lo a outra pessoa, sem nenhum motivo de ganho pessoal ou "recompensa" emocional, e sem ter nenhuma referência para fazer a outra pessoa feliz, ou expressar qualquer coisa como um sentimento pessoal de amor, compaixão ou pena – ou qualquer coisa desse tipo. Na verdade, eu poderia quase até afirmar que a experiência envolveu da minha parte uma ação aparentemente desprovida de todo e qualquer motivo. Ao mesmo tempo, não houve nada arbitrário, impulsivo ou "heroico" a respeito do acontecimento. Até hoje a pessoa não sabe o que foi feito por ela, jamais saberá e tampouco deveria saber.

Posso portanto afirmar, sem forçar a questão, que esse acontecimento ético, singularmente importante para mim, estava e continua cercado por todo tipo de silêncio, começando pelo fato que em todo o meu acervo de linguagem tanto como escritor quanto como professor e como pessoa comum, não consigo realmente encontrar palavras ou um tipo de linguagem para ele. E devo dizer que esse fato, por si só, indica para mim a possibilidade de que toda mente humana que nós temos, pelo menos que eu tenho, vive e respira em uma atmosfera de egoísmo; é como se ao sairmos dessa atmosfera de egoísmo também nos retirássemos da totalidade da nossa mente e das formas de pensamento e expressão por meio das quais a mente habitualmente organiza as suas impressões e concepções.

Essa esfera interior fora da linguagem e das formas que conhecemos como pensamento assemelha-se a um silêncio primordial. O fato de a primeira manifestação imediata desse silêncio primordial – antes que as palavras e os nomes apareçam – ser uma ação ética encerra para mim a mais profunda ressonância de significado, apontando com flechas flamejantes para a narrativa da criação no livro do Gênesis. O Deus hebraico, como o nosso homem de uma só perna um dia descobrirá, é fundamentalmente o Silêncio Infinito manifestando-Se como uma exigência moral. E em seguida, a essência do homem é simultaneamente submeter-se a Deus e importar-se com o seu semelhante.

O homem é fundamental e primeiramente o animal ético. Além disso, é preciso acrescentar de imediato, quando os grandes filósofos espirituais da Grécia antiga definem o homem como o "animal racional", precisamos entender a racionalidade como sendo intrinsecamente o braço da ética, o instrumento do amor. O homem não é o animal racional no sentido da mente divorciada do amor e da ética, ou seja, a mente no seu sentido peculiarmente moderno e abstrato, isolada do sentimento. A mente, como ensina o livro do Êxodo, a mente compreendida como pensamento e a sua expressão na linguagem, é instruída a ser empregada basicamente como um instrumento a serviço de Deus. Daí, o mandamento: não tomarás o nome do Senhor em vão; ou seja, não usarás o dom da linguagem e do pensamento a serviço do egoísmo ou para servir à "idolatria" dos anseios ilusórios.

Sócrates é retratado por Platão como vivendo debaixo do olhar do seu *daimon,* ou espírito interior, que podemos identificar como *Consciência.* O *daimon* de Sócrates nunca lhe "diz" o que fazer; apenas o impede de fazer o que ele não deveria fazer. Ele somente nega, jamais afirma. Em outras palavras, ele cancela a linguagem mesmo antes de ela aparecer; ele é negativo no sentido de conduzir Sócrates, o homem, de volta à sua situação anterior à linguagem, ao silêncio da intuição ética pré-conceitual, primordial. Nesse aspecto, a essência do pensamento grego é convergente com a essência da Lei Hebraica.

Esse fato também nos convida a entender, mesmo que de uma maneira extremamente preliminar, por que o surgimento da consciência genuína na nossa vida parte o coração na forma singular da dor conhecida como remorso. No remorso autêntico, nós nos vemos diante do fato de ter traído a nossa condição de seres humanos. O remorso é uma questão de metafísica e não um problema de psicologia. Debaixo do olhar da consciência, não somos simplesmente seres humanos éticos que cometemos um erro que precisamos reparar. Não existe reparação possível para o fato de termos traído a nossa condição humana, a não ser a plena angústia consciente do que nós somos. É o oposto da ansiedade nervosa de que poderíamos ter feito outra coisa e que precisamos agora praticar uma ação corretiva, sensações características da difundida neurose da culpa. No remorso, "o coração se parte, mas o espírito se regozija" ao chamar o homem para a consciência da sua verdadeira natureza – criada nele "no início" – ou seja, eternamente fora do tempo, no silêncio que é independente da criação do mundo.

Para a mente e personalidade condicionadas a agir sempre a partir do motivo, frequentemente disfarçado, de algum tipo de ganho pessoal, para essa pessoa, até mesmo uma ação isolada e externamente sem graça, praticada para outra em uma perfeita liberdade com relação ao egoísmo e ao condicionamento social, eleva-se como uma montanha na paisagem da vida. De qualquer modo, foi o que aconteceu comigo.

NEM ISSO NEM AQUILO

Há alguns anos, um certo professor veio aos Estados Unidos em uma das suas visitas regulares e estava planejando, segundo eu soube, passar um breve período em San Francisco. Eu estivera com esse homem em várias ocasiões ao longo dos anos, e cada encontro fora para mim como um salva-vidas lançado a uma pessoa que está se afogando. Estou querendo dizer que, no meio das tensões da minha vida do dia a dia, a qualidade da sua presença e o seu entendimento prático da psique humana me ajudavam a lembrar, a partir do meu interior, o que ele chamava de "o essencial".

É difícil definir "o essencial", a não ser de um modo negativo, e nisso ele segue o mesmo princípio que tem sido apresentado em todos os caminhos em direção à Verdade. É o Nome Oculto do Rei Judaico que não pode ser pronunciado; a Face oculta que o homem não ousa contemplar; o Deus acima do Deus dos grandes místicos cristãos, o Nada que alimenta todas as coisas; é o Inominável Alá dos 99 nomes; o vazio silencioso do Tao do qual misteriosamente emergem toda realidade e verdadeira ação, humana e divina, e ao qual retornam no eterno ciclo de formação e desaparecimento; é o silêncio fértil do Brama hindu que cria eternamente o Criador do mundo. Quando mencionado, é considerado como: *nem isso, nem aquilo*. Ele não é nenhuma coisa; e quando todas as coisas, todos os atributos são negados, o que permanece atrás da superfície do mundo é o puro Ser. É o Vácuo do budismo, o Vazio que é a Origem da Consciência e da Compaixão.

Na escala da vida humana, ele também é *nem isso, nem aquilo:* não é o que chamamos de conhecimento, não é poder, riqueza, prazer, "felicidade" nem compaixão; não são ideais, programas, planos, o que é convencionalmente sentido como bondade ou sentimento de solidariedade; não é a família, a tribo ou a nação; não é a beleza; não é a fama; não é uma vida longa; não é segurança ou aventura, triunfo ou derrota. E dentro de todo ser humano existe o desejo dessa Presença inominada que cria e sustenta o mundo interior e a sua manifestação exterior no "corpo, mente e palavra".

A AÇÃO DO GUIA

Não obstante, o homem – nós mesmos como nós somos – está adormecido, não apenas para essa Presença inominada, mas também para o desejo intrinsecamente humano de servi-la, manifestando-a no desenrolar da vida que recebemos. Em todos os caminhos que conduzem à Verdade, é função do guia dentro da sua comunidade nos ajudar a relembrar e sentir esse desejo antes que seja tarde demais, porque um dia, inevitavelmente, será tarde demais.

Quando o nosso homem de uma só perna foi informado de que a essência da Lei era inseparável da obrigação para com o nosso semelhante, ele foi capaz de aceitar as palavras, mas não conseguiu ainda entender, e muito menos experimentar, de onde surge essa obrigação, seja no universo ou nele mesmo. E assim lhe disseram que ele deveria "estudar" a Lei, a Torá, na companhia de outras pessoas. Anos de "estudo" dentro da comunidade, e anos, sem dúvida, retornando repetidas vezes para que o guia, Hillel – ou, em outra cultura, Sócrates, o Bodhisattva ou qualquer um dos guias que habitam a história oculta da comunidade humana exatamente como, segundo prega o Talmude, dez mil anjos guiam cada pingo de chuva para alimentar a semente que produz o alimento para o ser humano – o lembrasse do "essencial". Como dizem, onde quer que viva um homem, um guia é providenciado; o guia só aparece para aquele que busca e deseja, talvez em silêncio, repetidamente. O corpo do homem pode ter nascido dos animais, mas é somente a partir de cima que a possibilidade do elemento humano penetra o corpo. Apenas a possibilidade – mas que possibilidade! Mas para torná-la realidade, é necessário, como também é dito em todos os caminhos que conduzem à Verdade, é essencialmente necessário que o homem deseje servir simultaneamente à Presença interior inominada e ao bem-estar do próximo. Importar-nos com os nossos semelhantes significa ter consideração por Deus, e ter consideração por Deus (ou pelo Eu) significa preocupar-nos com os nossos semelhantes.

AS PALAVRAS VOLTAM

No entanto, exatamente neste ponto, "as palavras voltam".[32] Descobri – como muitas outras pessoas descobriram, muito mais profundamente do que eu – que o "misticismo moral" existe. Estou querendo dizer que a esfera da ação ética encerra a possibilidade de experimentarmos algo que parece ser indescritível. Eu chamo isso de "misticismo moral" em contraposição ao que poderia ser chamado de "misticismo cognitivo": a ideia de que a esfera do conhecimento contém experiências que são indizíveis. Esse *misticismo cognitivo* tornou-se um fenômeno religioso e espiritual aceito e frequentemente mencionado (embora talvez dificilmente de fato compreendido), estudado em um sem-número de livros e até mesmo lecionado em cursos universitários. Ele é às vezes citado como a experiência do conhecimento direto de Deus ou da Existência, da fusão com o Divino e da contemplação direta da Realidade sem a mediação de conceitos ou palavras. Acadêmicos, estudantes e teólogos vieram a aceitar a qualificação familiar a respeito dessa experiência que não é exprimível em palavras.

O MISTICISMO MORAL

No entanto, embora o "misticismo moral" seja um fenômeno que muitas pessoas respeitam e do qual várias outras desconfiam, praticamente não existe nenhuma conscientização do "misticismo moral", o misticismo de ter consideração pelos nossos semelhantes. Uma consideração que provoca uma ação que não pode nem ser vista nem sentida dentro do mundo corriqueiro no qual vivemos, mas sem a qual o mundo propriamente dito e a vida humana em si não poderiam existir. A consideração que movimenta a terra e as leis do universo, as quais erroneamente atribuímos a causas mecânicas ou simplesmente a uma existência arbitrária. Ficamos maravilhados com a ordem da vida; podemos até nos admirar do fato de que alguma coisa na verdade existe. No entanto, em geral, quase todas as pessoas tratam o que existe e o que vive como um fato, como "simplesmente a maneira como as coisas são". As leis que reconhecemos são as leis de um mecanismo maquinal, até mesmo insensível. Somos incapazes de enxergar ou sentir que tudo foi concedido por uma ação originária de uma Presença.

As ideias e fantasias sentimentais a respeito de Deus amar o mundo não estão sendo discutidas aqui. Fantasias a respeito de Deus ou dos anjos fazendo tudo acontecer com um propósito; fantasias a respeito de anjos ou espíritos direcionando a nossa existência também não estão em questão. Elas certamente merecem ser superadas por uma atitude científica que pressupõe e demonstra a mecanização da vida e do mundo. Entretanto, depois de descartar a visão sentimental da existência, estamos então prontos para compreender que a mecanização do mundo em si é *concedida,* é resultado da consideração, e atende a desígnios que não são nem maquinais nem insensíveis.

Essa consideração, esse amor, é invisível! É invisível para o homem que não a sente pelos outros ou pelo seu Deus! Somente o homem ou a mulher capaz de amar de um modo impessoal e profundamente não-egoísta pode ver e sentir (e não consegue deixar de ver e sentir) a consideração e o amor que criam e mantêm o mundo e a nossa vida. Como não somos capazes de enxergar ou sentir essa consideração, nós nos deleitamos com a mecanização e a arbitrariedade de toda a retumbante evidência de intencionalidade que temos bem diante dos olhos. Essa consideração – de Deus ou dos Seus agentes, se pudermos expressá-la desta maneira – é como o éter de outrora, como o vazio que insemina e nutre toda a existência. A existência de fato "apenas existe". Mas nos tornarmos conscientes de que ela "apenas existe" significa personificar na nossa psique uma força de atenção penetrante, uma atenção que não apenas vê, mas que *também* cuida e sustenta debaixo do seu olhar a própria coisa que ela vê e da qual ela se mantém afastada.

E o que dizer do mal, da maldade humana? Sem dúvida, o mal é a corrupção, o bloqueio da atenção que vem de cima. É o inferior, o servo dentro do homem, tentando fazer o trabalho do amor e da consideração. O homem foi criado para servir o que há de mais elevado dentro de si mesmo. Um elemento superior falso usurpa o lugar do superior genuíno. Uma falsa consideração usurpa o lugar da consideração invisível que governa os mundos. Toda violência humana, toda degradação e insensibilidade, todo desperdício despropositado da substância humana, todo tormento doloroso tem lugar por intermédio do elemento inferior que usurpa a consideração invisível pelo meu semelhante e pela minha vida.

Basta, portanto, dizer que a possibilidade do mal é o preço da liberdade. Essa liberdade é nosso dom; é o principal dom e também o principal instrumento do nosso poder de amar e ter consideração pelo nosso semelhante. Não pedimos para ser livres e nem pedimos para ser responsáveis. Fomos criados dessa maneira. Nesse caso, poderíamos dizer que a possibilidade do mal começa antes da criação do homem, como é sugerido nas assombrosas lendas da guerra no céu que precede a criação do mundo e do homem; nas narrativas de revolta e rebelião entre os deuses, ou nas histórias de erros profundos no mundo superior – de qualquer modo, de enormes riscos assumidos por Deus, o Criador.

A LIBERDADE QUE CONDUZ À LIBERDADE

Não pedimos para ser capazes de amar e odiar, de relembrar o nosso Eu e esquecer o nosso Eu. Mas como fomos criados dessa maneira, somos imediatamente responsáveis diante de Deus – e fomos intrinsecamente criados de maneira a que a nossa felicidade esteja radicada na nossa escolha de servir conscientemente ao Bem – e, no que diz respeito à nossa experiência imediata, de sofrer conscientemente em função da nossa distância do Bem. Distância essa que resulta de uma escolha interior tão invisível e desconhecida quanto o poder do amor e da consideração que sustenta o mundo.

A nossa missão ética é redescobrir o poder da liberdade que nos permitirá ser verdadeiramente livres. Não podemos esperar interromper a nossa imoralidade por meio do ato de uma vontade que não possuímos. Existe, no entanto, uma liberdade intermediária, situada entre a liberdade do homem consumado e a escravidão do nosso egoísmo e da nossa ilusão. Existe uma liberdade que conduz à liberdade. O que é ela? Como a encontramos? Como a exercemos? É a liberdade de escolher, de desejar, de tentar entender, de sofrer o que somos e sentir o que poderíamos ser. Como iremos avançar em direção a esse aspecto da vida dentro da vida que efetivamente pode ser nosso do outro lado do limiar socrático? É para essa pergunta e a sua possível resposta que devemos agora nos voltar – com cautela, paciência e sem medo.

Digo sem medo porque o que estou prestes a descrever poderá parecer tão minúsculo, tão insignificante – tão invisível! – quando comparado com os atos de generosidade que frequentemente presenciamos nas outras pessoas e em nós mesmos quando, por exemplo, tem lugar uma calamidade, ou quando nos vemos frente a frente com uma gritante injustiça ou a privação de outro ser humano.

Mas tendo presenciado a ação moral autêntica e talvez até tendo experimentado em nós mesmos os seus resultados, sob a forma de uma alegria que nenhuma quantidade de "recebimento" pode proporcionar, onde nós nos situamos? Talvez vislumbremos que nenhuma quantidade de "recebimento" é capaz de igualar a genuína experiência de *dar*. No entanto, tendo testemunhado essa lei da vida humana, ou tendo ouvido falar nela, lido a respeito dela, ficamos ainda mais compelidos a inclinar a cabeça diante da mesma pergunta com a qual iniciamos toda a nossa investigação: *Por que não podemos fazer o que sabemos ser bom? Como é possível que o mundo inteiro continue a afundar no ódio, na violência e na injustiça?* Por que nós e o mundo continuamos a viver controlados pelo egoísmo, pela raiva, pela obsessão, pela ganância, pelo materialismo, pela inveja, pela passividade, pela falta de vontade, pelo ressentimento, pelo medo e pela violência? Certamente esses são – tomando emprestada a frase de Emerson – os "senhores do mundo", e os períodos entrecortados de interesse pelos outros na vida da humanidade ou na nossa vida somente lançam uma luz mais intensa no fato e na questão essencial da vida humana: por que não podemos fazer o que sabemos – e até mesmo já experimentamos – ser bom? E por que fazemos o que sabemos ser nocivo? Por que repetidamente o horror, a atrocidade e a obscenidade da guerra aparecem para aturdir a nossa mente, congelar o nosso coração e confundir totalmente o nosso sentimento de quem e o que nós somos?

Por conseguinte, a pergunta fundamental é a pergunta sobre nós mesmos. E o trabalho essencial do homem é cultivar o acesso ao Eu interior, que rompe o silêncio do sofrimento, a insuportável indignação impessoal diante da injustiça monstruosa, a impenetrável quietude da consciência da inevitabilidade da nossa própria morte ou, às vezes, o doloroso desapontamento; ou, sempre, a trêmula alegria da sensação de assombro diante da magnificência da natureza ou do rosto da pessoa amada, ou ainda do nascimento de uma nova vida humana.

O trabalho essencial do homem é tornar-se homem. Podemos dizer que é isso que o mundo precisa – mais, bem mais, do que qualquer outra coisa. O mundo precisa de pessoas, de pessoas *de verdade*. Sim, precisamos fazer o que podemos e, sim, existem aqueles entre nós, graças a Deus, que agem, doam e ajudam. Mas é precisamente porque a vida ética do homem permaneceu tão universal e imutavelmente corrompida através dos milênios que somos tão gratos às pessoas que agem de maneira altruísta. E é exatamente toda essa situação dentro de nós mesmos e dentro da vida do homem – ou seja, o caráter excepcional desses atos humanos de bondade que na sua excepcionalidade são na verdade a prova da falência ética imutável do homem – é precisamente essa situação, esse fato histórico e psicológico, que nos mostra qual deve ser o trabalho verdadeiramente essencial do homem, que é tornar-nos o que fomos criados para ser, seres em quem o Eu, ou Deus, falando com a voz da Consciência, é ouvido e obedecido dentro de nós e nas nossas ações para com os nossos semelhantes. Essa é a definição do homem: o ser que é capaz de agir a partir de uma iniciativa interior que é ao mesmo tempo profundamente sua e ao mesmo tempo a ação no seu interior do Criador da Realidade.

Esse Deus interior, a Consciência – ou, como podemos chamá-lo, o coração do Eu – é o Altíssimo ao qual a tradição se refere quando diz: "Não terás nenhum outro deus antes de mim." Como o nosso homem de uma só perna descobrirá, o Deus Único da Tradição é a força invisível porém todo-poderosa (o Deus onipotente) e ao mesmo tempo capaz de ficar quase totalmente bloqueada na vida humana, pois para se manifestar ela precisa ser escolhida e determinada pela vontade. Por conseguinte, ela é ao mesmo tempo todo-poderosa e fraca, dependendo do trabalho interior do homem. Como o homem de uma só perna aprenderá – e nós certamente somos esse homem – tudo o que usurpa o lugar da Consciência, tudo o que se disfarça de Consciência e, com isso, a bloqueia – tudo isso é o significado fundamental da antiga palavra "idolatria". Um "ídolo", no seu significado essencial, não é uma figurinha de barro ou uma face esculpida; um "ídolo" é uma imitação da Consciência que engana a si mesma.

Por conseguinte, uma vez mais: o trabalho essencial do homem é tornar-se Homem. E o homem foi feito, como nos dizem, à imagem e semelhança de Deus. Ou então, se o desejarmos, o verdadeiro eu humano é o Eu – Atman que é Brahma; a natureza do Buda que, sendo "não-eu" é fundamentalmente o Vazio ou o Silêncio que é o Compassivo e o Implacável Arquiteto, e o Destruidor dos mundos e dos "eus".

O trabalho essencial do homem é recordar o Eu.

O "essencial", portanto. O homem cujo estado de ser tinha o efeito de fortalecer o desejo das pessoas de relembrar o Eu estava agora do outro lado de uma pesada porta. Durante todo o dia ele se encontrara com pessoas que buscavam ajuda na sua luta pelo autoconhecimento. Algumas apresentavam as perguntas entranhadas em intensas emoções pessoais que envolviam relacionamentos pessoais e familiares, a saúde ou o dinheiro. No caso de outras, a pergunta estava revestida pelo desejo de obter explicações sobre o seu comportamento impróprio nos assuntos do dia a dia. Outras ainda experimentavam a sua pergunta como uma incapacidade de fazer um esforço espiritual interior devido a diferentes tipos de dúvida. E a dúvida dessas pessoas estava relacionada com a ideia fundamental de que elas e todos os seres humanos haviam recebido a vida não apenas para si mesmos, mas para servir a desígnios universais. Ou seja, por ser do tipo que só acredita no que consegue tocar ou sentir no significado físico usual dessas palavras, e por não ter ainda efetivamente experimentado o Altíssimo invisível, essas pessoas eram incapazes de ser motivadas além de um determinado ponto pela ideia do Eu.

E muitos outros tipos de dificuldades e pessoas também compareceram.

Esse homem excepcional tentou ajudar essas pessoas a perceber que a questão fundamental por trás de todos os tipos das suas dificuldades sociais, psicológicas e materiais era a falta de conscientização do seu estado de ser. Todas as dificuldades da vida humana, inclusive a trágica impossibilidade de vivermos os nossos dias de acordo com ideais morais genuínos, originavam-se do fato que não enxergamos que estamos presos a uma pequena parte de nós mesmos enquanto, como seres humanos, fomos criados para viver no estado de estar despertos para o Eu. Nenhuma felicidade, segurança, amor ou significado poderá ser nosso no estado de ser contraído dentro do qual vivemos o nosso tempo na Terra. Inconscientes de que estamos adormecidos para o Eu, estamos adormecidos para o significado e o poder da ação genuína, que significa a capacidade de ser e querer o Bem.

A partir desse estado de ser contraído surge a interminável violação da obrigação do homem concedida por Deus para com o seu semelhante. A partir desse estado de ser encolhido nasce o perpétuo conflito humano, resolvível externamente por uma ou outra forma de violência, inclusive a maldição fundamental da guerra.

Por conseguinte, todos os problemas humanos, não importa em que esfera da vida exterior ou interior, são sinais e efeitos do nosso estado de ser. E todas as soluções, sejam elas sociais, econômicas, psiquiátricas ou tecnológicas, acabarão necessariamente fracassando com o tempo. Falharão porque representam os aspectos inferiores da natureza humana tentando fazer o trabalho dos superiores. Nesse sentido, todas as nossas "soluções" – tanto na vida pessoal quanto na coletiva – são ídolos: imitações da consciência que enganam a si mesmas, instrumentos que fingem ser agentes. Somente o Eu é capaz de colocar os instrumentos da mente, do coração e do corpo a serviço do Bem. Apenas o Eu é capaz de controlar as utilizações do dinheiro, da tecnologia, do capitalismo e da matemática. Este fato é verdadeiro tanto no mundo global mais amplo quanto no mundo individual interior: somente o Eu pode controlar os instrumentos dentro do homem (ou, na antiga linguagem, os "animais"). Apenas o Eu pode controlar a inventividade da mente humana, os seus poderes de memória e combinação que subjugam o material passivo do organismo psicofísico humano e nos torna tanto interior quanto exteriormente tão destrutivos quanto são grandes as nossas possibilidades. Apenas o Eu é capaz de controlar a nossa infinitamente preciosa sexualidade, os nossos poderes de intuição ocultos que contêm a sensibilidade molecular de toda vida animal, a nossa criatividade artística capaz de produzir veículos impressionantes e maravilhosos – os quais, contudo, não conseguem irrigar as verdadeiras raízes da nossa vida ressequida, assim como chuvas isoladas não são capazes de irrigar o deserto do Saara.

Todos os que procuravam esse homem sabiam dessas coisas, mas precisavam da ajuda dele para poder lembrá-las no coração. O seu entendimento era capaz de mostrar-lhes, de uma maneira adequada à subjetividade deles, que era necessário e possível enxergar o caos interior com uma atenção muda, silenciosa, que possibilitava que a sensibilidade do Eu penetrasse o corpo, a mente e o coração.

E eu também estava ciente de tudo isso, esperando a minha vez para vê-lo. Já haviam se passado sessenta minutos da hora da minha consulta. Olhei para o relógio, sabendo que, àquela altura, eu mal teria tempo para falar com ele, pois ele teria que se retirar para pegar o voo de volta para casa. Muito bem, um breve momento teria que ser suficiente, de modo que tentei concentrar a atenção em encontrar as palavras certas para formular a minha pergunta, tentando discernir e "saborear" a pergunta oculta dentro do problema da minha vida pessoal junto com as dificuldades de debater-me com a minha incapacidade de perceber a minha fraqueza.

De repente, ouvi uma agitação atrás da porta – cadeiras que se moviam, pessoas que se despediam – e preparei-me.

Mas no momento em que eu me levantava, e antes de a porta se abrir, aconteceu algo que, a partir de então, tornou-se para mim a fonte de uma interpretação totalmente nova da ética.

Devo dizer também que o acontecimento que vou descrever teve lugar em um intervalo de poucos segundos, certamente de menos de um minuto.

Eu acabara de me levantar e ainda retinha um pouco do meu estado interior de atenção equilibrada quando, para minha surpresa, uma pessoa entrou ruidosamente no pequeno vestíbulo onde eu aguardava. Era um homem que eu conhecia muito bem, um tal de Justin Lander. Ele era membro de um pequeno grupo de pessoas com quem eu me reunia regularmente para discutir as nossas questões e experiências relacionadas com a busca do autoconhecimento. Aparentemente, o dinâmico sr. Lander também tinha marcado uma consulta com o homem atrás da porta. E por que não? Eu falara nesse homem para ele e para os outros, mas somente o sr. Lander tomara a iniciativa de marcar uma consulta. "Iniciativa" ou, para ser mais preciso, "agressividade", era mais ou menos o nome do meio de Justin Lander.

Justin Lander, que nessa ocasião estava no início da casa dos 40 anos, já tinha ganho uma pequena fortuna no ramo imobiliário. De vez em quando, sem nenhum aviso prévio, ele aparecia no meio da minha aula na universidade e tentava mergulhar nos debates sem ter a menor ideia do assunto que a turma estava estudando. No entanto, debaixo de tudo isso ardia no seu interior um desejo inconfundível de entender e, debaixo da sua irritante agressividade, uma ânsia delicada de ser útil.

No momento em que ele irrompeu no vestíbulo, a minha primeira reação, depois de um lampejo de irritação, foi sentir pena dele. A hora já ia tão avançada, que Justin Lander obviamente não conseguiria ser recebido pelo homem a respeito de quem tanto ouvira falar.

Comecei a lhe expor a situação para que ele não esperasse sem motivo, quando, de repente, tudo dentro de mim ficou extremamente quieto.

Olhei para ele. Eu não gostava desse homem, mas tampouco exatamente antipatizava com ele. Ou melhor, eu gostava e não gostava igualmente dele, sem que nenhum dos dois sentimentos fossem particularmente intensos. Uma espécie de vento calmo pareceu passar por mim, levando embora todas as minhas opiniões a respeito dele, como um rio invadido pela maré carrega rápida e silenciosamente para o mar tudo que flutua na superfície da água.

Eu já não sentia mais nenhuma pena dele. E o meu inegável direito de manter a consulta que eu tão desesperadamente desejara e precisava também foi levado para o mar.

Não formei na mente pensamentos relacionados com a ideia de "sacrifício". Tampouco alimentei pensamentos associados à noção de como seria importante para a vida interior do sr. Lander que ele travasse conhecimento com esse homem sábio. Não houve absolutamente nenhuma luta com o meu ego ou com a minha necessidade e o meu desejo: não houve nenhuma avaliação, mobilização de princípios morais ou negociação com a minha mente ou emoções. A palavra ou ideia "obrigação moral" não surgiu nenhuma vez. Não alimentei nenhum sentimento especial de compaixão pelo sr. Lander. Nenhum sentimento de "dever".

Tudo o que posso dizer é que no estado em que eu ainda me encontrava – ou seja, de reter um pequeno grau de uma atenção mais refinada e concentrada em toda a minha presença – a ação de uma lei universal foi percebida e irrigou a minha presença. Essa lei, tão palpável do seu jeito sutil quanto a lei da gravidade, conduziu a minha mente e o meu corpo a uma obediência instantânea, silenciosa e não impingida. A lei, nesse caso, foi exemplificada como "Ele veio até você, você o recebeu, e agora o colocará em primeiro lugar".

Não era uma ordem e sim uma simples predição. Não foi você *deve* colocá-lo em primeiro lugar, mas, simplesmente, o que acontecerá será que você o *colocará* em primeiro lugar. Você *pode* colocá-lo em primeiro lugar. Você *é capaz* de colocá-lo em primeiro lugar.

Uma lei que, nesse caso, assume a forma de: "Devido ao seu estado, você é, até certo ponto, *capaz* de agir. E se um homem é capaz de agir, segue-se, pela lógica da realidade, que agirá de maneira a colocar o bem-estar do seu semelhante em primeiro lugar."

Nada disso aconteceu com palavras. Todas elas são tentativas inúteis de caracterizar essa experiência.

De qualquer modo, enquanto a porta se abria, eu disse ao sr. Lander de uma maneira casual: "Eu estava de saída."

E quando eu estava prestes a me retirar da sala de espera, a pesada porta se abriu. A visitante, uma mulher idosa que eu não conhecia, despediu-se com um aperto de mão caloroso do homem que eu fora ver, enquanto o sr. Lander comprimiu-se para passar por ela e encaminhar-se para a porta da outra sala depois que o homem fez um gesto indicando que ele poderia entrar.

Antes que a porta se fechasse, olhei para o homem que eu fora ver. Uma leve surpresa pairou por um instante nos olhos dele e, em seguida, percebi um aprofundamento, um olhar de austeridade e entendimento impessoal do que tivera lugar em mim. Ele fechou então a porta depois que o sr. Lander entrou, e eu deixei o vestíbulo e saí do prédio.

Esse sem dúvida foi um momento de silêncio!

Somente mais tarde ocorreu-me o pensamento, que eu agora tomo como uma ideia absolutamente básica e essencial que deve ser considerada em qualquer tentativa séria de entender a ética e a moralidade, e que é o seguinte:

O que chamamos de princípios e regras morais não são nada mais nada menos do que princípios descobertos e estabelecidos por homens e mulheres com uma natureza superior. Precisamos encarar esses princípios como roteiros para seres humanos genuínos, para seres humanos conscientes. Devemos obedecer a eles como os atores respeitam o enredo ou as instruções em um teatro. Precisamos agir de acordo com os roteiros embora não tenhamos a natureza dos homens e mulheres cujo estado de ser lhes permite personificar esses princípios na vida deles. Temos que "agir" como agem os seres humanos, até nos tornarmos homens e mulheres genuínos. E quando isso acontecer, não mais precisaremos desses roteiros, porque os princípios da ética penetrarão na nossa essência a partir do centro superior do nosso Eu. A tarefa do homem ou da mulher, portanto, é tornar-se, no seu ser, capaz de ser penetrado pelas leis da Realidade ética, ao mesmo tempo que obedece a esses roteiros. E por conseguinte, a pergunta que precisa ser formulada, e que nunca o é em todas as nossas reflexões morais, é a seguinte: como podemos tornar-nos seres capazes de praticar a ação moral? Como podemos desenvolver em nós mesmos o ser de uma pessoa para quem as leis do amor e da justiça atuam naturalmente e em silêncio para determinar os movimentos da nossa vida?

E finalmente: quais são as regras e princípios que determinam o desenvolvimento em nós mesmos do estado de ser que nos confere o poder de agir de acordo com o amor e a justiça? Esses princípios – ou seja, os princípios que governam a busca de nos tornar humanos – não constituem a ética oculta da vida humana, *a ética que conduz à ética*, a ponte que transpõe o limiar socrático, a *ética intermediária*, sem a qual os princípios estabelecidos pelos homens e mulheres de natureza superior não podem se manifestar na nossa vida, podendo apenas ser externamente representados, com toda a fragilidade, instabilidade, distorção em violência, sentimentalismo e fantasia a que essa ação meramente externa está predisposta? Se agarrarmos por tempo demais o invólucro do amor e da justiça sem permitir a entrada do sangue e da alma que o invólucro se destinava a proteger, o invólucro se partirá e esmagará o nosso mundo.

·•· *Capítulo Doze* ·•·

A ÉTICA DA MORALIDADE
INFERIOR

Voltemos à sala escura. Vamos recordar o que observamos lá.
Em todos os meus anos de magistério, nunca presenciei um silêncio como o que se seguiu naquela manhã específica.

Eu interrompera o filme exatamente quando o sr. Prozi tinha sido "reconstituído", e tinha a intenção de, depois de alguns minutos de discussão, passar o filme até o final, quando o narrador faz um breve resumo dos resultados estatísticos globais da experiência. Mas não fui capaz de me levantar, acender a luz e pedir comentários.

A sala e a tela permaneceram às escuras.

Alguns pequenos raios de luz passavam através das venezianas, e eu conseguia discernir o vulto indistinto dos alunos, sentados inicialmente imóveis e depois movendo-se delicadamente nas cadeiras, cruzando ou descruzando as pernas, mas tudo em silêncio, com os rostos ainda voltados, imóveis, para a tela escura.

Qual era o significado desse silêncio? Por que ele parecia tão... diferente? Cada vez que eu fazia menção de me levantar para acender a luz, eu me detinha. Sentia que não tinha o direito. Esse silêncio, essa escuridão, encerrava algo sagrado.

Recordei-me das vezes em que eu exibira filmes sobre o Holocausto, por exemplo. Os cadáveres empilhados, os homens e as mulheres cavando o próprio túmulo, as mães com os filhos pequenos marchando em direção aos "chuveiros" de cianureto. Também houve silêncio nessas ocasiões. Houve a insuportável percepção de uma angústia incompreensível e um sentimento que ia bem além da indignação – o sentimento da vergonha pela humanidade, vergonha pela raça humana. Estávamos envergonhados de chamar a nós mesmos de seres humanos.

Mas esse silêncio era diferente.

Nesse silêncio, eu me tornei o Outro para mim mesmo. E aqui reside o segredo que nos permite transpor o limiar socrático.

O DEVER QUE ESTÁ NO ÂMAGO DO DEVER

Esse é o silêncio sem similar proveniente de sentir com todo o meu ser que eu não sei quem ou o que eu sou. Não é o silêncio do assombro e da reverência; não é o silêncio do pesar; não é o silêncio da vergonha, da alegria ou de libertar-me do medo. Não é o silêncio de esperar por Deus ou pela verdade.

Nesse silêncio, nessa escuridão, percebo que tenho vivido uma ilusão do que eu sou. Eu não penso isso. Eu não o digo meramente para mim mesmo. Eu o *sei* e eu *sou* esse conhecimento. Não existem palavras.

Trata-se de um tipo inteiramente único de calma. A calma, a tranquilidade do que poderia ser chamado de obrigação intrínseca: um dever que me diz o que tenho que fazer antes de absolutamente tudo na vida. Um dever que não encontra resistência. Uma obrigação para com o Outro que vem de cima e que irrompeu nos meus planos e no meu futuro. E esse Outro tem o meu nome: esse outro sou eu mesmo.

Sou obrigado por tudo o que está em cima e dentro de mim mesmo a me tornar, a me esforçar para me tornar e a trabalhar para me tornar um ser capaz de praticar a ação moral consciente, independente. É-me revelada a verdade que agora, como eu sou, eu talvez não seja capaz de praticar a ação moral, a não ser por acaso, acidentalmente ou por um condicionamento, exatamente como no caso do sr. Prozi ou dos

A ÉTICA DA MORALIDADE INFERIOR

seus equivalentes no mundo real, os símbolos do mal que assombram a história humana em todas as eras. É-me revelado que sob certas influências eu poderia violar os meus mais profundos ideais morais. Sócrates me mostra, e uma poderosa experiência psicológica me indica, que não sabemos o que realmente é a virtude, a moralidade. Sócrates demonstra aos seus discípulos e, por intermédio deles, expõe ao mundo, que não é uma questão de definir a virtude de um modo filosófico, conceitual ou em palavras. É atravessar e permanecer firme do lado mais distante do limiar socrático. É uma questão de um conhecimento que penetra o nosso sangue e os nossos ossos, o nosso coração e o nosso corpo, como é representado pelo traje do Buda. Ou talvez personificado pelo grande Hillel, que talvez tenha ido para a cidade de Jerusalém depois de passar anos ocultos trabalhando com uma comunidade espiritual desconhecida a fim de mostrar para a humanidade impaciente, de uma só perna, que a simples essência da Verdade e da Realidade é importar-nos com os nossos semelhantes, e depois convidar a humanidade sofredora e sombria para o trabalho de estudar dentro da comunidade exclusiva daqueles que buscam tornar-se capazes de efetivamente viver essa simples verdade fundamental.

É-me revelado que eu não conheço nem a mim mesmo, nem o meu Eu. Serei eu um homem capaz de assassinar inocentes? Capaz de tratar mulheres e crianças com crueldade? Capaz de roubar do meu semelhante aquilo que é essencial para a vida? – roubar quer literal e legalmente, quer social e metafisicamente, recusando-me, como um parasita, a participar do modelar trabalho humano de construir o mundo? – ou escravizando o próximo por meio da força física, econômica ou psicológica? Na verdade, estarei eu, talvez, tentando roubar o tempo todo? Fico de tocaia, como diz o Talmude, como um animal selvagem à noite, na floresta, esperando para devorar o pobre homem que atravessa o meu caminho?

A minha obrigação agora é cultivar a dádiva de outra vida que existe dentro de mim. Na verdade, nasci para servir, para amar o meu semelhante, para interessar-me pela Obra do Criador, ou seja, o homem. Nasci para ser moral, metafísica e pragmaticamente moral. É isso que o ser humano é. É isso que eu sou. Mas na escuridão única desse silêncio, percebo que não sou o que eu sou. Sou obrigado a tornar-me o que eu sou.

NÃO SOMOS AINDA O HOMEM

Duas moralidades, portanto, são lançadas diante de nós. A moralidade superior é amar o homem, importar-me com o meu semelhante, e não apenas com a minha "família", ou a minha tribo, mas também com o "desconhecido dentro dos meus portões". A moralidade superior envolve conceder a minha atenção ao meu semelhante, cuidar das suas necessidades materiais e da sua necessidade metafísica da liberdade de encontrar o seu Deus. Essa é a moralidade superior. Foi para ela que o homem nasceu. O seu papel é reforçar o papel de Deus na Terra entre a criação de Deus, a espécie humana. Aqueles que negam a existência de Deus, que exigem provas, não têm consciência de que a prova da existência de Deus está bem diante dos nossos olhos na existência dos homens e das mulheres que são capazes de se importar, e efetivamente se importam, com os seus semelhantes antes de si mesmos, que estão até mesmo dispostos, se necessário, a consciente e inteligentemente morrer por amor ao homem. Podemos afirmar com segurança que o grande Hillel, como representante da totalidade da Torá, transmitiu esse ensinamento à sua comunidade em Jerusalém e além dela.

Essa é a moralidade superior, o cerne da moralidade convencional que a maior parte do nosso mundo inalou na infância, independentemente de como possamos ter reagido a ela quando chegamos à idade adulta. Mas existe outra moralidade, uma moralidade intermediária ou "inferior" que me impõe a tarefa de tornar-me *capaz* de querer e agir de acordo com as exigências da moralidade superior. Esta última, os ideais éticos nos quais quase toda a civilização humana se baseia, nos termos familiares pelos quais conhecemos esses ideais, pressupõe a existência de homens e mulheres que são até certo ponto *capazes* de querer e agir de acordo com o bem. O que conhecemos como ética, em resumo, é um roteiro para os homens e mulheres desenvolvidos ou em desenvolvimento. A moralidade inferior nos chama, primeiro, e repetidamente, para o choque silencioso e inexprimível de perceber que não somos

A ÉTICA DA MORALIDADE INFERIOR

homens e mulheres moralmente desenvolvidos; e, segundo, para a luta interior de tornar-nos pessoas que podem efetivamente desejar agir de acordo com o mandamento de preocupar-nos com o nosso semelhante e realmente fazê-lo.

A moralidade inferior exige que demos prioridade ao "essencial", ao esforço de nos abrirmos ao Eu dentro de nós, porque somente o eu é capaz de possibilitar que a mente, o coração e o corpo do homem se reúnam a fim de querer agir de acordo com o bem e efetivamente fazê-lo. Se um homem ou uma mulher procurar fazer o que é intrinsecamente bom e justo – por iniciativa própria, e não a partir do condicionamento da cultura, das convenções ou de dogmas rígidos – ele ou ela precisa lutar para permitir que o Eu penetre o seu ser.

O Eu interior não tem nome, ou melhor, o seu nome é sagrado, oculto, intrinsecamente desconhecido para o confuso e perplexo pequeno eu, a respeito de quem Gênesis 2:2 diz o seguinte: "a terra, porém, estava sem forma e vazia (*tohu v'bohu*)."

"Não terás outros deuses antes de mim": este é o primeiro mandamento, no qual, entre as suas múltiplas camadas de significado, podemos discernir o comando – devemos dizer o "convite?" – de colocar o Eu em primeiro lugar, antes mesmo da exigência da moralidade superior, antes mesmo da necessidade de preocupar-nos com o nosso semelhante.

Podemos dizer isso de muitas maneiras, mas jamais conseguiremos dizê-lo de um modo que extinga o paradoxo de sustentar que a nossa obrigação suprema é para com Deus e para com o homem. Este é o paradoxo que Kierkegaard, existencialista visionário do século XIX, lançou diante do intelecto da Europa e do mundo moderno: o aspecto religioso é mais elevado do que o ético, embora seja o ético que nos impõe uma inescapável obrigação fundamental. Na base da grandiosa obra completa de Kierkegaard situa-se o paradoxo de Abraão, pai do caminho hebraico, que recebe de Deus a ordem de violar os mais profundos princípios éticos matando o seu amado filho, Isaque. Na lógica estonteante e arguta do seu individualismo místico, Kierkegaard silenciou a mente moderna com a descrição do paradoxo de que Deus ordena ao homem que desobedeça a Deus, ou seja, que coloque

Deus antes do homem para que o homem possa colocar o homem antes de tudo.

O paradoxo de um dever que vai além do dever para com o homem é esclarecido, apenas para ser aprofundado em outro nível, por meio da compreensão (compreensão que Kierkegaard nunca nos revela nas abstrações filosóficas) de que o Eu é outro nome para Deus. O anjo do Senhor para a mão de Abraão no último minuto, quando ele está prestes a cravar a faca no coração de Isaque. Somente então é possível dizer que Abraão tem um filho, no sentido que ao desobedecer a ética por obedecer ao Altíssimo, ele, Abraão, é capaz de amar e se importar com o Outro que lhe foi entregue, de um modo impessoal e desapegado.

O paradoxo é esclarecido, apenas para ser aprofundado na esfera da experiência, pela atordoante declaração de G. I. Gurdjieff, mestre espiritual do século XX: "Para poder ser altruísta, a pessoa precisa primeiro tornar-se um completo egoísta." Para ser capaz de nos interessar pelo Outro que é o nosso semelhante, precisamos primeiro nos importar com o nosso Eu. Precisamos primeiro trabalhar para receber a energia do Eu no corpo, na mente e no coração.

Esse trabalho que leva o homem ou a mulher a tornar-se sensível à ação do Eu por todo o seu corpo, mente e coração é precisamente a ponte que lhe permite transpor o limiar socrático e ingressar no mundo da vida do dia a dia, a vida que recebemos em toda a sua realidade externa, a realidade da paixão, da criatividade, do aprendizado, da realização, da pobreza, da traição e do portal da morte. A vida que inclui o trabalho comum de interromper a violência e a maldade humanas, de apagar ou curar as nossas feridas psicológicas, de importar-nos com os nossos pais e amigos. Somente o homem ou a mulher capaz de se erguer debaixo da ação do Eu tem a capacidade de personificar o bem no meio dessa vasta vida mortal externa e horizontal que recebemos. Somente esse homem ou essa mulher, seja em que grau de intensidade que ele ou ela esteja aberto para o Eu – ou, nas palavras de Gurdjieff, na medida ou no grau em que a pessoa "se lembra" do Eu – somente esse indivíduo tem a capacidade de ser ético a partir do interior, e não apenas na obediência às vezes implacável às leis da religião e da sociedade que são transmitidas ou inculcadas na mente da criança. E essa *recordação* torna-se a principal obrigação, antes de qualquer outra obrigação moral e ética, do ser humano individual. É a obrigação dentro da obrigação, o dever no âmago do dever. É a obrigação de não ter outras obrigações antes de recordar o Eu – ou seja, "venerar" a Deus. Repetindo, é tudo isso, porque somente venerando a Deus – relembrando o Eu – podemos nos tornar um homem ou mulher ético a partir do interior.

No silêncio da escuridão vejo que não sou, a partir do interior, um homem ou mulher ético. Vejo que posso ser arrastado do caminho de interessar-me pelo Outro que é o meu semelhante – até mesmo a ponto de intencionalmente infligir dano a ele. Percebo que sou o sr. Prozi, e talvez até mais do que o sr. Prozi, o qual, afinal de contas, nada mais é do que uma marionete do teatro de sombras criado por uma experiência psicológica artificial. No entanto, eu sou ele e talvez pior do que ele, talvez muito pior. Talvez eu pudesse até ser Eichmann no sentido que sob o domínio das forças ultrajantes de um mundo perverso, eu poderia tornar-me um colaborador do mal, não apenas deixando de me importar com o meu semelhante, mas também destruindo-o voluntariamente.

Nesse singular silêncio sombrio, torno-me por um momento o Outro para mim mesmo. Sou obrigado a me importar com a vida que me foi dada a partir de dentro e de cima por Deus ou pelo mundo universal da natureza, ou por quem ou o que é o pai e a mãe da realidade. Sou obrigado a me importar com a vida que existe dentro de mim – ou, mais propriamente, a abrir-me às forças superiores com o seu poder exclusivo de importar-se comigo, de tornar-me um ser humano no sentido pleno da palavra. É somente esse ser humano que pode salvar o mundo no sentido de ser um instrumento consciente de Deus ou, para ser mais exato, talvez, uma partícula da consciência divina no mundo. Somente esse ser humano pode libertar-se do mundo enquanto, ao mesmo tempo, forma e suporta o mundo em todo o seu mal resgatável.

Os anjos só podem formar o mundo por meio da sua ação, como mensageiros de Deus, sobre o homem – este é o enunciado mítico dessa verdade. Na linguagem moderna, Gurdjieff afirmou que o Homem está na Terra para ser um transformador de energias de cima para baixo e, a partir daí, volta à origem. O homem foi criado para desempenhar um papel exclusivo no intercâmbio "cósmico usual" de energias que é a força vital do mundo criado.

Mas não somos ainda o Homem – nas palavras de Kierkegaard: "O Homem ainda não é um Eu."

AS DUAS VERDADES QUE SÃO ERROS

Mas isso significa que somos livres para não fazer caso das exigências da moralidade superior, a moralidade na qual nascemos? Se o nosso principal dever é tornar-nos capazes de praticar a ação moral genuína, isso significa que somos livres para descartar a moralidade superior, cujos princípios nos foram transmitidos desde a antiguidade e que formam a base da civilização humana? Se, devido ao baixo nível da nossa existência, a moralidade superior aparece para nós simplesmente com o nome de "moralidade convencional", somos livres para descartá-la? Ou para obedecê-la apenas externamente sob a coerção da pressão social ou legal? Para obedecê-la sem realmente respeitá-la e, por conseguinte, estar prontos ou pelo menos suscetíveis a violar os seus critérios na presença de certas influências ou condições?

Precisamos nos deter algum tempo nessa questão. Quase todos nós não sentimos o seu peso em alguma época da vida? Ao divisar a injustiça e a hipocrisia moral do mundo humano, qual de nós não ficou em maior ou menor grau desiludido com os critérios e regras vigentes do comportamento moral? E depois de compreender claramente a hipocrisia do mundo, não buscamos a nossa própria vida moral, talvez simplesmente desafiando interna ou externamente as regras da sociedade e experimentando uma vida moral própria baseada, mesmo que inabilmente, nos inegáveis princípios da justiça e do amor? Ao perceber que as regras são violadas por aqueles que buscam impô-las, como poderíamos deixar de compreender claramente, de "enxergar através" dessas regras?

Quem não foi "jovem" dessa maneira? Mas é mais, bem mais, do que uma fase comum, e altamente desejável, da juventude. Pensem em Thoreau, Nietzsche, Dostoievski, Gandhi, Martin Luther King, Jr., Malcolm X – os santos dissidentes que nos informam e talvez até se sacrifiquem pelo que vimos quando éramos jovens e que ainda vemos com os nossos olhos ainda jovens nos momentos de lucidez: o mundo não obedece, e não obedecerá, às regras morais que preceitua.

Digamos que esse ato de ver talvez não saiba realmente o que está vendo. Ele vê a hipocrisia – sim, ele está vendo o crime disfarçado de "legalidade" – sim. Ele está vendo a vida – a rigidez embotadora que dissimula as forças do amor, da sexualidade ou da compaixão – sim. Mas o que esse ato de ver talvez não esteja enxergando, mesmo através da mente e dos olhos dos seus grandes líderes e artistas, é o ser do homem como ele é. O que esse ato de ver talvez não esteja enxergando é o fato que em geral e em essência, a humanidade, como nós somos, *não pode* ser moral. Não pode viver de acordo com as regras que preceitua para si mesma e para o resto do mundo. E o mundo não consegue perceber isso!

O que está sendo enfocado aqui é a fantasia moral da humanidade, a fantasia que cobre a Terra na névoa que não pode ser penetrada de fora, a névoa do autoengano moral. Aqueles que pretendem se livrar da hipocrisia logo descobrem que essa mesma hipocrisia começa também a influenciá-los. A moralidade obtida quando as antigas regras são descartadas deixa de se materializar na vida dos seus defensores. E surgem novos olhos jovens que enxergam através dessa moralidade, agora convencional, que contém hipocrisia, guerra, violência e impotência moral.

O que esses olhos jovens veem é verdade, mas é somente a superfície da verdade. É uma verdade que aponta para uma verdade mais profunda – que ela não é uma maldade deliberada, um egoísmo intencional, que gera a hipocrisia do mundo. É o estado inferior do ser do homem.

Sócrates nos diz, naquele tom às vezes irritantemente calmo: "Nenhum homem pratica intencionalmente o mal." Mas se não é intencionalmente, então como, o quê? Por quê?

Ele é o ser do homem. A moralidade é um atributo do verdadeiro ser humano.

E aqui, finalmente, vemos as raízes do fenômeno – alguns o chamam de praga – do relativismo moral, o ponto de vista que a moralidade é uma construção humana que depende exclusivamente das condições sociais e das necessidades subjetivas de uma comunidade, raça, grupo étnico, período histórico, ou mesmo de um sistema humano individual de necessidades ou hábitos genéticos ou psicológicos. Aqui se encontra a raiz do grito angustiado da nossa jovem voz e nos jovens olhos do mundo pensante – o grito de refutação e condenação em que alguém afirma que uma coisa é boa ou bela – o grito "Mas você está fazendo um julgamento de valor!" Essa é a suprema refutação! Quem é *você* para fazer um julgamento de valor?! Tudo é relativo! – não é? Não existem absolutos morais, não é mesmo?

E aqui também estão as raízes da ética e das teorias estéticas modernistas e desconstrucionistas da nossa época. De acordo com esse ponto de vista, os valores e os princípios morais são construções sociais. O relativismo desconstrucionista moral e humanista da nossa época é a ação de olhos jovens vendo as contradições e a hipocrisia do mundo de valores fixos, de critérios fixos de interpretações. O relativismo está na raiz do impulso moral da mente e do coração que enxerga a hipocrisia do absolutismo, porém sem reconhecer profundamente que o que está sendo visto é o estado inferior do ser do homem e de nós mesmos.

E com frequência, com excessiva frequência, não conseguimos suportar esse relativismo. Podemos enxergá-lo atrás da moralidade decadente do mundo moderno – no embrutecimento da sexualidade humana, da infância humana, na debilitação da família, na zombaria da tradição sagrada e de costumes humanos imemoriais, na ganância e nas máquinas assassinas de nações com a sua tecnologia em ascensão e crescente submissão ao deus do dinheiro. Podemos viver com esse relativismo apenas o tempo suficiente para ver a sua influência conquistar os povos da Terra e, com um impulso moral imaturo semelhante, opor-se a ele, gritar para ele: Pare! Pare! Você está destruindo todos os valores humanos e divinos! A Verdade *existe*! E assumo a minha posição quanto a isso. *Eu conheço essa Verdade! Ela é a seguinte:* Eu estou certo. Você está errado. Pare! Acredite! Caso contrário eu o mandarei embora. Poderei até mesmo matá-lo.

Assim nasceu o fundamentalismo moderno, o gêmeo às avessas do relativismo.

Tanto o relativismo quanto o fundamentalismo nas suas formas despóticas nascem de um impulso moral incipiente que entrevê a verdade superficial da confusão moral do homem sem reconhecer a verdade mais profunda que na realidade o que está em questão é o *ser* do homem.

E assim, na superfície da verdade, tanto o relativismo quanto o fundamentalismo estão certos. Mas debaixo da superfície, nenhum dos dois está correto.

O que está certo a respeito do relativismo, antes que ele se torne despoticamente secular, é o fato de que ele estimula o ato de ouvir profundamente o Outro no crisol da verdadeira conversa e na promessa de que a Verdade mais ampla e abrangente descerá como a pomba do espírito. O aspecto falso ou enganador do relativismo é a sua ignorância do fato que seja qual for a verdade alcançada, ela não pode, por si só, nos conduzir ao outro lado do limiar socrático, porque viver livremente a verdade moral não é uma questão do modo de pensar, do desejo ou do consenso; é uma questão de um nível de ser e de energia que a maioria de nós ainda não alcançou e que precisa ser persistentemente cultivado de acordo com as leis e os princípios do que chamaremos de "moralidade inferior" do autodesenvolvimento interior.

O que está certo – não a respeito do fundamental*ismo*, e sim do esforço de nos comprometermos com princípios morais absolutos e fundamentais – é a convicção de que a origem da moralidade é mais profunda e mais elevada do que o nosso raciocínio e as nossas opiniões demasiadamente humanos. O falso a respeito do fundamentalismo é a suposição de que essa fonte superior, quer ela seja considerada intrínseca ou extrínseca a nós, nos é acessível e está à nossa inteira disposição, sem a grande luta interior de nos tornarmos um eu plenamente humano.

UMA QUESTÃO PERIGOSA

É no silêncio escuro no qual eu me torno o Outro para mim mesmo que vislumbro a ponte que conduz ao poder da ação moral. Nesse silêncio pode me ser oferecido o longo trabalho de lutar com esse Outro que sou eu mesmo, com a finalidade de tornar-me um homem ou uma mulher capaz de verdadeiramente desejar os princípios essenciais da moralidade superior. Esse é o trabalho de evoluirmos para a plenitude do ser humano. E essa agora torna-se a minha principal obrigação moral, pois sem esse trabalho, sem o desenvolvimento do ser, o homem ou a mulher no mundo moderno é, com raras e luminosas exceções, algo que se assemelha a um robô ético, que obedece a princípios morais mediante uma compulsão ou hábito externo ou interno, ou somente quando não é excessivamente inconveniente, ou ainda quando é, de uma maneira ou de outra, pessoalmente lucrativo fazê-lo. Essa pessoa pode ser levada a praticar qualquer ação por meio da simples ativação de alguns interruptores. E mesmo quando ela está "fazendo a coisa certa", em geral o faz com tal rigidez que, no final das contas, acaba causando mais dano do que benefício. Assim, falando por intermédio do profeta Amós, Deus diz ao povo de Israel: "Odeio os vossos rituais e oferendas sacrificais", ou seja as ações virtuosas praticadas sem o pleno consentimento do coração. Jesus também diz aos seus discípulos que a justiça deles deve exceder a integridade (exterior) dos escribas e dos fariseus (Mateus 5:20).

A minha primeira obrigação moral é tornar-me um ser humano capaz de desejar o bem conscientemente e a partir da minha livre iniciativa. Mas a fim de viver genuinamente de acordo com a moralidade superior, preciso seguir agora os princípios da moralidade inferior, os princípios que governam o crescimento do ser no homem. *A origem de toda obrigação moral é a obrigação de tornar-nos capazes da moralidade.*

Mas a questão diante de nós permanece: isso significa que estamos livres para abandonar os princípios éticos e as determinações da nossa cultura, a religião que nos foi dada? O fato de não termos a natureza, digamos, de um cristão genuíno, de sermos ontologicamente incapazes de viver a vida de acordo com os preceitos de Cristo ou Moisés, significa que não temos a obrigação de respeitar esses preceitos e fazer todo o possível para obedecê-los, mesmo que não possamos ter êxito? Isso significa que, durante o esforço de nos tornarmos seres humanos verdadeiramente capazes de praticar a ação moral, as leis da moralidade superior não se aplicam a nós?

Uma vez mais, precisamos prosseguir pacientemente com essa questão, a qual, em um sentido profundo, é extremamente perigosa. Tão perigosa na verdade, que os mestres influentes das religiões do mundo frequentemente a ocultaram, reservando-a apenas para aqueles que iniciaram honradamente o trabalho específico de tornar-se o seu eu. Moisés Maimônides, filósofo espiritual do século XII, por exemplo, uma das mentes mais profundas e influentes da longa história do judaísmo, ensinou que somente ao homem que deu e que pode dar o máximo de si para viver em obediência às exigências éticas literais da Torá pode ser permitido ingressar no caminho de tornar-se o seu eu, dentro do qual existem ideias, interpretações e preceitos que aparentam ser superficialmente incompatíveis, e até mesmo contrários à moralidade superior da escritura. Restrições semelhantes podem ser encontradas, às vezes em uma linguagem totalmente diferente, em muitas das religiões e filosofias espirituais do mundo, como, por exemplo, nos ensinamentos de Platão, onde, falando de certa maneira simbolicamente, ele adverte que o estudo da filosofia (referindo-se ao treinamento prático de tornar-se capaz de viver de acordo com os preceitos que governam o estado de ser chamado sabedoria) não pode começar antes que o homem ou a mulher complete 30 anos de idade. Na tradição mística judaica, essa idade é "fixada" (uma vez mais, em parte simbolicamente) em quarenta.

O perigo óbvio dessa pergunta surge, como indicamos, precisamente da percepção da hipocrisia moral do mundo e da existência difundida da maldade humana – a brutalidade, o genocídio, o assassinato político, a injustiça e a crueldade em massa, as conquistas sangrentas em nome de Deus, do "amor", da "paz" ou do "país". E também da constatação sincera e perturbadora da influência ao longo da história da moralidade gregária, da influência da mentalidade de massa, a ânsia irrefletida e passiva da humanidade de que lhes digam em que fantasias, religiosas ou não, devem acreditar, deixando que elas guiem os seus atos a ponto de cometer genocídio. Dessa percepção, por mais sincera e "jovem" que ela seja, pode surgir a ideia de que eu estou "além do bem e do mal", que eu vejo e posso saber o que é certo e errado apenas a partir das minhas emoções e percepções.

Ao vislumbrar a hipocrisia moral da espécie humana e talvez sentir a necessidade de procurar o trabalho de tornar-se o eu, o homem ou a mulher pode facilmente abandonar ou encarar com ceticismo o sentimento de obrigação para com a moralidade superior. Isso pode ter lugar muito antes de a pessoa estar radicada no Eu superior que é o único a oferecer o poder de agir livre e moralmente a partir do interior. É somente quando a pessoa se coloca sob a influência direta do Eu que ela tem o direito e pode violar as formas externas da moralidade superior – e isso porque, sob a influência do Eu, a pessoa pressentiu a genuína essência da lei moral que repousa debaixo de todas as suas regras e costumes externos.

Somos compelidos, então, a obedecer à lei moral, à moralidade superior. Ao mesmo tempo, somos obrigados a compreender que o nosso nível de ser torna impossível para nós agir moralmente no sentido mais profundo do termo, ou seja, interiormente, a partir de dentro, desejar o bem *aconteça o que acontecer.* No entanto, também somos forçados a reconhecer que no silêncio da escuridão, quando eu me vejo como sou, contra o pano de fundo da lei moral superior do amor e da justiça – quando vejo isso, quando realmente o enxergo, quando o sinto – nesse momento, o início do Eu surge dentro de mim. No silêncio da dor, ao presenciar a demoníaca brutalidade do homem, no silêncio em que me vejo como o Outro que é arrastado pelas forças do medo, do ego e da sugestibilidade – eu, o Outro, criado para personificar o Eu na Terra; eu, o Outro, minto, mato, ignoro, justifico a mim mesmo, intelectualizo os ideais que transgrido no coração – nesse silêncio, nesse vislumbre, uma coisa aparece dentro de mim. Ela não tem palavras, ela parte o meu coração e faz soar um acorde distante de uma futura harmonia interior – nesses momentos, efêmeros momentos de presença ao Essencial dentro de mim – nesses momentos de pesar e essência – sim, torno-me por um instante um ser humano. Posso agir. Posso amar. Posso ser bom.

Mas isso só dura um momento, um instante! E, de repente, desaparece. O silêncio de Relembrar o Eu se extingue.

Agora a Questão Fundamental é completamente real para nós. Quem sou eu? Como deveríamos viver? O que tenho a obrigação de fazer?

Precisamos tornar-nos seres capazes da moralidade – de fato. Mas e nesse meio-tempo? Agora? Como será a nossa vida se nos esforçarmos sempre, em todas as situações, para obedecer à moralidade superior, sabendo que somos ontologicamente incapazes de fazê-lo profundamente, a partir do nosso âmago?

Essa é a Questão Fundamental que podemos viver, que precisamos viver. É a Pergunta Fundamental que foi transmitida ao homem desde os primórdios da nossa civilização. É essa questão que, com a ajuda daqueles que partiram antes de nós, pode nos conduzir ao outro lado do limiar socrático. A semente da vida e da bondade humana com a qual sonhamos e pela qual ansiamos reside na nossa incapacidade consciente.

··· *Capítulo Treze* ···

A MAIOR IDEIA DO MUNDO

HILLEL, O VELHO E A IDEIA DA LEI
MORAL UNIVERSAL

A história tem muito pouco a nos dizer sobre a sua vida, mas as lendas a seu respeito, e a influência excepcional e multicentenária da sua mente e do seu espírito, nos levam a refletir seriamente sobre a importância para a nossa era do homem conhecido como Hillel, o Velho. Nisso, o mundo inteiro se parece com o homem de uma só perna da nossa história. Não temos um único momento a perder na nossa busca pela origem fundamental da verdade moral e do caminho fundamental em direção ao ser moral.

Na sua pesquisa clara e compacta sobre Hillel, que durante muitos anos foi o único trabalho desse tipo na língua inglesa, o famoso acadêmico Nahum Glatzer abriu uma extraordinária perspectiva sobre como, há dois mil anos, na antiga Jerusalém, Hillel, o Velho convocou a comunidade judaica da cidade a "recordar a si mesma", ou seja, a restabelecer a fonte interior, transcendente, das suas regras e princípios éticos.

De acordo com a especulação de Glatzer, o grande dom de Hillel era a sua capacidade de construir uma ponte ligando dois níveis distintos da vida religiosa da época: (1) os ideais e a observância interior das escolas de tornar-se o eu que ele identifica como "essênias", e (2) a comunidade mais ampla de Jerusalém como um todo, que vivia sob a poderosa hegemonia e influência mundana do Império Romano. Ou então, dizendo tudo isso em uma linguagem moderna, Hillel talvez tenha conseguido abrir um canal, por assim dizer, entre as regras e os princípios que controlam as obrigações de comportamento do homem para com o seu semelhante. Ou, novamente, ainda em outra linguagem, era o dom de Hillel criar uma ponte entre a obrigação do homem de tornar-se interiormente *capaz da moralidade* e a sua obrigação de *ser* efetivamente moral, de efetivamente servir a Deus nas suas manifestações por meio das obras de amor para com o seu semelhante. *E essa, somente essa, em toda a sua imensidão e majestade, é "a maior ideia do mundo" – a ideia da lei moral universal que liga toda a humanidade ao serviço do Deus Superior e Interior.*

De qualquer modo, a importância do que Hillel talvez tenha tentado nos permite considerá-lo um símbolo do que é mais do que nunca necessário neste momento da história, ou seja, a lembrança, oriunda das profundezas do nosso ser, do que somos e do que estamos destinados a ser: instrumentos conscientemente individualizados do que é – além de todos os nomes e explicações – a fonte, o artífice e guardião de tudo que existe – a mesma fonte que ao mesmo tempo exige e possibilita o amor e a justiça entre os seres humanos.

Não estamos escrevendo a história aqui. Não sou um historiador. Estamos considerando Hillel nada mais, nada menos, do que um símbolo do que significaria descobrir uma fonte e justificativa totalmente esquecida da ética, capaz de nos liberar com o tempo, se nos dedicarmos a ela, a partir de intermináveis "provas e argumentos", a partir dos tortuosos labirintos do relativismo cultural e subjetivo, a partir do desapiedado academicismo ou a partir do insensível dogmatismo, na esfera da ética.

Com a devida modéstia e a mão confessadamente trêmula, estamos trabalhando para novamente mitologizar esse homem, a respeito de quem conhecemos muito poucos fatos e um enorme significado. E o objetivo dessa "remitologização" é termos a possibilidade de falar sobre o que é necessário hoje na devastação ética da nossa cultura, a saber, a profunda recordação das qualidades humanas interiores que são postuladas pelos nossos ainda existentes princípios e doutrinas morais. Faz-se necessária uma reminiscência que contenha o choque da constatação que, no caso de quase todos nós, essas qualidades estão atualmente ausentes. Estão ausentes, mas podem ser reintegradas a nós, ou seja, é possível tornar-nos os homens e as mulheres que hoje apenas julgamos ser.

Entretanto, para que essa reintegração tenha lugar, precisamos da ajuda de outro nível de existência, de outro nível de amor. Proporcionar essa ajuda sempre foi a missão dos grandes mestres da humanidade, em torno de quem, quase sempre, formaram-se no passado comunidades nas quais o trabalho do despertar existencial pode ocorrer. E estamos alvitrando que a partir dessas comunidades, diferentemente denominadas "escolas", "irmandades", "mosteiros", "sangha", "tarikat", ao longo da história do mundo – dessas comunidades, uma influência específica "vinda de cima" foi repetidamente introduzida no mundo em todo o andamento da civilização humana, influência essa que associa a organização da vida usual do homem a pelo menos um fragmento – mas que precioso fragmento! – do conhecimento do caminho que conduz ao esforço de tornar-nos homens ou mulheres plenamente humanos. E a expressão "homens ou mulheres plenamente humanos" refere-se às pessoas em quem o poder da consciência, da fé e do amor concedidos por Deus torna-se a força ativa e causal de todos os relacionamentos humanos que se enquadram na esfera que merece o nome de ética e moralidade. Estamos propondo, além disso, que até mesmo o mais ínfimo apelo para que um homem ou uma mulher olhe "dentro de si" e examine a si mesmo ou lute interiormente no meio da ação com outro – até mesmo o mais ínfimo início de um impulso desse tipo na sua forma pura e não neurótica é absolutamente essencial para a vida moral e não surge de um modo "natural" ou automático. Ele precisa ser sabiamente inserido na vida humana e, em seguida, alimentado de acordo com pelo menos um fragmento – mas que precioso fragmento! – de grande inteligência e amor.

E como foi por meio do judaísmo, mais do que de qualquer outro impulso original isolado de que ouvimos falar, que a ideia da lei moral universal foi introduzida no mundo ocidental, uma ideia que se derramou primeiro sobre a Terra como um curso de água descendente e depois como rios largos que se ramificaram através das tradições do cristianismo e do islamismo; uma vez que foi por meio do judaísmo que essa ideia foi inicialmente introduzida na forma como hoje a conhecemos, o que temos a dizer por intermédio do nosso Hillel "remitologizado" e da sua influência dirá respeito a todo o problema da ética no nosso mundo e na vida pessoal de cada um de nós.

A VIDA DE HILLEL

Hillel nasceu na Babilônia em algum momento antes da metade do primeiro século da era pré-cristã. Ainda jovem, na casa dos vinte ou dos 30 anos, deixou a sua terra natal e foi estudar em Jerusalém, o centro de todo o aprendizado judaico. A data da sua chegada a Jerusalém deuse provavelmente em torno do ano 40 a.C., cerca de vinte anos antes de a Judeia ter sido conquistada pelo exército romano, deixado de ser um estado independente sob o governo dos reis Hasmoneanos e passado a ser uma província romana secundária que logo passaria ao domínio imediato (37-4 a.C.) do odiado Herodes, o Grande.

Foi uma época de grande efervescência política, intelectual e religiosa. A imensa influência cultural e perspectiva do mundo da Grécia antiga que se abatera sobre o Oriente Médio com os exércitos conquistadores de Alexandre, o Grande, estava agora sendo substituída pela influência física e politicamente esmagadora do império romano. O judaísmo, ou mais precisamente, o judaísmo que o jovem Hillel encontrou, estava lutando pela sobrevivência, pela sua identidade espiritual, já que muitos tipos competiam pela supremacia, em um mar agitado de política do poder, militarismo e corrupção eclesiástica.

"Hillel", escreve Nahum Glatzer, "absorveu tudo o que os seus contemporâneos tinham a oferecer", e eles estavam principalmente interessados em aplicar os aspectos superficiais da Torá aos problemas práticos e aos detalhes externos da vida do dia a dia. Nesse trabalho, "as diferenças de opinião eram resolvidas pelo voto da maioria. Não eram concebidos princípios gerais para a interpretação da Torá". Ou seja, a busca das leis interiores, espirituais, reveladas na Torá era muito pequena ou inexistente, e o mesmo acontecia com a pesquisa sobre como essas leis espirituais iluminam os detalhes da vida cotidiana da comunidade e de cada pessoa.

Esse estado de coisas aparentemente deixou o ainda jovem Hillel desejoso de algo mais profundo e, em um determinado momento, cuja data exata é desconhecida, ele parece ter deixado Jerusalém.

> [Ele] deve ter compreendido que, por mais importante que fosse a ênfase nas questões práticas, ela não poderia de modo algum esgotar todas as possíveis implicações da Torá. As inumeráveis regulamentações baseadas na antiga lei poderiam manter a vida religiosa sob o controle [externo], mas não poderiam inspirar o seu crescimento [...]. Até mesmo um sistema de ética tende a tornar-se obsoleto se as suas fontes não revelarem padrões ideais. Um estudante preocupado com a exatidão formal se revelará um consultor impecável, tecnicamente competente, mas não um homem do espírito.[33]

Muitos anos se passaram sem que existisse uma documentação histórica das ações de Hillel. Tudo que se sabe, segundo Glatzer, é que no ano 30 a.C., Hillel reapareceu em Jerusalém, um homem mudado. A lenda nos mostra que ele introduziu algo inteiramente novo no problema da interpretação da lei hebraica no que diz respeito à maneira como ela se relaciona com a conduta da vida. E o que ele introduziu, o que ele manifestou tanto por meio de palavras quanto de *ações*, foi uma combinação única de fé obediente e pensamento independente; um coração humilde associado a uma mente poderosa e crítica; uma profunda reverência pelos métodos tradicionais aliada a uma interpretação criativa deles livre do que era meramente um hábito, em vez de um princípio sagrado. Podemos dizer que o "novo" Hillel personificava uma interpretação esquecida e eternamente renovada do amor humano e divino. Ele era para os seus companheiros um novo tipo de mestre e era reconhecido como tal pelos anciãos, que, segundo diz a lenda, imediatamente abdicaram para dar lugar ao novo Hillel e à sua visão inteiramente nova da essência da Torá como objetivo do amor, para a sua época, da missão ética essencial do ser humano: a luta individual e comunal de separar-se conscientemente do ego a fim de ser capaz de amar. A missão ética: a tarefa de tornar-nos interiormente bons como uma "precondição paradoxalmente simultânea" da ação correta com relação ao nosso semelhante. Ele introduziu uma visão de moralidade interior como uma "precondição simultânea" da moralidade exterior.

Onde e com quem Hillel estudou nesses "anos perdidos?"

> Hillel deve ter sabido que grande parte das investigações sobre a Torá tinham lugar fora dos locais de estudo de Jerusalém, nas irmandades e associações monásticas onde os judeus viviam em conformidade com os ideais dos primórdios do hassidismo.[34]

O dr. Glatzer está se referindo aqui especialmente às comunidades e irmandades associadas aos surpreendentes Manuscritos do Mar Morto descobertos em Qumran em escavações realizadas no período de 1947 a 1956. Alguns especialistas são de opinião de que esses textos e manuscritos eram oriundos das comunidades essênias, embora existam consideráveis controvérsias a respeito disso. Entretanto, quase todos os estudiosos estão de acordo em que havia muitos tipos de comunidades judaicas espirituais e místicas dentro e ao redor de Jerusalém. Teria sido em uma dessas comunidades que Hillel passou os seus "anos perdidos?" E se for esse o caso, o que ele aprendeu lá que o modificou tão profundamente? E por que esse segmento distante da história poderá ser tão profundamente relevante para a dolorosa crise da ética na nossa época e na nossa vida?

Será possível que a vida de Hillel possa nos ajudar a aceitar e compreender com mais clareza por que é necessário falar de duas moralidades e duas formas correspondentes de ética – a ética da luta interior, que tem lugar em condições especiais dentro de uma comunidade intencional, e a ética do comportamento na nossa vida do dia a dia – a ética da atenção e a ética da manifestação? E se for esse o caso, se é necessário reconhecer que estamos distinguindo a "moralidade inferior" da "moralidade superior", criar uma ponte genuína, mesmo que tênue, entre os dois níveis e qualidades distintos da moralidade não se tornaria, de alguma maneira e em um certo grau, a coisa mais importante do mundo? Se de fato existissem o conhecimento e as condições comunais dentro dos quais um homem ou uma mulher poderia se esforçar para tornar-se *capaz da moralidade,* levar mesmo que apenas um princípio desse conhecimento e desse poder para a vida de todos os homens e mulheres do mundo não seria a tarefa mais importante do mundo? Ou pelo menos fazer soar o chamado em uma linguagem ou forma relevante e compreensível para uma era ou cultura particular? Uma linguagem ou forma capaz de introduzir um fragmento desse conhecimento – mas que precioso fragmento! – na crise ética do mundo humano mais amplo?

Estamos aventando que é exatamente dessa maneira que a missão de Hillel pode ser interpretada tanto na sua época quanto, acima de tudo, na nossa época. Essa "mitologização" da figura de Hillel precisa despertar em nós, aqui e agora, o conhecimento do primeiro passo verdadeiro que temos que dar, e podemos dar, para criar uma vida do outro lado do limiar socrático. O que iremos descobrir é um "movimento para dentro" que traz um átomo de um genuíno poder moral para a vida humana do dia a dia, um poder que não tem sido em geral divisado pelo que ele é, ou seja, uma possibilidade transmitida a partir de um nível superior da mente e do coração para os nossos hábitos de vida. Quando ouvimos o que é esse movimento para o interior, quando ele é expresso em palavras, podemos ficar inicialmente desapontados e perguntar a nós mesmos: sempre não soubemos disso? Isso não é verdade; podemos conhecer as palavras, mas perdemos o acesso à energia que essas palavras um dia contiveram. E quando dizemos que o nosso Hillel "mitologizado" trouxe para o mundo esse precioso fragmento de entendimento moral, não estamos afirmando que ele trouxe meras palavras, meros conceitos ou uma mera teologia. Estamos dizendo que ele trouxe a energia de ser que basicamente inspira essas palavras. Estamos dizendo que ele trouxe essa força para o seu mundo. E, como poderemos então especular – alegremente, espero – que por meio dele e do manancial que Hillel ajudou a trazer para a vida do judaísmo, essa energia moral foi transmitida através de uma longa cadeia de outros grandes mestres que vieram depois dele – inclusive um em especial, cujas palavras e ações falaram ao sentimento de todo o mundo ocidental.

O QUE HILLEL DESCOBRIU?

No entanto, antes de levar este projeto adiante, precisamos levar em consideração o tipo de investigação que estamos enfrentando quando começamos a pensar nas comunidades intencionais que existiam em Jerusalém e ao redor da cidade na época de Hillel. Quer estejamos, nesse caso, referindo-nos a comunidades de pessoas que chamamos de "essênios", "Povo da Aliança" ou "Enoquianos", ou às quais possam ser aplicados os mais diferentes nomes e designações, estamos hoje diante da tarefa, difícil porém essencial, de avaliar o valor e a importância dessas comunidades, irmandades, "sociedades secretas" e "escolas esotéricas" que existiram ao longo da história do mundo, provavelmente em todas as épocas e culturas.

É até levemente possível que os anos perdidos de Hillel tenham sido passados sob a influência direta de uma dessas escolas ou comunidades, e se o resultado foi a reorganização da tradição judaica em torno de um entendimento revolucionário do que, em hebraico, é denominado *hesed, divino* ou *amor objetivo pelo nosso semelhante,* uma força que é a fonte suprema e fundamental de todos os atos éticos e morais da vida humana, então, é crucial que cheguemos a uma maneira criteriosa e inteligente de estimar a natureza de uma influência que Hillel possivelmente poderia ter trazido de uma genuína escola esotérica. A necessidade crítica desse entendimento não é apenas conscientizar-nos do que pode realmente ter acontecido no passado, e sim, o que é da maior importância, entender o que precisa acontecer, e talvez até o que já esteja tentando acontecer, no presente, aqui e agora, nesta civilização contemporânea eticamente devastada e mortalmente ameaçada.

Como, então, devemos encarar essas comunidades e o que elas ensinaram? Que peso iremos atribuir ao aprendizado acadêmico – à arqueologia, que descobre fragmentos e restos mortais, pedras, inscrições e antigos artefatos ocultos por milhares de anos? E que, como no caso atual, descobre ou toma posse dos manuscritos e escrituras originais, como os Manuscritos do Mar Morto e os textos conhecidos como a Biblioteca de Nag Hammadi do Alto Egito – textos que parecem apresentar indicações e relatos diretos das crenças e práticas dessas comunidades espirituais da antiguidade? Que peso atribuiremos ao árduo trabalho dos estudiosos da Bíblia – historiadores, linguistas e outros – cujo esforço disciplinado exige que eles se separem de todas as considerações relacionadas com a verdade ou a falsidade de tudo que leem? Até que ponto essa exigência lhes permite abordar a objetividade e a liberdade com relação a opiniões preconcebidas quanto ao valor do que estão investigando, e até que ponto, por outro lado, ela pode ser adotada de uma maneira absolutista, bloqueando a sensibilidade de sentimento e a intuição que esses textos, quando genuínos, podem ter a intenção de despertar naqueles que os ouvem ou leem?

Quando especialistas ou investigadores de qualquer espécie captam motivos políticos nos fatos sobre essas comunidades, especialmente nas ações dos seus líderes espirituais, até que ponto eles estão nos mostrando que esses líderes são impulsionados pelos mesmos tipos de objetivos que norteiam os reis e os príncipes da história? Ou, por outro lado, em que grau a especulação a respeito dos motivos fundamentalmente políticos desses líderes atua de maneira a nos deixar cegos à possibilidade de que houve homens e mulheres ao longo da história cujos motivos eram essencialmente mais elevados e mais interiores do que aqueles com os quais estamos familiarizados, quer em nós mesmos, quer na massa de homens e mulheres que efetivamente observamos no desenrolar da história? Em outras palavras, até que ponto essas especulações nos deixam cegos à possibilidade e, digamos, ao fato de que existiram e podem existir seres humanos que são, de fato, espiritualmente mais desenvolvidos do que o restante de nós? Em que medida, finalmente, essas especulações geram o ceticismo a respeito do homem e do espírito, tocando as raias do pecado "imperdoável" de negar a possibilidade de que forças superiores estejam em ação no mundo e no homem?

Que peso atribuiremos às interpretações dos teólogos – judeus, cristãos ou outros – pensadores eruditos que são homens e mulheres de fé que enxergam e avaliam os fatos sobre esses textos e comunidades à luz do seu próprio entendimento e ideias religiosas? Até que ponto essas convicções prévias favorecem a compreensão das profundidades de significado que os ensinamentos religiosos esotéricos possam oferecer ou, por outro lado, em que medida eles meramente impingem todas as opiniões e doutrinas ao leito procustiano de sistemas apriorísticos de pensamento e crença que são fundamentalmente incompatíveis com a mensagem essencial desses ensinamentos espirituais "não-ortodoxos"?

Podem ser levantadas questões semelhantes relacionadas com as interpretações oferecidas por psicólogos, historiadores e críticos sociais, bem como por representantes do crescente fascínio e entusiasmo pelos inúmeros aspectos do "gnosticismo". Estarão essas pessoas percebendo alguma coisa diferente daquilo com que estão contribuindo a partir dos seus próprios antecedentes e grau de experiência com genuínas possibilidades humanas?

De qualquer modo, os indícios de comunidades e irmandades espirituais intencionais que existiram dentro do judaísmo por volta da época de Hillel atraíram a veemente atenção de todos os grupos e disciplinas acadêmicas há pouco mencionadas, bem como a de muitos outros. Tanto os manuscritos descobertos em 1947 em Israel nas proximidades do Mar Morto, quanto os textos que englobam o que é chamado de Biblioteca de Nag Hammadi, descobertos mais ou menos na mesma época no Alto Egito, são como máquinas do tempo que nos levam de volta às raízes do que veio a ser conhecido como o judaísmo clássico. Em outras palavras, tendo em vista a natureza dessas comunidades ou escolas sectárias, e levando em conta a possibilidade de que alguma delas possa ter exercido uma influência determinante na evolução do desenvolvimento espiritual de Hillel, podemos na verdade estar olhando através de uma nova lente para a essência do próprio judaísmo, o judaísmo que influenciou decisivamente a perspectiva ética do mundo ocidental.

Vamos fazer agora uma pergunta mais específica: o que Hillel pode ter encontrado em uma ou outra dessas comunidades intencionais? O que ele encontrou que pode lhe ter conferido a visão de transformar e reunir o campo disperso dos *judaísmos* da sua época? E, acima de tudo, é possível recuperar a natureza essencial dessa visão agora, para os nossos tempos – para a nossa era de *moralidades* espalhadas e dissipadas, para a nossa cultura devastada pelas forças do relativismo descontrolado e do absolutismo igualmente imoderado?

Dizem que Hillel introduziu dois principais elementos no judaísmo: o primeiro, uma nova e eficiente maneira de estudar e entender o significado das escrituras e, o segundo, uma visão profunda e revolucionária do amor como o trabalho fundamental do homem e como a força essencial que definem simultaneamente o relacionamento do homem com Deus e o seu relacionamento com o seu semelhante.

Em resumo, Hillel redefiniu o significado do conhecimento e o da ética.

Eis o que o dr. Glatzer escreve a respeito da abordagem de Hillel às escrituras:

> Hillel introduziu uma nova qualidade no local de estudo. Dizemos introduziu, e não inventou. Encontramos indícios desse tipo de aprendizado na Judeia antes de Hillel; encontramos uma forte ênfase nesse ensinamento, bem como um refinamento, nos movimentos sectários da época. Parece que, por intermédio de Hillel, essa ênfase e cultura foram transplantadas do isolamento das associações sectárias para as escolas de Jerusalém.[35]

Entretanto, o que precisamos compreender agora, antes de qualquer coisa, é o segundo elemento. Precisamos nos voltar para o significado ético interior do poder do amor – respeitosamente, mas também, até onde for possível, de um modo criativo – tendo em mente que a nossa única preocupação é aqui, agora, suportando-nos como somos, na ânsia desesperada de bondade da nossa era atual.

·•· *Capítulo Quatorze* ·•·

A SEMENTE E O FRUTO
DE TUDO QUE É BOM

O que, então, pode Hillel ter levado para a sua comunidade, e posteriormente para o mundo, das intensas condições de vida de uma escola de autoaperfeiçoamento? E de que maneira isso pode nos ajudar agora? Como isso pode nos ajudar a viver o que sabemos ser bom?

As lendas e narrativas sobre Hillel nos fornecem a "resposta". Mas é apenas uma resposta entre aspas, porque a passagem do tempo encobriu a visão de Hillel em uma névoa de conhecimento superficial. As respostas estão presentes, mas para poder utilizá-las temos que nos preparar para significados inteiramente novos de palavras e histórias cujo sentido poderá inicialmente parecer autoevidente ou meramente paradoxal e fragmentário.

Não obstante, podemos ter certeza de que o significado delas nunca é simplesmente autoevidente. E o motivo pelo qual, com frequência, parecem meramente paradoxais e fragmentárias, é o fato que o chamado para um estado mais profundo de ética ou sensibilidade espiritual só pode se fazer "soar" por meio de uma lógica que faça a mente explicativa "parar", indicando-nos as lições do silêncio.

Além disso, como vimos, é no silêncio consciente que tem início a busca da força moral, ou, finalmente, no qual essa força é concedida, mesmo que, a princípio, apenas por um momento. E é necessário lembrar que o mestre espiritual utiliza palavras, mesmo quando são transmitidas ao longo de milhares de anos, não para transmitir teorias e informações, mas sobretudo para favorecer o surgimento de um estado de ser no qual o egoísmo humano possa testemunhar um elemento dentro do homem que é maior do que ele mesmo, e ser testemunhado por ele.

OUTRA DIMENSÃO DO AMOR

Em tudo que iremos dizer agora, estamos admitindo a autenticidade espiritual da comunidade ou irmandade que ajudou a moldar a visão de Hillel com relação à essência da lei moral universal. Esse é um ponto fundamental que precisa ser esclarecido. Não poderemos prosseguir sem abordar essa questão.

Estamos pressupondo que a irmandade que ajudou Hillel não era uma "escola esotérica falsa", uma seita "pseudomística" ou uma facção política militante disfarçada de comunidade espiritual ou religiosa. Estamos partindo do princípio de que os mentores que dirigiam essa comunidade não estavam absortos em fantasias religiosas e não eram sobretudo motivados pelo desejo de poder, riqueza ou sexo. Em resumo, estamos pressupondo que os líderes ou guias dessa comunidade eram pessoas que já haviam percorrido um longo trecho do caminho do autoaperfeiçoamento e do despertar, em decorrência, vamos presumir, do seu próprio discipulado sob a supervisão de um mestre bem mais próximo da plena realização.

Além disso, apresentar a questão dessa maneira já significa encontrar a nossa primeira pista relacionada com os critérios para julgar a autenticidade desta ou daquela comunidade espiritual intencional. A não ser que tenhamos alguma noção da possibilidade da transformação humana, não poderá haver nenhum entendimento do tipo de influência trazida à humanidade pelas grandes comunidades, mosteiros, irmandades e escolas religiosas. E para que possamos saber o que é possível para o homem em geral, é necessário que tenhamos tido pessoalmente uma experiência, mesmo que breve, de um estado superior de ser. E precisamos não apenas experimentar esse estado, como também compreender o que essa breve experiência indica no que diz respeito à natureza humana e à sua possível transformação. Sem esse vislumbre e um entendimento concomitante, por mais preliminar que seja, do seu significado, não é possível compreender o que uma escola espiritual genuína oferece ao homem. Por conseguinte, nos vemos inclinados a interpretar as ações de um grande mestre religioso e da sua comunidade somente em função de motivações familiares, manchadas pelo ego. Ou então somos compelidos a interpretar essas ações apenas em função das ilusões morais que assolam a humanidade através dos tempos.

Ou ainda, finalmente, sem nenhum entendimento verdadeiro do que é possível para o homem e a que distância estamos de tornar realidade essa possibilidade – sem a experiência pessoal e a compreensão teórica do estado interior de ser que, por assim dizer, *habilita* a ação moral genuína e se derrama na direção dela; e sem o entendimento concomitante da fragilidade desse estado de ser e do estado desesperadamente fraco de ser que caracteriza a nossa vida habitual – sem esse entendimento duplo da nossa possível divindade e do nosso efetivo distanciamento dessa divindade – sem isso, a interpretação dos ensinamentos de um grande reformador será certamente inadequada. O erro mais comum nesse aspecto é identificar a visão do reformador com qualidades ou ideias que conhecemos muito bem e nos são tão familiares a ponto de nos fazer ficar admirados com o fato de essa "grande visão" poder ter exercido uma influência tão transformadora no mundo, ou, por outro lado, despertar em nós a falsa convicção de que a grandeza do reformador é totalmente compreensível e alcançável por qualquer de nós simplesmente se a desejarmos – quase que nas nossas horas vagas.

Sendo mais específico, muitos especialistas e analistas concordam em que dominante na visão de Hillel, dominante na visão que era a origem do que tem sido chamado de "judaísmo clássico", residia a mensagem do amor, a mesma mensagem, a mesma ordem dada ao nosso homem de uma só perna: "Não faça ao seu semelhante o que é abominável para você." Essa fórmula vive na expressão excepcional de Hillel das palavras da Torá: "Amarás o teu próximo como a ti mesmo" (Levítico 19:18).

O aspecto do amor que é frequentemente associado a Hillel é expresso pela palavra hebraica *hesed,* que é geralmente traduzida por "bondade amorosa" ou "misericórdia" para com o nosso semelhante. Superficialmente, isso parece perfeitamente compreensível e alcançável. Afinal, todos os grandes ensinamentos, quer religiosamente inspirados, quer não, não pregaram o amor à humanidade, o amor ao nosso semelhante? E quase todos nós, nos nossos melhores momentos, não concordamos com essa ideia como um ideal? E com frequência – talvez não com uma frequência suficiente, humildemente admitiríamos – até mesmo não tentamos colocá-la em prática? – talvez não com a pessoa que está aqui, diante de mim, me ofendendo, deixando de pagar o que me deve, que talvez cheire mal ou que tenha insultado o meu país – talvez não nesses momentos, mas em quase todas as outras ocasiões em que penso nessa ideia como um ideal digno de orientar a minha vida? É claro que devemos externar a bondade amorosa para com o nosso semelhante! Isso não é óbvio?

E não são as máximas de Hillel e as histórias a respeito dele nada mais nada menos do que ilustrações simples, fragmentárias ou "curiosamente paradoxais" desse ideal com o qual todos concordamos? Mas espere um momento. Pressupor que o significado mais profundo de palavras como "amor" ou "bondade amorosa", como ensinadas e exemplificadas por Hillel, podem ser plenamente equiparadas ao que esses vocábulos denotam na nossa experiência do dia a dia simplesmente contraria o bom senso. Mestres dos ensinamentos mais nobres da raça humana não podem ter lutado contra forças e sofrimentos além da nossa compreensão, a ponto de, às vezes, sofrer a tortura e a morte, apenas para nos dizer que devemos ser "bonzinhos". Tampouco podem eles ter suportado os seus grandes conflitos a fim de nos proporcionar a ilusão de que somos capazes, em todas as situações e com todo mundo, de colocar o bem do próximo acima do nosso; de que temos a capacidade de nos libertar, a nosso bel-prazer, das reações de raiva e do tipo de medo psicológico que nos faz sentir ódio, bem como da passividade de um sr. Prozi que bloqueia dentro de nós a ação de todos os impulsos e sensibilidades morais inatos.

Não, a obra de amor trazida por Hillel precisa ser encarada como uma montanha quase submersa, cuja extremidade é a pequena ilha de experiências e propósitos que normalmente associamos a essa palavra.

Tomemos, por exemplo, o ensinamento de Hillel sobre "o homem comum e os pobres".[36] Nas histórias a seu respeito, Hillel parece personificar o ideal ético fundamental – comum a quase todas a religiões e culturas do mundo – da obrigação do homem de ajudar os pobres, os fracos e os oprimidos – de ter piedade deles, de cuidar das suas necessidades e tratá-los com justiça. Essa exigência se faz soar ao longo de todas as escrituras, desde Deuteronômio ("não fecharás as tuas mãos a teu irmão pobre") a Jó ("Ele libertou o pobre do seu tormento") e aos Salmos ("Não esqueças a congregação dos teus pobres") e assim por diante. Poucas coisas são mais comuns nos textos religiosos do judaísmo.

Ao mesmo tempo, contudo, nos relatos sobre o ensinamento de Hillel e as suas ações pessoais, esse ideal é apresentado como uma indicação do seu grande poder espiritual e até como uma coisa quase revolucionária! Por quê? Para entender o motivo teremos que examinar as máximas e histórias associadas a Hillel que superficialmente não parecem estar relacionadas com a ideia da bondade amorosa, mas que, debaixo do significado superficial, revelam facetas da profundidade do amor nas ações dos grandes mestres – de um Sócrates, de um Hillel ou, digamos, de um Gautama Buda e, enfim e inevitavelmente, nas ações e ensinamentos atribuídos a Jesus.[37]

Nenhuma ideia existe sozinha. Toda grande ideia existe dentro de uma rede viva de outras ideias, e se arrancarmos uma ideia do seu contexto, por mais nobre que essa ideia possa parecer por si mesma, ela murchará e se extinguirá, ou, o que é pior, a sua energia antes revigorante se combinará com os conceitos rígidos ou acidentais da nossa mente corriqueira, movidos pelo ego e, em vez de iluminar a humanidade, ela inevitavelmente trará a escuridão disfarçada de luz.

A rede de ideias nas quais está incrustado o ensinamento de Hillel a respeito do amor assume a forma de aforismos atribuídos a ele e de histórias a respeito dele e sobre a escola de pensamento que assumiu o seu nome e tornou-se uma influência permanente ao longo dos séculos. Examinemos um desses aforismos a fim de vislumbrar as profundezas do ensinamento sobre o amor que jaz na origem da grande ideia da lei moral universal e a fim de finalmente apoderar-nos do segredo que nos permite transpor o limiar socrático na nossa vida, o segredo que possibilita que vivamos *o que é bom*.

A nossa fonte é a parte do Talmude conhecida como "As Máximas dos Patriarcas" (*Pirke Avot*).

Vamos nos concentrar na mais famosa das máximas atribuídas a Hillel:

Se eu não tomar o meu partido, quem tomará?
E se eu tomar apenas o meu partido, o que sou eu?
E se não for agora, quando será?[38]

A minha primeira responsabilidade *moral* é para comigo mesmo! Precisamos permitir que o choque dessa declaração permaneça conosco por um momento.

SE EU NÃO TOMAR O MEU PARTIDO, QUEM TOMARÁ?

O que isso significa? Na verdade, essa frase pode ter chegado a nós como um eco da lição fundamental de Sócrates: a primeira obrigação essencial do homem é cuidar do seu Eu interior, da sua alma. Como já observamos, *tomar o meu partido* significa reconhecer que nasci com uma elevada possibilidade interior que só pode tornar-se realidade, por assim dizer, com a minha "permissão ativa", ou seja, com a minha luta intencional contra o que a tradição hebraica chama de *yetzer ha-ra,* a "inclinação para o mal", o *desejo de não buscar o Eu,* a tendência de não confiar em Deus. Mas essa luta intencional não é uma luta para destruir algo essencial dentro de nós. Não é o esforço geralmente compreendido de destruir desejos físicos ou psicológicos. Mais propriamente, o objetivo dessa luta intencional é tornar possível para todas as energias existentes dentro do ser humano tomar o lugar que lhe foi "concedido por Deus" e servir a uma intenção sagrada cuja realização é o propósito fundamental da vida humana. Somente quando é permitido às forças inferiores dentro de nós usurpar o papel de autoridade dentro do nosso todo é que elas se tornam perigosas. Mas não são as forças propriamente ditas que são perigosas: o perigo reside na nossa inclinação de permitir a usurpação interior que elas praticam. É contra essa tendência interior que o homem precisa lutar.

É em torno dessa distinção entre, por um lado, os desejos humanos em si e, pelo outro, esses mesmos desejos quando lhes é inconscientemente permitido usurpar o papel do governante da psique que gira o desafio básico da nossa vida do dia a dia. Na tradição judaica, as pessoas são obrigadas a se dedicar de corpo e alma aos deveres e recompensas da vida física e social do homem: o casamento, a afeição, a família, a saúde, a subsistência. Os desejos e instintos da natureza humana funcionam como os instrumentos desses deveres e recompensas. Os nossos desejos e temores inatos são, portanto, uma parte normal da nossa natureza humana. O nosso trabalho com relação a esses desejos e instintos é tê-los, mas não ser possuídos por eles. Isso significa conferir a eles a direção e a atenção necessária, porém não alimentá-los com uma energia psíquica maior do que a necessária. Quando lhes é permitido receber toda a nossa atenção, esses impulsos tornam-se brutais, ou seja, tendem a destruir o seu propósito verdadeiramente humano, que é ser parte da grande missão do homem de viver no mundo criado entre os seus semelhantes e como um instrumento de desígnios mais elevados. E o principal objetivo da vida humana é ser um instrumento e a personificação do amor de Deus pelo homem. Esses desejos e instintos destinam-se a servir ao elemento divino dentro do ser humano, isto é, destinam-se a ser instrumentos materiais de amor e justiça, qualidades que são os principais atributos da ação de Deus no mundo criado.

Em outras palavras, usando uma linguagem estritamente não-religiosa, o nosso dever é tornar-nos capazes da moralidade, capazes de amar o homem e agir com justiça. E essa capacidade só é possível por meio da aptidão, da energia, latente dentro de cada ser humano, que domina os impulsos interiores do desejo e do instinto. Para que possamos amar o homem, precisamos nos abrir à força consciente capaz de genuinamente orientar os impulsos do desejo e do instinto. A primeira obrigação do homem, portanto, é se esforçar para se abrir para essa consciência interior que pode nos tornar um instrumento de ação moral, um instrumento, em última análise, de amor e justiça. Da maneira como somos, não estamos abertos para essa conscientização – ou consciência, no seu significado correto. Assim sendo, a minha primeira obrigação é tomar o *meu partido,* a minha primeira obrigação é para com o meu *Eu.*

A fim de cumprir esse dever interior para *comigo mesmo,* faz-se necessária uma atitude ou orientação específica com relação aos meus impulsos e funções. Essas funções usuais, esses desejos, impulsos, faculdades de pensamento, forças de atração e repulsão, constelações de ambição, criatividade, lealdade, e até mesmo de raiva, dúvida e medo – em resumo, tudo que na condição descontrolada constitui o que chamamos de ego, radicado como está na "inclinação para o mal" (ou *yetzer ha-ra*) no homem, precisa ser colocado em um relacionamento direto com o Eu superior, o movimento chamado de "boa inclinação ou formação" (*yetzer tov*) no homem.

Esse aspecto da luta para nos tornarmos interiormente capazes da moralidade tem sido frequentemente conduzido, na história da religião e da filosofia espiritual, com um espírito de hostilidade punitiva com relação ao desejo humano. Os desejos, anseios, ambições, erros espirituais e impulsos de possessividade são encarados como intrinsecamente nocivos. O corpo físico é desprezado.

Muitos dos grandes reformadores espirituais, aqueles que atuam na história como os *reinstituidores* de toda uma tradição, derrubam essa atitude de ressentimento, por assim dizer, com relação ao corpo e as suas funções concomitantes de emoção e pensamento associativo. Em lugar da hostilidade interior com relação às funções – que na melhor das hipóteses frequentemente resulta apenas em um nível de submissão "relutante", superficial e instável às doutrinas em volta do conceito do Eu Superior – esses grandes reformadores espirituais introduzem o cultivo do amor e da justiça não apenas exteriormente, mas sobretudo interiormente. Em outras palavras, eles introduzem o ensinamento do amor interiorizado, um amor dirigido simultaneamente para Deus e *para a nossa própria natureza humana*. Assim, um reformador como Hillel pode ser compreendido como ensinando o amor interior considerado como uma precondição para o amor exterior; a justiça interna como uma precondição necessária para a justiça externa. Em outras palavras, somente na medida em que uma pessoa é capaz de sentir amor pela sua própria natureza humana é que ela é *inteiramente* capaz de amar os outros; apenas na medida em que uma pessoa é capaz de agir com justiça com relação às suas várias funções é que ela é totalmente capaz de agir com justiça com relação ao seu semelhante.

Entretanto, para que a pessoa seja capaz da moralidade, para ser inteiramente capaz da ação moral diante do próximo, é necessário que essas funções do corpo, do coração e da mente obedeçam de bom grado ao impulso do amor que se origina do Eu. Essencialmente, a moralidade e a ética genuínas derivam da instituição de um relacionamento exuberante de amor e consentimento mútuo entre o Eu interior e as forças do desejo, do pensamento e do instinto, um estado de coisas que se expressa na ação correta, no sentimento correto, na fala (e no pensamento) correta por meio desses mesmos instrumentos ou funções do corpo, do coração e da mente.

Sob essa luz, podemos nos permitir uma leitura interior das belas e misteriosas palavras do Salmos 23:5:

> Preparas-me uma mesa na presença dos meus inimigos:
> Unges-me a cabeça com óleo; o meu cálice transborda.

Esses "inimigos" são internos, não externos. E o Senhor (dentro e em cima) derrama sobre o homem a força do amor transbordante e eternamente apaziguadora.

E, adicionalmente, esse estado de ser é concedido quando o homem é conduzido em silêncio "ao lado das águas tranquilas".

Quando tomamos consciência desse significado do amor nos ensinamentos espirituais do mundo, passamos a vê-lo praticamente em toda parte. Ele se torna um exemplo clássico de "um mistério em plena luz do dia" – profundamente oculto, porém exuberantemente visível quando a ponta do véu é levantada. Citando apenas um entre inúmeros exemplos possíveis, eis as palavras do grande místico alemão do século XIV, Meister Eckhart. Ele fala ao mesmo tempo do nascimento de Cristo e do nascimento do Eu dentro de um homem ou mulher particular:

> Quando esse nascimento realmente acontecer, nenhuma criatura [interna ou externa] no mundo inteiro se postará no seu caminho [...]. Tomemos a analogia de um raio. Quando ele cai [...] seja em uma árvore, um animal ou uma pessoa, na chegada do raio, todos se voltam para ele, e se a pessoa estivesse de costas, instantaneamente se viraria para ficar de frente para ele. As milhares de folhas da árvore voltam o lado necessário para o raio. E o mesmo acontece com todos os que experimentam esse nascimento [...]. Na verdade, o que anteriormente era um obstáculo torna-se agora uma ajuda [...].
> Ainda assim, você poderá perguntar: "Durante esse estado, devemos fazer penitências?"[39]

A essa pergunta, Meister Eckhart responde:

> Toda uma vida de penitência é apenas uma entre várias coisas como jejuar, observar, rezar, ajoelhar-se, ser disciplinado, usar camisas de silício, deitar-se sobre superfícies duras, e assim por diante [...]. As penitências são colocadas sobre a carne, como uma rédea, para refreá-la, para que o espírito possa controlá-la. Isso é feito para submeter [a carne], mas se você deseja torná-la mil vezes mais submissa, ponha nela a rédea do amor. Com amor você conseguirá dominá-la mais rápido e colocar nele uma carga mais pesada [...]. Falo de amor: aquele que é aprisionado por ele é contido pelo mais forte dos vínculos e, no entanto, a tensão é agradável. Aquele que toma esse doce fardo sobre si mesmo vai mais longe e se aproxima mais do seu propósito do que se o fizesse por intermédio de qualquer obediência severa jamais idealizada pelo homem.[40]

E chegando ao final do seu pensamento, Meister Eckhart expressa a ideia ética mais revolucionária do mundo, ideia essa à qual teremos que dedicar agora a nossa mais irrestrita atenção:

> *A ação ou função mais trivial nessa pessoa [que trouxe o amor para si mesma] é mais vantajosa e produtiva para si mesma e para todos os homens, e agrada mais a Deus, do que todas as outras práticas humanas reunidas, as quais, embora realizadas sem um pecado mortal, se caracterizam por um mínimo de amor [interior].*[41]

E SE EU TOMAR APENAS O MEU PARTIDO, O QUE SOU EU?

E agora resplandecem as surpreendentes implicações éticas desse trabalho de amor interior: *se eu não me importar com o meu semelhante, o que sou eu?* Por mais que eu cultive a minha vida interior, se eu não amar o próximo e não agir com justiça para com ele, deixo de ser humano.

Quando colocado dessa maneira, o exposto talvez pareça pouco mais do que um clichê ético. É claro, poderá dizer alguém, que devemos sempre voltar a atenção para o próximo. É claro que precisamos agir com justiça com relação a ele. Sim, é claro, mas o fato é que *não é isso que fazemos.* Ou melhor, com raríssimas exceções, só conseguimos agir eticamente até um certo ponto e somente quando não estamos dominados por impulsos de medo, pela ignorância, por anseios egoístas, pela negligência, pela desatenção ou pela autojustificativa, bem como pelos milhares de fatores da nossa natureza humana e do mundo à nossa volta que nos mantêm aprisionados no lado de cá do limiar socrático, fatores e influências que estão quase sempre inconscientemente misturados e atuantes no que parecem ser para nós e para o mundo ações completamente altruístas.

São Paulo agora clama: *O bem que eu gostaria de fazer e não faço; mas o mal que eu não gostaria de fazer e que faço.* E ele prossegue – como o fizeram todos os homens e mulheres honrados e amantes da verdade, gritando quando se viam diante dessa inescapável percepção da condição humana – *Que canalha eu sou! Quem me livrará do corpo desta morte?*

Quem ou o que poderá nos resgatar do que São Paulo chama de "o corpo desta morte?" Nesse ponto, São Paulo invoca o nome de Jesus Cristo, que poderemos agora interpretar como significando, entre outras coisas, a suprema realidade, que age interiormente, evocada pelo salmista, a silenciosa energia do Vazio budista – que não é nada, apenas a semente do Ser de todos os seres; o *Atman* hindu – o Absoluto que reside no tranquilo coração interior do homem. Essa força de amor descendente recebeu incontáveis nomes ao longo das épocas, culturas e tendências espirituais da história humana.

É somente a força desse amor que descende sobre o ser humano que pode fazer entrar em nós a manifestação externa individuada e primorosamente harmonizada da pura ação ética.

A PONTE OCULTA: UMA DIGRESSÃO ESSENCIAL

Em nenhum lugar essa visão ética revolucionária é expressa com mais clareza do que em outro documento cristão medieval.

Conhecido como *The Cloud of Unknowing* [*A Nuvem do Desconhecimento*], o texto foi originalmente redigido por um mestre anônimo do século XIV e se apresenta como cartas de orientação dirigidas a uma pessoa que acaba de ingressar no caminho da prática da contemplação interior. Entre os aspectos mais impressionantes desse grande livro está o aviso que se faz soar na primeira página, advertindo ao leitor que a obra só deverá ser lida e estudada pela pessoa que ao mesmo tempo esteja comprometida com a prática interior e seja *interiormente ética de acordo com os padrões normais da conduta moral*. Esta última exigência é uma pista fundamental para o que estamos buscando no nosso estudo. Estamos procurando o segredo de transpor o limiar socrático, o segredo do que efetivamente significa viver de acordo com o que sabemos ser bom. A advertência feita pelo autor anônimo de *A Nuvem do Desconhecimento* pode ser interpretada como nos dizendo que aquilo que estamos procurando precisa ter lugar *dentro da forma externa da "moralidade normal"*. O aviso está nos dizendo que o trabalho de tornar-nos interiormente capazes da moralidade é uma ação íntima, "oculta", empreendida por uma luta interior dentro do conjunto dos nossos esforços comuns e humanamente fracos, dotados, porém, da honrada intenção de sempre fazer o que é bom e agir com justiça diante do nosso semelhante em todas as circunstâncias.

O que essa advertência está nos dizendo é que o genuíno poder moral nos é concedido por meio de uma mudança de atitude interior, de uma mudança de opinião interior, que precisa ter lugar dentro do "corpo", por assim dizer, da moralidade habitual da nossa cultura. O genuíno poder moral só é concedido ao homem *dentro* do corpo incapacitado das nossas "boas intenções". Somos informados que devemos obedecer exteriormente à lei (o que não conseguimos fazer na nossa essência interior), ao mesmo tempo que nos envolvemos na nossa mente e no nosso coração com uma luta secreta desconhecida e mais elevada.

Precisamos entender com muita clareza a natureza desse conflito secreto e oculto. Possivelmente ele é para nós, na nossa época e lugar, o grande segredo prático que pode fazer com que nos tornemos capazes da moralidade, que pode nos levar a ser capazes de efetivamente viver o que sabemos ser bom. Trata-se de uma determinada atitude, de um certo movimento interior pequeno, sutil e invisível, mas que irradia interiormente a totalidade das nossas possibilidades de tornar-nos, caso possamos formular as coisas dessa maneira, ao mesmo tempo verdadeiramente humanos e "verdadeiramente divinos". Mas podemos colocar as coisas de um modo ainda mais expressivo dizendo que trata-se de um gesto interior secreto que nenhum homem ou mulher comum pode descobrir sozinho. Ele precisa ser descoberto e gerado por uma pessoa desperta, que o transmita para a sua comunidade da maneira mais generosa possível, de uma maneira precisamente ajustada à subjetividade e ao potencial da comunidade. Esta é a ponte oculta, e é assim, como veremos, que podemos interpretar o que Hillel nos trouxe.

Por enquanto, não daremos nem mesmo um nome a esse movimento interior. Voltaremos a ele mais tarde.

A SEMENTE E O FRUTO DA MORALIDADE INTERIOR

Precisamos agora regressar da nossa "digressão essencial" e tentar entender mais plenamente a doutrina ética revolucionária da primazia do amor interiorizado, ou o que poderemos chamar de *moralidade interior*.

Eis como ela está caracterizada em *A Nuvem do Desconhecimento*.

O autor vem falando da diferença entre o que ele chama de vida ativa e vida contemplativa. A vida ativa é a vida das práticas altruístas e éticas como normalmente as compreendemos, a tarefa da "ação correta" no mundo e entre as pessoas que nos cercam. A vida contemplativa, pelo seu lado, é a prática de esforçar-nos interiormente, com uma intensa concentração da mente, do coração e do corpo, em direção à união com Deus. É o entendimento profundamente interiorizado do Primeiro Mandamento como está enunciado em Deuteronômio 6:5: *Amarás, pois, o Senhor, teu Deus, de todo o teu coração, de toda a tua alma e de toda a tua força*, e que foi repetido por Jesus em resposta a uma pergunta que lhe foi feita na primitiva comunidade rabínica.

> Mestre, qual é o maior mandamento da lei [a Torá]?
> Jesus respondeu: Amarás, pois, o Senhor, teu Deus, de todo o teu coração, de toda a tua alma e de toda a tua força.
> Este é o maior e o primeiro mandamento.

Mas aqui Jesus acrescenta, da mesma maneira como fez Hillel, como agora podemos ter certeza:

> Mas o segundo [mandamento] é semelhante a este: Amarás o teu próximo como a ti mesmo.
> Destes dois mandamentos dependem toda a lei e os profetas.[42]

Agora precisamos acompanhar de perto o raciocínio: o autor de *A Nuvem do Desconhecimento* está definindo a vida contemplativa como o cultivo do estado interior de obediência ao mandamento de Deuteronômio 6 e ao Primeiro Mandamento de Jesus: o mandamento de amar a Deus com todo o nosso ser, com toda a nossa mente, coração e vontade – de separar-nos de todos os pensamentos, por mais éticos, crite-

riosos ou nobres que sejam; de todos os sentimentos, por mais amoro-
sos, compassivos ou piedosos que sejam; e de todos os desejos físicos,
por mais normais e saudáveis que sejam. É essa separação de todas as
funções e intenções da mente e do coração humanos que o autor chama de "nuvem de esquecimento", uma "nuvem de desconhecimento",
na qual o homem ou a mulher precisa entrar, levando consigo apenas
a intenção sincera e desnuda de amar a Deus e permitir a entrada no seu
ser da força denominada amor de Deus pelo homem, por si mesmo – a
partir do seu interior.

Eis um trecho fundamental. O autor começa discutindo vários níveis da vida ativa e contemplativa, demonstrando que à medida que ela
se desenvolve, a vida ativa – a vida das boas obras – faz, sozinha, com
que o homem ou a mulher também se volte para dentro, para uma nova e espiritualizada atenção à sua própria mente e emoções. Em seguida, o autor resume, em poucas palavras, os efeitos éticos revolucionários
do amor interiorizado:

> A obra do amor não apenas remedia as origens do pecado, mas tam-
> bém alimenta a bondade prática. Se ele for autêntico, você se tor-
> nará sensível a todas as necessidades e responderá com uma
> generosidade intocada pela intenção egoísta. Qualquer coisa que
> você tente fazer sem esse amor será certamente imperfeita, já que é
> certo que ela estará mutilada por motivos ulteriores.[43]

Nessa breve declaração, o autor de *A Nuvem do Desconhecimento*
completou o poderoso pensamento de Eckhart citado anteriormente. O
efeito da ação do amor dentro de nós mesmos é não apenas o de trazer
à tona a obediência espontânea de todas as funções e impulsos da psique humana, como também o de sensibilizá-las a ponto de podermos
enxergar com clareza e sentir objetivamente as necessidades do nosso
semelhante, e sermos capazes de admitir a ação moral precisamente
ajustada que é necessária no seu interesse, para as suas necessidades e
para o seu bem. Em resumo, amar a nós mesmos – ou seja, abrir-nos ao
amor de Deus e por Deus para nós mesmos e dentro de nós mesmos –
significa, inevitavelmente, amar o próximo.

E se somos capazes de amar o próximo, somos capazes da moralidade.

E se somos capazes da moralidade, somos capazes de ser bons.

SE NÃO FOR AGORA, QUANDO SERÁ?

Entretanto, com esse último elemento do famoso aforismo de Hillel, outro mistério em plena luz do dia é lançado no nosso caminho.

Existe algo aparentemente mais óbvio do que afirmar que precisamos aplicar os nossos ideais éticos e espirituais aqui, agora, em vez de convencer erroneamente a nós mesmos que devemos esperar por um tempo futuro que imaginamos que nos será mais favorável? Mas o que isso efetivamente significa não é tão óbvio.

Na verdade, somos colocados aqui frente a frente com a "digressão essencial", a ponte oculta que completa o arco entre o que somos e o que temos a obrigação de ser.

A questão é que a grande palavra "agora" significa *o que é*. Ela nos intima a enfrentar a nós mesmos como somos agora, neste momento, aqui, neste corpo ignorante, com essas intenções honrosas, porém deficientes, neste "aglomerado" conhecido como ego.

A palavra "agora" é o momento, o ato intermediário entre o bem e o mal, entre as duas forças no homem. É o elemento que falta – que está deliberadamente ausente – na descrição do bem e do mal, dos anjos e dos demônios, em grande parte da arte e da literatura sagrada do mundo. É a ação humana fundamental que é deixada de fora em quase todas as representações da luta moral, porque não pode ser retratada, não deve ser representada. Ela não existe, e não pode existir, em uma página, em um estado permanente ou em uma imagem externa. Trata-se do ato harmonizador da parte do espectador, do leitor, do homem humano chamado a voltar a atenção agora, neste momento, sobre si mesmo como ele é, um ser cosmicamente exclusivo intimado a conferir a sua atenção consciente às tendências benévolas e malévolas que existem dentro de si – agora, neste momento.

O mestre abre caminho, ou cria condições, para que o aluno exista conscientemente entre as duas naturezas do homem. Analogamente, a grande literatura e arte sagradas do mundo, no seu nível, cria palácios e mundos de espaço para que a pessoa específica, o espectador no seu momento em carne e osso do agora, torne-se consciente da misteriosa presença simultânea de duas forças opostas tanto no mundo quanto nela mesma. A arte sagrada, assim como a vida sagrada, é a combinação misteriosa desses dois elementos da realidade cósmica, uma mistura que não pode ser conceitualizada ou analisada pela mente comum. Ela é o "umbigo" em todas as histórias e mitos sagrados e, acima de tudo, em toda a ação sagrada dos homens e mulheres desenvolvidos.

O mestre, erguendo-se da comunidade intencional do – vamos chamá-lo de "judaísmo oculto", "misticismo judaico prático" ou "escola judaica do despertar" – cria condições para que o aluno, para que o indivíduo humano escolha a tarefa singularmente humana de trazer à tona o poder exclusivamente humano da atenção consciente que é capaz de ser sensível tanto ao *yetzer tov* quanto ao *yetzer ha-ra,* a inclinação para o bem e a inclinação para o mal dentro de si mesmo. Somente por intermédio dessa conscientização simultânea da tendência para o bem e da tendência para o mal em nós mesmos surge no homem o impulso consciente em direção à ação moral, ou seja, a ação originária do amor não-egoísta, e é transmitido para o mundo, a comunidade humana, a vida do Outro antes de mim.

O mestre cria condições para o surgimento da livre escolha originária do amor.

O sacerdote, vamos chamá-lo assim por enquanto – em outras palavras, a autoridade religiosa que não é um mestre, e sim um admoestador – o sacerdote nos influencia e tenta nos convencer, ele não "abre caminho". O sacerdote, que não é o mestre, influencia ou tenta persuadir a ação externa, talvez até mesmo acompanhado pelos pensamentos e modulações emocionais que podem gerar a ação eticamente correta. Mas o sacerdote não "abre caminho" para a escolha consciente originária da atenção consciente, não pode fazê-lo e talvez nem mesmo deva tentar. Criar condições para o discípulo, em nós mesmos, é função do mestre, do guia.

Como pode ser dito, o sacerdote anda à frente, abrindo caminho para o seguidor. O guia, por outro lado, caminha atrás do discípulo, "saindo do caminho" para que esse último descubra a fonte interior da sua própria consciência, a iniciativa ética do amor.

Talvez o homem siga o sacerdote, talvez não. Talvez ele tropece e caia, talvez aja exteriormente, mas esteja interiormente enrijecido e congelado ou repleto de distrações, ressentimentos ou fantasias sentimentais. Talvez ele faça a coisa certa da maneira errada, no momento errado ou com a pessoa errada. Talvez obedeça a todos os regulamentos ao mesmo tempo que infringe as principais leis. E então? Ele é ético, ele é moral? Ele está legalmente correto, mas é eticamente culpado? Para o sacerdote isso não tem importância; para o guia, essa reflexão é tudo. Não podemos amar obedecendo a regras como um robô, como um robô ético.

Não obstante, o guia sabe que mesmo o robô ético, se também for um homem, pode conscientizar-se de que está violando a sua condição humana e a do seu próximo ao agir como um robô ético. E por ter consciência desse fato, ele deixa de ser um robô e começa a tornar-se um homem no sentido pleno da palavra, um ser humano que percebe o seu fracasso interior – e, por conseguinte, também exterior – de amar, de se importar, de desejar tratar o próximo com justiça.

Mas agora precisamos chamar as coisas pelo nome adequado. Agir agora significa ver e sentir a mim mesmo como eu sou neste momento, interiormente – e, portanto, em última análise, também exteriormente – incapaz de desejar o bem do meu semelhante, incapaz de ser ético mesmo quando estou agindo "eticamente". O momento sagrado do agora é o momento do remorso da consciência. É o momento transformador da vida humana. É o arco de eletricidade que repetidamente nos faz transpor o limiar socrático. É essa *repetição,* esse múltiplo agora de remorso da consciência que define o ser humano que é bom.

Falar em atravessar permanentemente o limiar socrático, em "viver" do outro lado, é, por conseguinte, apenas um símbolo. O "permanente" é um símbolo do múltiplo agora, da repetição. O homem é de um jeito tal, a sua glória e a sua provação são de um jeito tal que nesta terra, nesta vida, ele não pode ser permanentemente bom. Ou, mais exatamente, o homem só pode ser permanentemente bom se escolher repetidamente no agora enfrentar a si mesmo e permitir a entrada da força harmonizadora do remorso da consciência, que por sua vez permite a entrada da energia do amor divino por si mesmo e pelo seu semelhante simultaneamente. "Ama o teu próximo como a ti mesmo" expressa, portanto, a essência do *resultado* do ato ético.

Esse mistério do repetido agora, representado pelas palavras aparentemente óbvias de Hillel: "Se não for agora, quando será?" é vigorosamente exemplificado por uma história da tradição islâmica, história que expressa "um mistério em plena luz do dia", e que é apenas superficialmente compreensível como uma descrição do amor divino interpretado como um ato externo dirigido ao homem a partir de uma fonte extrínseca a ele. A história é a seguinte:

Era uma vez um homem, um rico comerciante de Isfahan, cujo único objetivo na vida era o ganho material e pessoal. Repetidamente os seus amigos lhe imploravam que erguesse os olhos para Deus, mas o comerciante repelia as palavras daqueles cuja preocupação era a salvação da alma. "Eu vejo o que eu vejo e faço o que eu faço", dizia ele. "E essa é a minha honestidade."

Os argumentos dos amigos de nada adiantavam. As palavras que eles recitavam dos livros sagrados bem como os discursos dos santos e dos sábios eram torcidos pelos argumentos sagazes do comerciante. "Eu vejo o que eu vejo e faço o que eu faço", dizia ele. "E essa é a minha honestidade."

O tempo passou. O comerciante vivia de acordo com as vicissitudes da vida humana – alegria e tristeza, ganho e perda. A cada grande golpe da vida – a morte de um filho, um problema legal, um abuso de confiança, um empreendimento fracassado – os amigos o procuravam, um atrás do outro e em conjunto, para lembrá-lo da consolação e do julgamento do Eterno e da vida futura. Tudo em vão.

E na ocasião dos seus triunfos e exaltações – um belo filho, dinheiro, honras cívicas, o restabelecimento da saúde (dele próprio e da esposa) – eles também o procuravam para lembrá-lo da consolação e do julgamento do Eterno e da vida futura. No entanto, ele novamente dava as costas às preocupações deles, dizendo: "Eu vejo o que eu vejo e faço o que eu faço. E essa é a minha honestidade."

No entanto, embora ele não se importasse com o Senhor do Céu, o comerciante não pôde dar as costas à morte, o Senhor da Terra. Quando jazia agonizante, os seus amigos foram visitá-lo de um em um e em conjunto. "Não é tarde demais", suplicaram. "Não é tarde demais para que você erga os olhos para Deus."

"Morrerei como vivi", sussurrou, desafiadoramente, o comerciante. "Eu vi o que vi e fiz o que fiz. E essa foi a minha honestidade." Os seus olhos arderam com uma chama escura enquanto ele os fechava pela última vez.

E agora a alma do comerciante vai descendo – descendo, descendo, descendo – e chega ao inferno mais profundo do qual a fuga é impossível em toda a eternidade. Os portões desse inferno são imensos. Eles se abrem e fecham lentamente. E depois que se fecham não existe nada, em nenhum dos mundos, que seja capaz de abri-los.

A alma do comerciante passa através do grande portão que está aberto. Lentamente, muito lentamente, em perfeito silêncio, os portões começam a se fechar atrás dele.

E no exato momento, no exato momento em que as imensas portas se tocam, o comerciante ergue os olhos.

Nesse exato momento uma mão aparece debaixo da alma do comerciante e o carrega para o céu.

Essa é uma história sobre o verdadeiro significado do *agora*. É uma história a respeito do remorso, que é a ponte, o fechamento da abóbada que permite que o ser humano transponha o limiar socrático, que ele se torne um ser humano capaz da moralidade.

. . .

Estamos nos aproximando do final da nossa investigação. Mas um final só é realmente um final se também for um início. Como entender esse novo começo de uma vida humana no pleno sentido da palavra, "humano?"

O que precisa terminar dentro de nós e, dentro desse final, o que precisa começar, o que precisa nascer, para que nos tornemos efetivamente capazes da moralidade, agora?

A resposta reside em outra máxima de Hillel, que nos conduzirá a um entendimento inteiramente novo do significado da lei moral universal trazida ao mundo pelas grandes tradições abraâmicas e pelos santos e sábios que continuamente buscaram revolucioná-la internamente. Todos nós vivemos a vida dentro da sombra da ideia da lei moral universal, fomos moldados por ela, a nossa identidade foi formada por ela, quer tenhamos tentado obedecer ou resistir a ela. É a lei do nosso mundo, da nossa cultura, da nossa vida do dia a dia em todos os seus aspectos. E nada é mais urgente do que a necessidade de permitir que ela nos desperte para uma nova vida, na qual os ideais do que é bom voltam a ser verdes, na qual a semente que é essa ideia lança raízes no nosso mundo, cresce e respira em nós sem fingimento ou uma opressão fatal. A ideia da lei moral precisa se desenvolver e produzir bons frutos, porque, como São Paulo também disse, a terra geme com dores lancinantes por causa do homem.

Uma vez mais, Hillel, que é para nós nada mais nada menos do que um representante da interiorização da moralidade. Que é nada mais nada menos do que uma representação dos inumeráveis santos e sábios de todas as tradições que ofereceram um caminho que conduz à transformação do homem.

Apenas um representante! Mas que imensidade é encontrar um autêntico representante da verdade! É como encontrar um ser que é apenas um anjo entre os incontáveis milhões que, segundo consta, povoam os infinitos firmamentos do céu.

Apenas um anjo!

··· *Capítulo Quinze* ···

A METAFÍSICA DA MORALIDADE

A minha humilhação é a minha exaltação;
a minha exaltação é a minha humilhação.[44]

HILLEL

Quando contemplo os teus céus, obra dos teus dedos, a lua e as estrelas que
estabeleceste, que é o homem, que dele te lembres? E o filho do homem,
que o visites? Fizeste-o, no entanto, por um pouco, menor do que
Deus e de glória e de honra o coroaste. Deste-lhe domínio sobre as
obras da tua mão e sob seus pés tudo lhe puseste.

SALMOS 8:3-6

Quando o abençoado Santíssimo desejou – quando surgiu na Sua
vontade – criar o mundo, Ele contemplou a Torá e o criou. Para cada ato de criação [...] o abençoado Santíssimo contemplou a Torá
e criou [...]. Quando Ele estava prestes a criar Adão [Homem], a Torá exclamou: "Se um ser humano é criado e depois começa a pecar,
e Tu o castigas – por que deveria a Obra das Tuas mãos ser vã, já que
ele será incapaz de suportar o Teu julgamento?" Ele (YHVH) retrucou: "Já preparei *teshuvah*, retornando [remorso de consciên-
cia], antes de criar o mundo."[45]

Uma vez mais perguntamos: onde nos encontramos? – não tanto na nossa investigação exploratória atual, mas na nossa vida
como homem, no nosso ser. Podemos situar agora a questão da
ética no seu ambiente mais verdadeiro? Podemos tentar vislumbrar a
imensa escala e dificuldade do que estamos tentando compreender e
daquilo pelo que ansiamos na palavra um tanto prosaica, ética; ou na
pergunta aparentemente intratável, "Por que não podemos ser bons?"

A questão é que estamos falando, nada menos, do que a respeito de toda a amplitude e tendência da vida humana na Terra – da nossa vida em relação à grandeza da natureza circundante – do nosso lar planetário debaixo da "lua e das estrelas". Também estamos falando da humanidade como herdeira da civilização humana para a qual avançam – a partir das alturas e expansão de um sem-número de povos e nações, cuja maioria há muito se dissolveu na passagem do tempo – as criações da ciência, da arte, da religião, da economia, da linguagem e da lei, bem como as destruições da guerra, da crueldade, da perversidade, do barbarismo, e a distorção do trabalho dos mais dignos dos homens e mulheres ao longo das eras. Também estamos falando da essência metafísica da humanidade e do nosso lugar predestinado em um universo vivo de inconcebíveis concepções e propósitos entrelaçados. Estamos nos referindo ao homem filosófico, que procura entender a realidade como tal, bem como do homem tecnológico que procura fazer com que a natureza atenda a todos os tipos de necessidades e desejos humanos; do homem religioso, que procura obedecer a Deus, e também do homem psicológico, vítima e agente de condições subjetivas da classe social, da raça, da infância e dos dramas da linhagem. Estamos falando do homem político, do homem jurídico – com os seus direitos e deveres artificiais, os seus poderes e tributos artificiais, os seus conceitos artificiais do bem e do mal, da recompensa e do castigo, e da glória – que busca organizar e administrar a vida exterior infinitamente complexa da sociedade humana, delicadamente equilibrada, como sempre o é por necessidade, na estreita intercessão entre a justiça e a injustiça, a esperança e o ressentimento, a obediência e a rebeldia. E estamos falando do homem biológico, que carrega dentro de si mesmo um corpo humano impressionante tanto na sua complexidade microcósmica e ordem hierárquica quanto na sua fragilidade e brevidade de vida: o corpo humano biológico vítima do tempo impiedoso e, no entanto, hospedeiro de uma consciência essencial indestrutível e eterna que vive e respira dentro de nós e que se dirige a nós em acordes excessivamente sutis para que os possamos escutar, belos demais para que os possamos tolerar, mais próximos de nós do que a nossa "jugular", e no entanto tragicamente afastado do nosso ego grosseiro e dos nossos temores e impulsos ilusórios.

O homem é tudo isso; entretanto, isso não responde ao grito do salmista: "Que é o homem, que dele te lembres?" Deste lado do limiar socrático, realmente contemplamos o *Homem*? Podemos divisar maravilhas e prodígios – a arte, a ciência, a religião, a filosofia, monumentos elevados, estruturas, cidades e esplendores de forma e de cor; podemos ouvir sons angelicais e vozes emocionantes – mas são esses os vislumbres e os sons do *Homem*? Ao lado desses vislumbres e sons, o que dizer dos cem milhões de gritos dos homens, mulheres e crianças massacrados, do barulho insano da guerra; o que dizer do ódio, do medo e da ganância humanos que cegam, queimam e envolvem a Terra como a atmosfera do mais profundo dos infernos? Isso também não é o homem? O todo da história individual e coletiva da raça humana não nos diz que *o que interpretamos como homem não é na verdade, de modo nenhum, o homem*? Vemos apenas partes do homem, partes gloriosas e inspiradoras que criam maravilhas; e partes grosseiras e feias que geram monstruosidades.

Em vez disso, não deveríamos dizer que o homem, enquanto espécie, ainda não apareceu na Terra? Obviamente, houve homens e mulheres verdadeiros e completos – mestres, sábios e santos, alguns dos quais ainda têm os nomes visíveis nas pedras do passado, ao lado de um sem-número de outros desconhecidos até mesmo na época em que viveram. É óbvio que esses homens e mulheres viveram e ensinaram, alguns pelo exemplo, outros pelas suas ações como guias e outros ainda por meio da criação de comunidades intencionais, escolas esotéricas e ensinamentos que trouxeram esperança para a humanidade. De fato, obviamente existiram seres humanos autênticos, autenticamente *bons*, plenamente humanos ao longo dos séculos, homens e mulheres que, repetidamente, transpuseram o limiar socrático e foram capazes de amar. Não deveríamos entretanto dizer que esses seres humanos, por mais numerosos que possam ter sido e possam ser hoje, são nada mais nada menos do que indícios para nós do que o homem está destinado a ser e não do que ele já é? Não podemos dizer que eles são o futuro do homem, o "futuro" – no sentido do que é possível e até mesmo necessário, mas que ainda não existe, e poderá nunca existir no nosso mundo, na nossa Terra, enquanto espécie: como aquilo – usando uma forma abreviada hebraica – que Deus "pretendia" quando criou a sua obra mais amada, que ele "visita" repetidamente debaixo "da lua e das estrelas?"

Agora, neste ponto do nosso pensamento, tendo invocado, mesmo que vagamente, a imensidão cósmica do ser do "homem futuro", o ser plenamente humano que somos nós como homem – nesse ponto exato precisamos contemplar de imediato a "semente de mostarda", simbolicamente a menor fonte de vida e, no entanto, a mais profunda. Estamos falando agora do "hiato" praticamente invisível, do movimento invisível, porém metafisicamente único em nós mesmos, no homem – o movimento capaz de formar um arco como uma corrente de eletricidade, unindo os dois mundos separados pelo limiar socrático.

É "o menor do pequeno" que torna possível o nascimento do "maior do grande" dentro da pessoa. Estamos falando de um movimento em nós mesmos, na nossa atenção singularmente humana, que repetidamente pode nos fazer transpor o limiar socrático e nos conduzir para o mundo de genuína ação humana, o que significa a ação permeada de amor e justiça. Ao fazer esse movimento, que ainda precisamos definir, o homem, como foi dito, torna-se "superior aos anjos".

A DOUTRINA DOS ANJOS E A OBRIGAÇÃO OFERECIDA AO HOMEM

Havia uma diferença de opinião entre os grandes homens de antigamente quanto ao fato de um israelita ser superior a um anjo, ou de um anjo ser superior a um israelita, e cada um deles respaldava o seu ponto de vista em citações bíblicas.[46]

Assim tem início a argumentação de um certo Rabino Hayim de Volozhin (1749-1821), principal discípulo do famoso mestre conhecido como o Gaon de Vilna, sob cuja influência surgiu na Europa do século XIX uma poderosa escola do judaísmo que reuniu uma visão mística, um conhecimento magistral e uma rigorosa aplicação à vida cotidiana dos mandamentos mosaicos.

O Rabino Hayim de Volozhin define o significado dos anjos tanto de uma maneira cósmica quanto como representando forças conscientes dentro do homem. Ao ler essas palavras, será proveitoso lembrar que no cerne de todo conhecimento da antiguidade reside uma visão do universo como um vasto todo orgânico – não apenas quantitativamente, ou "horizontalmente" vasto, sob o aspecto do espaço, do tempo e da força física, mas, acima de tudo, qualitativamente vasto, "verticalmente" vasto sob o aspecto de níveis e graus de inteligência, propósito e consciência; e também, como está expresso na tradição mística judaica, vasto na influência determinante fundamental das forças complementares do amor (*hesed*) e do discernimento (justiça, *gevurah*). Nessa visão do universo como um organismo vivo inconcebivelmente imenso reside a principal diferença entre a antiga e a moderna cosmologia. A ciência moderna, por se apoiar principalmente na verificação empírica externa e na lógica mental, está desligada dos instrumentos mais internos da percepção humana que são os meios necessários para a descoberta do valor objetivo e do propósito no mundo da natureza e do cosmos.

Aludindo à diferença de opinião com relação à questão da importância do israelita (ou seja, o homem como seguidor da Verdade ou Torá) e dos anjos, o Rabino de Volozhin prossegue afirmando que essas duas perspectivas são verdadeiras, "mas que cada uma é verdadeira segundo um aspecto diferente". É a maneira pela qual esses dois pontos de vista aparentemente contraditórios são verdadeiros que pode nos ajudar a entender o significado do movimento interior capaz de nos fazer transpor o limiar socrático e nos conduzir à esfera do poder moral, da capacidade de sermos bons.

"Porque efetivamente", escreve o rabino, "o anjo é superior ao homem, tanto na sua essência verdadeira quando na sua extrema santidade e maravilhosa concepção da Divindade. Na verdade, não pode haver nenhuma comparação entre eles." Ou seja, há no universo energias de existência e níveis de inteligência espiritual ("concepções de Divindade") incomparavelmente superiores às que o homem possui.

No entanto, essa não é a última palavra nessa questão. O rabino cita nesse ponto o texto místico conhecido como *Zohar Hadash*:

A concepção [compreensão] da Divindade dos Anjos é extraordinariamente vasta, e não há nada com o qual ela possa ser comparada, na concepção dos que se encontram abaixo deles. Um segundo grau de concepção é o dos Céus que idealizam como nada abaixo deles é capaz de idealizar. Um terceiro grau de concepção é o do tipo mais baixo, fundamentado no pó – a concepção humana da Divindade, que mesmo assim é superior à que qualquer outra criatura sublunar é capaz de conceber.[47]

Precisamos ser muito claros a respeito do que está sendo dito aqui, sem deixar-nos ser distraídos, induzidos ao erro ou repelidos devido a um literalismo que frequentemente deixa a nossa mente moderna cega para a linguagem metafísica do simbolismo. Repetindo: além e acima do nível de existência do homem há níveis inconcebivelmente mais elevados de existência, consciência e inteligência. Esses níveis superiores são chamados aqui de "anjos" e "os céus". No entanto, no nível denominado "terra", o grau de consciência do homem é supremo. O homem é "inferior aos anjos", porém, ao mesmo tempo, incomparavelmente superior a qualquer "criatura sublunar". O homem está singularmente em uma situação *intermediária* entre a terra e os céus.

Os anjos mais próximos recebem primeiro os Poderes do Influxo do Reflexo Divino; a partir deles este desce aos céus e a todas as suas legiões e depois desce aos homens.[48]

Entretanto, o texto agora nos conduz ao elemento crítico que pode ser chamado de *definição metafísica do homem* – o homem enquanto ser humano, *o animal ético* – cujo significado nos levará bem além das definições familiares do homem. Além do que nos diz a ciência da biologia evolucionária; além do que nos diz a psicologia; além da concepção acadêmica da racionalidade humana da filosofia; além do que nos diz a antropologia; e além do que nos tem sido convencionalmente explicado por inúmeros dos nossos mestres religiosos.

De repente, o conceito do que é o homem explode no cosmos com uma palavra aparentemente familiar: *ação*. O homem é o ser singularmente capaz da ação.

Mas o que isso pode significar?

Somos informados que o Homem "tem uma vantagem sobre os anjos, que reside na sua possibilidade de efetuar as Elevações por meio do entrelaçamento de todos os Mundos, Poderes e Luzes em uma única Unidade na sua estrutura, algo impossível em um anjo...." Em outras palavras, o Homem possui a capacidade cosmicamente exclusiva de reunir em um todo harmonioso praticamente todos os níveis de inteligência e energia do universo. No Homem, e somente no Homem, os mundos superiores e inferiores podem se encontrar e se combinar em uma Unicidade ou Unidade que espelha, à sua maneira, a natureza essencial do Criador e a "intenção" essencial do Criador. E esse poder exclusivo do homem é chamado de *ação*:

> O anjo, em essência, é apenas um único poder individual, no qual não existe nenhuma generalização da totalidade dos mundos. Por conseguinte, não está, de modo nenhum, ao alcance dos anjos, elevar, reunir ou unificar qualquer mundo com aquele [que está] estendido sobre a cabeça deles, pois não têm nada em comum com eles [...]. Consequentemente, os anjos são chamados de "Serafins em pé" (Isaías 6:2). "Eu te darei acesso entre os que estão aqui de pé" (Zacarias 3:7). O Homem é o único que eleva, reúne e unifica os Mundos e as suas Luzes em virtude das suas obras, visto que ele é composto por todos eles.[49]

Em virtude das suas obras: em outras palavras, em virtude do seu poder de agir, de *fazer*. É nessa posição, com essa capacidade, que o Homem assume um significado cósmico e cumpre o seu destino.

> Desse modo, até mesmo um anjo é capaz de sentir uma elevação e um acréscimo à sua santidade oriundos dele [do homem] em resultado de obras humanas, *já que o anjo é, na prática, uma parte componente do homem.* E até mesmo a(s) alma(s) do homem – [em todos os seus níveis de força divina] são destituídas desse poder estimulante e unificador *até que descendem ao Mundo da Ação no corpo humano.* Assim, está escrito: "Ele soprou o aleato da vida nas narinas dele" – uma alma para todos os mundos [...].[50]

E finalmente:

> Esta questão também está envolvida na visão da escada que apareceu para Jacó o nosso Pai, a paz esteja com ele. "A escada é na verdade a alma do homem, o Trono do Nome Jeová [...] e os anjos de Elohim a percorrem para cima e para baixo". Em outras palavras, os anjos sobem e descem por intermédio da escada situada no chão, cuja extremidade inferior está corporificada na estrutura física do homem.[51]

O ANIMAL ÉTICO E O SIGNIFICADO DA NOSSA LIBERDADE

Mas já falamos o suficiente da simbologia da antiguidade. Ela só nos é útil se formos capazes de senti-la na imensa escala do que o homem é e está destinado a ser – a escala do que somos e estamos destinados a ser aqui e agora, na nossa era atual. A antiga simbologia é uma linguagem destinada a transmitir fatos a respeito do mundo real e da verdadeira estrutura do homem, fatos que não podem ser verificados ou compreendidos apenas com os sentidos e a lógica mental. A ideia contida nos ensinamentos da antiguidade é que o homem é livre para ser mais poderoso do que os anjos ou então para decair como um animal deteriorado que vive na violência e em sonhos fantásticos. A ideia é que somos livres para ser – e somos compelidos a esforçar-nos para vir a ser – seres por meio de quem e em quem as energias mais elevadas da consciência e da eternidade se combinam em uma unidade relacionada com todas as forças da terra e do tempo que passa.

Vamos então deixar para trás a linguagem antiga que poucas pessoas no mundo moderno são capazes de entender, o antigo chamado que poucos conseguem entender. Chegamos a um ponto na nossa investigação no qual podemos afirmar algo de suma importância. Embora a antiga linguagem da religião e da filosofia espiritual mal possa nos alcançar, podemos, mesmo assim, encarar o fato de que somos chamados para uma coisa que experimentamos como obrigação moral, o dever de ser morais, de ser éticos, de amar o que é bom e fazer justiça ao homem. Não podemos abandonar, e não abandonaremos, a imposição ética na nossa vida – não importa como a chamemos, não importa que não possamos mais explicá-la porque perdemos o apoio fundamental das ideias metafísicas que nos dirigem para a natureza exaltada do que nós, enquanto homem, somos destinados a ser. Não importa que acreditemos entender muito mais do que compreendemos simplesmente porque podemos, até certo ponto, manipular a natureza, manipulados como somos pelos nossos automatismos de desejo e medo no mundo que nos cerca; não importa que enxerguemos com clareza que o nosso conhecimento sem o desenvolvimento da nossa moralidade está nos conduzindo ao limiar da destruição; não importa, não importa – sabemos que estamos destinados a ser éticos, a nos importar, a amar e a fazer justiça.

Por mais que demos voltas, expliquemos ou interpretemos, sabemos que embora possamos ser animais, somos animais éticos. Em todo mundo, em todo lugar, em todas as ocasiões da nossa vida e da nossa cultura constatamos que estamos deixando de ser o que estamos destinados a ser – e sofremos por causa disso, corremos de uma resposta para outra – religião, relativismo, psicologia, remédios controlados, drogas psicotrópicas, movimentos de massa, líderes carismáticos, fundamentalistas de todos os tipos, com o religioso, o ateu e o cientista; corremos de um lado para o outro em busca do nosso poder moral, tentando exercitá-lo embora todos os indícios clamem para nós que não temos esse poder, que não podemos ser os seres morais que sabemos, bem no fundo, que estamos destinados a ser.

Mesmo quando nos afastamos da dimensão moral e procuramos simplesmente o prazer, a felicidade e as satisfações de uma vida simples, não podemos escapar do fato que somos o homem, o animal ético. Não podemos fugir do fato, a não ser que fechemos os olhos com bastante força e não voltemos nunca mais a abri-los, que não podemos encontrar significado ou felicidade apenas para nós. Temos a obrigação de amar, de importar-nos, e não pode haver nenhum significado, nenhuma felicidade verdadeira na nossa vida se não descobrirmos como servir ao que é maior do que nós, e com isso servir ao próximo, o nosso semelhante. Não fomos criados para ser felizes no egoísmo. Muitos tentaram e muitos foram para o túmulo amargamente convencidos de que não havia nenhuma imposição lá fora, que o dever era apenas para com o pequeno eu, ou que a obrigação não existia. No entanto, a própria amargura é prova mais do que suficiente de que eles perderam a vida para uma ilusão a respeito da vida, ilusão essa com frequência até mesmo enraizada nos ideais da honestidade diante de um mundo tão obviamente imoral e injusto. E quantos outros não foram para o túmulo, levando milhões com eles, acreditando apenas em si mesmos, convencidos de que eles e somente eles sabiam o que é bom e o que é justo, de que somente eles conheciam a mente de Deus?

"Deus" ou não Deus, prazer ou não prazer, relativismo ou absolutismo, sutileza filosófica ou autoconfiança incompetente – que parte disso tudo é o teatro do ego imaginando que pode ser o que estamos destinados a ser sem enfrentar o verdadeiro fato metafísico, biológico e cósmico da nossa natureza – que nascemos em uma obrigação cósmica? Que existe algo como o dever, como a lei moral, como a imposição moral? Não necessariamente como nos foi ensinado nas nossas igrejas, grupos sociais, células políticas, sociedades autoprotetoras ou prioridades históricas ou tribais imaginárias – não, isso não... e no entanto, no entanto, de onde vieram originalmente todos esses ideais morais, aqueles que ouvimos quando crianças, por mais excessivamente simplificados ou exageradamente complicados que possam ter se tornado, por mais misturados com os aspectos de nós mesmos dos quais, na sua pureza, esses ideais eram destinados a nos libertar – a saber, o egoísmo, o medo, a autocomiseração, a obstinação e a sugestibilidade?

Não há como escapar: todas as nossas tentativas no mundo moderno de libertar-nos do que percebemos como a opressão de costumes desgastados de comportamento social não nos trouxeram nenhuma felicidade verdadeira, nenhuma esperança verdadeira, nenhum sentimento de significado verdadeiro; todas as nossas tentativas de libertar-nos da maneira como a humanidade deturpou a grande lei moral e moldou-se em um desapiedado tirano construído a partir da nossa culpa neurótica ou em um libertino que nos droga com fantasias (ídolos, na linguagem antiga) de prazer egoísta, dinheiro egoísta, poder egoísta, liberdade egoísta.

Mas espere – que liberdade é essa que conquistamos no nosso mundo moderno? Ela é sem dúvida melhor do que a tirania religiosa ou política que nos ameaça por todos os lados? É claro que sim, mas por que ela não nos trouxe significado? E sem significado, como pode haver felicidade?

Vimos tentando repetidamente pensar sobre essa questão. No entanto, agora, neste ponto da nossa investigação, podemos apresentar o assunto de uma maneira mais exposta. Não existe felicidade humana na ausência da bondade humana. E a nossa liberdade, a nossa liberdade política, a nossa liberdade de intelecto, a nossa liberdade de expressão – que significa a nossa liberdade de relacionamento humano – a nossa liberdade de associar-nos, a nossa liberdade de expressar-nos artística, política e filosoficamente – tudo isso nos liberta *de* alguma coisa, mas *para* o que é toda essa liberdade?

Na maioria dos casos, *as liberdades que conquistamos no mundo moderno são pura e simplesmente liberdades com relação às distorções da lei moral; são liberdades com relação às deformações malignas do dever e da obrigação*. Mas depois de escapar da prisão, o que devemos fazer. Para onde devemos nos dirigir?

Vamos falar abertamente: o dever no seu sentido genuíno, a lei moral na sua acepção pura não é o hábito sinistro e sombrio de vida que essas palavras às vezes denotam. Pelo contrário, o dever genuíno, a pura moralidade são intrinsecamente jubilosos; têm a intenção de ser um apelo ao que existe dentro de nós que proporciona uma suprema felicidade e significado à vida humana. Nesse sentido, podemos dizer com bastante clareza *para* que é a liberdade que tanto apreciamos e não apenas *do* que estamos nos libertando. A liberdade que desejamos é, estritamente falando, a liberdade de obedecer à lei moral pura e não deformada transmitida ao homem a partir "de cima", e desde "o tempo além do tempo".

Toda liberdade genuína é a liberdade de amar e agir com justiça para com o homem. Qualquer outro significado de liberdade destina-se apenas a crianças, não a adultos.

De repente, a palavra "ética" adquire vida, como um fantoche que cortasse os fios que o prendem e falasse diretamente conosco. A palavra

A METAFÍSICA DA MORALIDADE   265

e aquilo a que ela se refere não estão mais sob o fascínio de insensíveis conceitos e argumentos filosóficos, não são mais restringidos por rígidos dogmas religiosos e tampouco controlados por programas políticos, ressentimentos sociais e julgamentos moralistas turbulentos. A palavra e aquilo a que ela se refere não precisam mais ser manipulados como um instrumento na ânsia de poder ou de lucro. Além disso, o que é de fundamental importância, a nossa busca individual de significado e felicidade não é mais definida por uma redução infantil da ideia do que o homem é, do que nós somos e estamos destinados a nos tornar.

⤖ *Capítulo Dezesseis* ⤖

MEDITAÇÃO SOBRE A TRAVESSIA DO LIMIAR SOCRÁTICO

O que é verdadeiramente humano está além da força humana.
EMMANUEL LEVINAS[52]

Eu gostaria de criar ao redor de mim condições nas quais o homem fosse continuamente lembrado do sentido e do propósito da sua existência por meio de um inevitável atrito entre a sua consciência e as manifestações automáticas da sua natureza.
G. I. GURDJIEFF[53]

Tanto na nossa vida pessoal, quanto na vida do nosso mundo, todo grande problema nos incita a fazer alguma coisa. No entanto, a nossa vida e a vida da humanidade nos mostram como as nossas ações realmente fazem pouca diferença na longa passagem do tempo e dos acontecimentos. Repetimos incessantemente os mesmos erros; agimos de forma resoluta, tomamos decisões determinadas, apenas para descobrir, mais cedo ou mais tarde, que as nossas ações nos levaram de volta para onde começamos ou nos conduziram para longe de onde havíamos esperado ir. A nossa determinação enfraqueceu, mudou, se deformou, talvez centímetro por centímetro. E se, no final, parece ser diferente, é somente porque lançamos o nosso pequeno barco, por acaso, em uma impetuosa e ampla corrente que nos conduz para onde bem entende – e, na maioria das vezes, somos simplesmente carregados por essa correnteza invisível, restando-nos apenas imaginar que escolhemos a nossa direção e realizamos o nosso propósito por vontade própria.

O mesmo acontece na vida das nações e do mundo. A história gira em círculos, com a destruição provocando ideais e a sua consequente traição; a beleza superando a feiura e depois sendo depreciada e esquecida; grandes ensinamentos penetram o fluxo da história, apenas para ser também distorcidos e explorados a serviço da ignorância e da brutalidade; o conhecimento é milagrosamente elaborado a partir das forças cegas da natureza e torna-se, inevitavelmente, um joguete das mesmas forças cegas que atuam dentro da natureza humana. O progresso realizado em uma esfera é, inevitavelmente, neutralizado pelo barbarismo em outra. A vida humana, sob a ilusão da ação, nos faz girar repetidamente em um círculo de repetição – que as antigas tradições chamam de "roda de nascimento e morte".

O GRANDE DESCONHECIDO

Existem, no entanto, na nossa vida pessoal, momentos em que surge a saída para esse implacável ciclo. São os momentos em que paramos interiormente e simplesmente olhamos, prestamos atenção ao que somos e ao que sabemos estar destinados a ser. São momentos em que vivemos a questão fundamental do nosso ser. E esses momentos nos mostram uma maneira, nos mostram que, por mais longínqua que possa estar, a verdadeira ação é possível, a verdadeira inteligência é possível, a verdadeira vontade é possível. Não são momentos de dúvida, tampouco são momentos de revelação; não é um êxtase místico, não são inspirações geniais ou uma sabedoria espiritual. São momentos de profunda intenção moral que nos levam a viver algo *completamente incompreendido* na nossa vida e na nossa cultura. Algo a respeito do que, como tal, não existem prateleiras repletas de livros, algo que a psicologia e a literatura moderna jamais viram ou perceberam com clareza. Trata-se de um lugar totalmente inexplorado no espectro da consciência e da vida humana. É o local entre o impulso e o ato, o ponto de transição onde o amor do que é bom passa para os movimentos do nosso corpo, das nossas emoções e do nosso pensamento; o lugar no qual o que sabemos ser certo e verdadeiro encontra as forças do hábito, do medo, da autoproteção e de todas as ilusões de identidade que o mundo à nossa volta lançou sobre nós.

Entre cada intenção séria e o ato que a acompanha ou segue situa-se a transição entre dois níveis, dois tipos de realidade em nós mesmos:

o ideal interior e a ação externa. Entre o meu amor pelo outro e a minha manifestação com relação a ele; entre o meu ideal de sacrifício e luta e a maneira como o manifesto, a qual é frequentemente cruel e nociva; entre o meu desejo de justiça e compaixão e o modo como o expresso por meio de concessões ou de um falso moralismo implacável; entre o meu amor pelo conhecimento e o desejo de servir aos outros com ele e a maneira como o manifesto, a qual é com frequência arrogante e egoísta – entre cada intenção elevada e a tentativa de expressá-la situa-se essa transição imensa e invisível entre os mundos. Algo do superior, ou da tentativa de alcançar o superior, surgiu na mente ou nos sentimentos; um eco da grandeza do Homem, mesmo que infinitamente débil ou parcial, apareceu em nós, mas imediatamente se faz acompanhar por um movimento em um nível inteiramente diferente de realidade e em uma direção totalmente diferente. É como cair do céu para a terra ou da terra para o inferno; da existência para a não-existência, de uma espécie, o homem, para outra espécie – animal? Planta? Pedra?

Essa transição leva apenas um segundo, ou uma fração de segundo, se for medida da maneira convencional, mas a partir de outra quantificação de tempo, essa transição é como o nascimento e a morte de um mundo. Todo um período metafísico ou humano/cosmológico está presente, uma imensidão de tempo fora do tempo, o tempo em outra dimensão, na qual o que eu faço se desliga da minha intenção. Nesse tempo fora do tempo reside todo o segredo da ação humana moral, ética e inteligente. No segredo dessa transição reside a totalidade do problema da espécie humana na terra. E a total centralidade dessa transição não foi vista ou reconhecida na nossa psicologia ou nos ensinamentos religiosos que conhecemos. E tampouco foi vista ou reconhecida, a não ser em breves lampejos que não sabemos como interpretar, no processo da vida cotidiana.

Esse momento de transição, esse lugar onde os dois mundos estão destinados a se encontrar, mas não o fazem, é a grande incógnita da vida humana, e é a razão pela qual tombamos e falhamos em quase todas as coisas sérias ou boas que tentamos realizar, enquanto pessoas, enquanto sociedade e enquanto uma espécie criada, como se diz, "à imagem de Deus". É a grande incógnita, bem mais importante e desconhecida do que convencionalmente chamamos de o "inconsciente". Ou, antes, é uma maneira inteiramente nova e essencial de entender e trabalhar com o que chamamos de inconsciente, porque não estamos falando simplesmente a respeito de duas partes da mente, como a conhecemos, mas sobre dois níveis de existência dentro da mente humana – ao lado do possível surgimento e desenvolvimento de uma terceira função, desconhecida e unificadora da mente humana, uma terceira esfera, a esfera da transição metafísica, da relação metafísica entre mundos, a esfera da Questão Fundamental.

Essa esfera tão peculiarmente oculta de nós – metafisicamente oculta – exige de nós um nível completamente novo de atenção que precisa ser buscado na nossa vida de ação. Nenhuma psicanálise, neurologia, modelo de computador ou ciência laboratorial do cérebro tem conhecimento dessa esfera da psique humana. A sua existência, a sua realidade e a sua centralidade deslizaram inteiramente para fora da definição do que é humano da nossa civilização. E sem recordar esse significado, esse elemento esclarecedor na estrutura da psique, a nossa ciência, por exemplo, nunca poderá entrar em contato com os nossos anseios morais; a nossa religião jamais poderá estabelecer um verdadeiro contato com os nossos legítimos desejos e necessidades físicos e biossociais, a nossa arte e a nossa literatura não poderão nunca realmente nos guiar em direção à ação.

O NASCIMENTO DO HUMANO

Repetindo: raramente notamos essa transição, raramente percebemos esse espaço entre o que somos na nossa essência mais profunda e o que efetivamente fazemos e dizemos. Mas esse é o lugar onde os dois mundos coexistem. Essa, repetimos, é a esfera desconhecida do nascimento do homem. Inicialmente, e por um longo tempo, os dois mundos ficam em oposição, mas o homem está destinado a habitar os dois, e a fazê-lo de uma maneira pela qual um dos mundos, uma realidade, o mundo da manifestação, se submete ao mais elevado, o mundo interior de atenção pura. Entretanto, em primeiro lugar e por um longo tempo, a oposição desses dois mundos precisa ser vista e aceita, compreendida e *tolerada, ou sofrida,* pelo que ela é.

Esse sofrimento é chamado de remorso da consciência.

O lugar onde os dois mundos podem se encontrar é a esfera da Questão Fundamental. A verdadeira questão humana essencial é sempre, e em todos os seus modos, o contato entre dois mundos, dois movimentos, dois níveis de realidade, dois sistemas de valor, duas identidades. Precisamos enxergar essa questão em todas as grandes e doloridas questões da vida humana, em todos os problemas que sabemos que não podem ser respondidos pelas informações externas, pela teoria científica ou pelo dogma e moralismo religioso. Essas duas realidades são destinadas a se fundir em uma nova união. Cabe ao homem ativar e sustentar essa reunião e combinação de mundos dentro de nós. *É a raiz mais profunda do direito nato do homem: a vontade e a capacidade de amar.*

E isso começa com a vivência da Questão Fundamental em nós mesmos – não apenas nos mundos, mas na experiência e na esfera de forças que se confrontam.

UMA CHAMA TRANSFORMADORA

A obrigação que nos é oferecida é esforçar-nos de corpo e alma para servir ao que é bom, enquanto, ao mesmo tempo, também de corpo e alma, aceitamos em plena consciência o fato nu e cru de que isso está além das nossas forças. Então, e somente então, o poder moral pode nos ser concedido. Essa é a lei da moralidade, vista a partir do interior. E, podemos dizer, vista a partir de cima. Essa é a metafísica da moralidade.

É muito difícil.

Mas é exatamente esse movimento de *sofrimento consciente* que pode nos conduzir, repetidamente, através do limiar socrático por meio de uma força que toca a totalidade do homem a partir de outro nível situado dentro e acima de nós mesmos.

O sofrimento consciente não deve ser confundido com o que habitualmente chamamos de "culpa". Estamos falando aqui de uma plena experiência de *ver* – de um encontro pleno com o nosso ser; uma vibrante aceitação da nossa incapacidade de fazer o que é bom sem encobrir a verdade com autocomiseração ou promessas inúteis – a aceitação do fato que as nossas ações e todas as nossas manifestações resultam do nosso nível de existência. Esse ato de enxergar é o movimento que aproxima os dois mundos – o mundo interior e o mundo exterior, o mundo da aspiração interior em direção ao amor e à justiça, e o mundo da ação e do comportamento externos.

A experiência do patente desligamento e contradição entre esses dois mundos faz surgir no homem uma tristeza e um anseio metafísicos, uma sensação de infinita necessidade, e com isso uma abertura diante das forças situadas acima e dentro do homem que podem, mesmo de um modo breve, nos tornar completos e possibilitar que sejamos o que somos e façamos o que é certo.

Ao mesmo tempo, no que aparentemente é o grande paradoxo existencial do nosso destino, somos obrigados a tentar, em todas as ocasiões, obedecer à lei moral, cientes da nossa fraqueza fundamental, mas também com conhecimento do poder fundamental de agir com justiça, amor e misericórdia, elementos que pertencem ao homem plenamente humano. Resumindo, somos obrigados a obedecer à lei moral, mesmo que isso esteja além das nossas forças.

Somos obrigados a obedecer à lei moral enquanto nos esforçamos para ser capazes de obedecê-la. E esse esforço se baseia no empenho de fazer simultaneamente o que é bom e sofrer conscientemente a tristeza da nossa incapacidade.

A lei moral, como a conhecemos, os princípios básicos da ética judeu-cristã, pode ser compreendida como um ensaio para a revelação interior da força da consciência, trazida para a vida humana por meio de uma profunda atenção ao corpo, ao coração e à mente. A lei moral pode ser compreendida como um registro deixado pelos homens e mulheres com uma natureza superior que fizeram um registro do que descobriram sob a influência da consciência genuína. Nesse sentido, *ela está entranhada na experiência humana*; não é uma coisa "recebida" em um transe pseudorreligioso ou fabricada pela convenção social. Ela não é oferecida como algo que o homem *pode* fazer, mas algo que ele precisa *se esforçar* para fazer com todo o seu coração, a sua alma e a sua mente. A lei moral me diz para fazer o que um homem no estado consciente faria com a interferência de uma energia superior atuando por meio do corpo.

Mas precisamos, nesse caso, ser muito precisos no que dizemos. Quando afirmamos que obedecer à lei moral está além da força humana, isso não significa que não possamos tomar medidas para ajudar o nosso semelhante, para nos abster da violência, para pesar as coisas da maneira mais justa possível, para "cuidar da viúva e do órfão", para cumprir as nossas obrigações externas, para dedicar algum tempo e atenção ao nosso semelhante e às pessoas que amamos, para socorrer os pobres e oprimidos. Dizer qualquer outra coisa seria um monstruoso contrassenso. O que essa afirmação significa, no entanto, é que não podemos permanecer interiormente firmes no nosso propósito, mesmo que exteriormente nos atenhamos ao nosso comportamento; significa que não podemos ativar a sensibilidade mais profunda às necessidades da pessoa que está diante de nós, embora estejamos obedecendo rigidamente a todas as regras e princípios éticos. Significa que, no final, frequentemente nos tornamos robôs morais, fazendo externamente a "coisa certa", enquanto interiormente podemos nos lançar longe, bem distante da atenção humana necessária ao verdadeiro entendimento do que é bom, do que é misericordioso e do que é justo. Significa que agimos moralmente por hábito ou baseados em um poder de escolha que é bem mais fraco do que imaginamos, e que somos bem mais suscetíveis à distração e ao desvio do que sabemos. Em resumo, não temos a natureza da pessoa que está externamente obedecendo às regras e aos princípios. Nós só amamos quando não somos "arranhados". Agimos com justiça somente quando não estamos em perigo, assustados ou sentindo dor... é claro que, nem sempre, e nem todo mundo. Entretanto, de um modo geral, somos todos pobres, pobres seres humanos que vivemos dentro de um roteiro escrito para seres plenamente humanos e que temos que implorar interiormente pela ajuda de que precisamos para preencher as roupas de atores plenamente humanos no drama da vida humana.

Além disso, é claro, essas regras morais são absolutamente necessárias para que a sociedade se mantenha unida em um sentido exte-

MEDITAÇÃO SOBRE A TRAVESSIA DO LIMIAR SOCRÁTICO   273

rior. Onde estaríamos sem elas? Elas mantêm o mundo mais ou menos coeso, remendando as profundas feridas da guerra, da brutalidade e da injustiça selvagem, com a hipocrisia e o crime lacerando repetidamente o corpo da sociedade humana, com a pele curando-se repetidas vezes debaixo do tecido de cicatrização de novas instituições, de criações notáveis de arte, de um novo conhecimento (sem o ser capaz de usá-lo eticamente). Mas a nossa civilização humana nunca fica completamente curada e, ocasionalmente, vezes sem conta, uma sublevação de ódio e violência revela ao mundo que ele não compreendeu a natureza do homem. Repetidas vezes cada filosofia, cada religião que conhecemos, é debilitada pela guerra e pela brutalidade – o genocídio, o assassinato coletivo, a injustiça intolerável contra nações, povos e culturas. No entanto, o mundo se mantém coeso na ilusão da moralidade, na ilusão de que podemos obedecer à lei moral. Não importa o quanto seja provado o contrário, continuamos a sentir "culpa" e a fazer promessas impotentes para nós mesmos e para os nossos semelhantes. Poucos são aqueles que não fazem promessas, mas que trabalham com intenso fervor e precisão para sofrer vendo a falta de essência que resulta na maldade humana. Poucos são aqueles capazes de ouvir a voz da consciência e permanecer abertos a ela por um período suficientemente longo e profundo para clamar por uma ajuda superior e interior, a ajuda que surge principalmente sob a forma do amor por si mesmo no meio do choque de um profundo remorso. Esses poucos são o futuro do homem.

O CHOQUE DO AMOR

Sendo assim, temos que obedecer à lei e, dentro dessa "obediência", precisamos encontrar uma ajuda que possibilite que não dissimulemos a nossa incapacidade moral. Que possibilite que as nossas deficientes funções humanas permaneçam à vista da nossa atenção e não se escondam apenas para voltar a agir traindo a lei moral, pois se enxergamos apenas a fraqueza intrínseca da nossa moralidade, poderá surgir um ceticismo moral que elabore os seus próprios preceitos morais baseado em um raciocínio e preferências superficiais, ou em engenhosos argumentos filosóficos. Esse ceticismo a respeito do homem se baseia em um ceticismo a respeito da natureza humana, uma profunda desconfiança do nosso eu animal e socializado, uma profunda suspeita do nosso funcionamento. As nossas funções, pensamentos, emoções e instintos não conseguem suportar o ódio ou desdém que lhes é dirigido pelos relativistas morais ou, por falar nisso, pelos absolutistas morais. O homem não consegue suportar ter as suas funções desprezadas. Elas precisam ser vistas de uma maneira que as levará a confiar na nossa consciência, que permitirá que a nossa consciência as enxergue em toda a sua manifestação e realidade – de modo que, com o tempo, elas se submetam ao choque simultâneo do remorso e do amor que tudo aceita. O choque de um perdão originário da verdade e não do autoengano, da autoarrogância ou das falsas suposições do nosso poder moral. Esse amor, esse choque de remorso, é a chama capaz de transformar o homem em Homem, o eu no Eu e o ego na Alma.

·→· *Capítulo Dezessete* ·←·

UMA ESPÉCIE DE CONCLUSÃO: POR QUE NÃO CONSEGUIMOS SER BONS?

Estou olhando para cem jovens adolescentes, e eles estão agora olhando para mim em silenciosa expectativa. Momentos atrás, o auditório era um verdadeiro pandemônio de meninos gritando, meninas rindo e cadeiras rangindo – e um borrão de braços, pernas e todos os comprimentos e larguras de corpos jovens. E agora, de repente, não se ouve nenhum som.

Estou aqui para falar a respeito da ética para esses jovens de 14 anos. Estou diante da turma de calouros da Branson School, uma ilustre escola particular de ensino médio na região da Baía de San Francisco. Fui convidado a ajudar a escola a aprofundar o estudo da ética no currículo do estabelecimento.

Já dei aula nas três turmas mais adiantadas: a do quarto, do terceiro e do segundo ano.* E a cada vez fiquei impressionado com o profundo interesse espontâneo – a palavra "veemente" não seria inadequada – pelo assunto. Eu imaginara que fosse acontecer de outro modo.

---

* O ensino médio nos Estados Unidos consiste em quatro anos letivos. (N. da T.)

Entretanto, ao contemplar agora esses calouros, os alunos mais jovens da escola, desconfiei que a situação certamente seria diferente. Eu estava decididamente diante de *crianças*: a altura de alguns dos que estavam de pé perto de mim não ultrapassava em muito a minha cintura. Até mesmo as meninas, naturalmente mais maduras do que os meninos, pareciam não ter ainda cruzado a linha que separa a infância do início da idade adulta.

Iniciei da maneira como tinha começado nas outras turmas. A ética, disse eu, tem a ver com a pergunta: que tipo de ser humano vocês desejam ser?

Antes de começar, eu havia encorajado os alunos da turma a perguntar qualquer coisa que quisessem a respeito do que significa ser uma boa pessoa. Eu não tinha falando nem dois minutos quando uma mãozinha se levantou na segunda fila. No início, tentei não dar atenção a ela para poder concluir os meus comentários introdutórios, mas a pequena mão simplesmente permaneceu erguida, abrindo e fechando rapidamente.

No momento em que os meus olhos se encontraram de relance com os do garoto, ele fez a pergunta:

"Por que as pessoas ficam zangadas?"

A pergunta me deixou paralisado. Olhei para o rosto do menino e, por um longo momento, não consegui encontrar palavras.

Quem era essa criança? Não pude deixar de levar a pergunta muito a sério, mesmo enxergando-a no conjunto do problema da nossa vida habitual: por que as nossas emoções nos levam a praticar a violência? Por que tememos e odiamos uns aos outros com tanta facilidade – ou simplesmente bloqueamos a nossa sensibilidade com relação aos outros?

Embora todos os presentes no auditório estivessem esperando que eu voltasse a atenção para eles, não consegui afastar os olhos do rosto desse menino. Decidi falar diretamente para ele como se apenas nós dois estivéssemos no recinto.

Encaminhei-me para a borda do tablado e abaixei os olhos para o garoto. Ele era uma criança, mas não estava jogando naquele momento um jogo infantil. Não estava sendo "esperto". Não estava tentando impressionar a mim ou os seus amigos e os professores. Ou então, se estava, era apenas exteriormente. Debaixo da superfície, atrás dos olhos jovens, vi um homem, um homem que acabava de entrar em contato com o caos da vida humana no mundo.

E não pude deixar de pensar no homem de uma só perna que exigiu de Hillel uma resposta rápida e clara a respeito de uma questão fundamental da vida humana.

Mas eu não era Hillel, sendo portanto incapaz de por meio de uma resposta sábia e suave estabelecer um rumo para a vida dessa jovem pessoa.

"Não sei", respondi. "Estranho, não é mesmo? Eu sei que algumas coisas me deixam zangado e outras me fazem ser amável, mas não sei *por que* elas fazem isso."

O menino ficou quieto. Estava pensando. Depois de alguns segundos, ele perguntou: "Por que o senhor não sabe?"

Que pergunta!

Eu queria descobrir uma maneira de responder, mas senti a pressão crescer no resto do auditório. Várias outras mãos começavam a se erguer.

Finalmente, dirigi-me aos alunos. "Aqui estamos", disse eu, "mergulhamos imediatamente no âmago da ética. A questão não é apenas o que devemos ou não fazer, e sim: o que *somos* nós? O que é um ser humano? E quais são as nossas emoções?"

Eu me senti como alguém em um país estrangeiro que só conhece as palavras básicas do idioma. A minha cabeça já estava fervilhando de ideias a respeito da natureza emocional do homem e da necessidade do autoconhecimento como uma força ética, do autoconhecimento como uma força moral; não de informações *a respeito* de nós mesmos, e sim da experiência direta de nós mesmos no momento presente em que vivemos.

As ideias começaram a se atropelar na minha mente como cavalos selvagens. À semelhança do homem de uma só perna, essas crianças precisavam estudar ideias verdadeiras a respeito do homem e do universo, ideias que um dia poderiam guiar o seu entendimento de si mesmas e de outros seres humanos. No entanto, eu teria que falar a respeito dessas ideias na linguagem desse país estrangeiro de adolescentes de 14 anos.

Mãos levantadas brotavam em todo o recinto. Chamei uma menina esbelta, de pele cor de oliva, que estava sentada quieta, no meio do auditório, com um grupo de amigos. Ela falou suavemente, com a voz trêmula:

"Por que estamos destruindo a terra?"

Uma vez mais, tive que parar. E uma vez mais tive a impressão de que estava sozinho no auditório com a menina. Não prestei atenção às outras mãos erguidas, algumas das quais acenavam insistentemente.

Finalmente, respondi:

"A sua pergunta me faz pensar nas realizações da mente humana, especialmente na área da ciência. Ela me faz pensar no quanto aprendemos a respeito da natureza e no quanto somos capazes de fazer com o nosso conhecimento. Entretanto, ao mesmo tempo, penso também no quanto usamos esse conhecimento para destruir a nós mesmos e o mundo. Talvez todos precisem pensar mais profundamente a respeito dessa contradição em nós mesmos. É como se a nossa parte que alcança o processo científico não tivesse nenhuma relação com a parte que deseja se importar com os outros e com o mundo."

Ela pareceu intrigada, e eu continuei:

"Por acaso não vermos o mesmo tipo de coisa na nossa vida pessoal? Uma parte de nós deseja amar, e outra parte deseja o que quer apenas para si mesma – seja isso o conhecimento, o sucesso ou o prazer – e não pensa nem um pouco nas outras pessoas ou na terra."

Fiz uma pausa. Talvez fosse esse o momento de introduzir o significado do autoconhecimento como a origem oculta da ética e da moralidade: a necessidade de *compreender* a contradição fundamental que existe dentro de nós entre o que sabemos ser bom e o que efetivamente fazemos. A necessidade de observar profundamente o nosso interior e resistir à tentativa de modificar a nós mesmos por meio da nossa força imaginária. Mas a fim de realmente enxergar essa contradição e suportá-la de uma maneira que possa nos trazer uma nova vida, era, paradoxalmente, ainda mais necessário tentar ser o que desejávamos ser diante do nosso semelhante, tentar obedecer à lei moral com todas as nossas forças, em outras palavras – ser bons. As palavras de Sócrates foram "Conhece-te a ti mesmo!" e não "Modifique a ti mesmo!" E foi São Paulo, que a se ver constantemente diante dessa profunda contradição em si mesmo e no homem, invocou a ajuda que só pode chegar ao homem vinda de outro nível do ser interior.

Mas o que estava eu imaginando? Não seria um grande erro até mesmo tentar falar sobre essas coisas nessa situação? Afinal de contas, eram apenas crianças.

Não eram?

Os meus pensamentos foram interrompidos por uma voz profunda e crepitante vinda do fundo do auditório:

"São as empresas multinacionais!"

Respondi rápido: "Sim e não!"

O menino simplesmente prosseguiu. Era louro, de compleição atlética, e vestia uma espécie de suéter de tênis branca.

"Tudo gira em torno do dinheiro", disse ele. "As pessoas não se importam com o que fazem para poluir o meio ambiente, destruir a floresta tropical ou criar a pobreza nos países do Terceiro Mundo...."

Nesse momento eu o interrompi.

"Sabe de uma coisa", disse eu – e confesso que eu estava um pouco surpreso ao me ouvir pronunciar estas palavras – "talvez elas se importem."

Todas as mãos levantadas se abaixaram. Testas lisas ficaram franzidas.

Fiquei de pé no tablado sentindo-me muito exposto. Estaria eu, talvez, dizendo uma coisa que realmente não entendia – ou na qual nem mesmo acreditava? Quando Sócrates declarou para o mundo que ninguém pratica deliberadamente o mal, que todo mundo age de acordo como que considera bom, o que ele realmente quis dizer? Na verdade, durante muitos anos, eu realmente valorizara esse elemento dos ensinamentos de Sócrates. Assim como, por muito tempo, nunca levei realmente a sério as palavras de Jesus. "Ama o teu próximo como a ti mesmo." Sempre foi óbvio para mim, como a minha mãe costumava me dizer, prevenindo-me quando alguém me magoava ou eu era abalado pela evidência da maldade humana: "Jerry, o mundo está cheio de pessoas más."

Agora, no entanto, percebi uma coisa muito diferente nessas famosas palavras de Sócrates. Talvez ele tenha querido dizer que mesmo a pessoa mais desprezível do mundo ainda é um ser humano que tem duas naturezas – uma parte que procura o bem e outra que é levada a obedecer impulsos de medo, ânsia ou violência pessoal – e que, à semelhança do atormentado sr. Prozi, o homem mau é aquele que é completamente incapaz de jamais perceber a contradição entre as suas duas naturezas, em quem nunca existiu e nunca poderá existir um canal para a voz da consciência. Dependendo das influências que afetam o seu desenvolvimento, esse homem pode tornar-se, entre outras coisas, um artista, cientista ou político altamente respeitado, um sonhador vingativo ou um ladrão, um soldado obediente, um burocrata ou um tirano monstruoso que mergulha o mundo em chamas e angústia. Esse homem ou essa mulher, que está para sempre impedido de aceitar, e talvez, depois de um certo ponto, até mesmo de experimentar, as revelações da consciência – revelações essas que são transmitidas ao homem quando, diante do choque da dor da perda, por exemplo, o muro que separa as duas naturezas desmorona. Essa pessoa pode ser socialmente boa, ou seja, boa dentro da sua cultura, tribo ou grupo, mas na presença de influências externas e internas específicas, ela pode, a qualquer momento, voltar-se para a manifestação do mal: a violência, a hipocrisia, a injustiça, a obediência subserviente à "autoridade".

É claro que resisti ao impulso de expressar esses pensamentos em voz alta para as crianças, os calouros – exceto, exceto: no momento em que essas ideias estavam passando rapidamente pela minha mente, compreendi bem no fundo que o que eu estava descrevendo para mim mesmo não era simplesmente uma possível caracterização do que poderia ser chamado – em algum sentido da palavra – de maldade humana, eu não estava apenas descrevendo as "pessoas más". Seria possível que eu estivesse descrevendo *todas* as pessoas?

De qualquer modo, estaria eu descrevendo a mim mesmo?

E como se a partir de um lugar longínquo, eu me ouvi dizendo para o menino com a suéter branca e para todos os outros alunos:

"Talvez esses dirigentes maus das empresas multinacionais sejam pessoas como você e eu. Talvez bem no fundo sejamos todos mais semelhantes do que imaginamos. Isso já ocorreu alguma vez a você – ou a qualquer um de nós? Nunca consegui compreender as palavras de Jesus que tenho certeza que vocês todos já ouviram: ama o próximo – ou até mesmo o inimigo – como a ti mesmo. Eu costumava achar que eu sou eu e você é você, ou seja, que somos seres diferentes. Mas agora começo a perceber o que Jesus talvez tenha querido dizer, algo que, a propósito, já fazia parte da tradição judaica muito antes dele. Precisamos entender que a pessoa que está ao meu lado, a que está na direção da empresa ou até mesmo aquela que está tentando me destruir é como eu. Isso é especialmente verdadeiro quando a pessoa faz algo para nos ferir ou fica zangada conosco. É possível lembrar que também somos assim quando perdemos o contato com os nossos ideais e princípios éticos?"

E, uma vez mais, recordei Hillel: "Não faças ao próximo o que é odioso para ti."

Fiquei imensamente comovido, surpreso e aliviado quando o menino de ombros largos com a suéter branca declarou tranquilamente: "Nunca pensei nisso dessa maneira."

Agora eu queria prosseguir, queria encontrar a linguagem ou a desculpa para deixar os meus pensamentos se desenvolverem, porque afirmar que o outro é como eu não pode nos fazer avançar muito na realidade das "ruas da nossa vida" do outro lado do limiar socrático. Não pode nos levar muito longe enquanto não conhecermos bem e plenamente a nós mesmos. De que adianta dizer que o outro é como eu se eu não souber quem eu sou? Sem dúvida, essa afirmação pode nos ajudar um pouco, um pouco precioso, como um princípio para moderar as nossas reações e opiniões. Mas ela não vai muito longe. No final, mais cedo ou mais tarde, as nossas reações e opiniões esmagam esse pequeno princípio refinado.

Assim sendo, uma vez mais, a fim de ser uma pessoa moral somos obrigados a tornar-nos *capazes* de ser pessoas morais. Somos obrigados a procurar a ética do autoconhecimento.

A essa altura, abandonei completamente a imagem que eu tinha a respeito de como seria essa palestra e o debate. À medida que as perguntas começaram a surgir uma depois da outra – a respeito da guerra, do sexo e da identidade sexual, do aborto; a respeito da relatividade dos princípios éticos em diferentes culturas, a respeito do casamento e do divórcio, do dinheiro e do sucesso; a respeito de padrões de feminilidade e masculinidade, a respeito de enganar, da lealdade, de ajudar os pobres e de corrigir os erros do racismo, do que se espera que os Estados Unidos sejam – à medida que as perguntas iam surgindo, uma depois da outra, compreendi que o mundo inteiro estava naquele auditório. Não eram apenas cem crianças de 14 anos. Eram cem encarnações da Grande Questão Fundamental de quem e o que o homem é e de quem e o que deveríamos ser. Eram encarnações, eu afirmo, já que todas as perguntas eram formuladas com a intensidade veemente de ser perguntas a respeito de si mesmos – de si mesmos como pessoas. Eram perguntas extremamente pessoais. Eles estavam fazendo perguntas a *meu* respeito. Estavam fazendo perguntas a respeito de Carl, Jennifer, Kenneth, Tran, Lydia, Stephen, Fabio, Vicente, Alicia...

Não estavam fazendo as habituais perguntas psicológicas de jovens adolescentes – as perguntas e problemas pessoais a respeito dos detalhes da vida que assombram a nossa existência até o final – perguntas sobre popularidade, aparência pessoal, status, reconhecimento e apreciação. É claro que eles tinham essas perguntas e problemas, como todos nós temos. Não estavam fazendo perguntas a respeito das suas preocupações, receios, desejos e as complicações que levam tantos deles e de nós a buscar um alívio tão necessário na terapia, nos programas de autoajuda ou um alívio mal orientado no álcool, na comida ou no sexo insensível. As perguntas desses jovens eram a respeito do mundo, da humanidade em si, das necessidades e do sofrimento de outras pessoas, do futuro do mundo, da felicidade dos seus pais e amigos, de bebês nascidos e não-nascidos – e ao mesmo tempo a sua angústia e necessidade pessoal estavam se derramando por meio dessas perguntas como o sangue no nosso corpo humano se derrama através de cada tecido, órgão e célula dentro de nós. Esses adolescentes anseiam apenas por uma coisa, embaixo e por trás de cada berro e grito da sua vida: eles anseiam por amar. E, sem sabê-lo, eles precisam, como todos precisam, também sem sabê-lo, aprender a ser capaz de amar.

Não é possível negar: naqueles adolescentes, a preocupação com os outros estava misturada com a preocupação por si mesmos – eles mesmos não como este ou aquele problema, neste ou naquele cenário, mas eles mesmos como homens e mulheres, como seres humanos. E o que significava essa expressão – "seres humanos"? A resposta era clara: o ser humano é o ser que anseia por amar, que foi construído para amar e agir com justiça para com o homem – assim como ouvimos (mas continuamos a ouvir?) desde a antiguidade no nosso mundo ocidental e nos grandes ensinamentos do Oriente, como nos ensinaram Moisés, Hillel, Jesus, Maomé, os mestres da Índia, o Buda, Sócrates e toda a hoste angelical dos espiritualmente sábios.

• ◆ •

A Grande Pergunta Fundamental: O que é o Homem?

A Grande Resposta Fundamental: O Homem é o ser capaz de amar e de fazer o que o amor exige, seja ríspido ou delicado, estrondoso ou envolto pelo silêncio.

• ◆ •

E nesse momento senti o sussurro de uma antiga presença atrás de mim:

"Agora, vá e estude!"

LEITURA COMPLEMENTAR

É inútil tentar pensar seriamente a respeito da base da ética e da moralidade sem estar consciente das suposições que fazemos a respeito da natureza humana, da história, da terra, do universo, da religião – de tudo enfim. Uma aceitação não-crítica ou pseudocrítica de opiniões culturalmente predominantes nessas áreas pode ser tão enganosa quanto as mais extravagantes especulações, o que acontece porque grande parte do que consideramos "fatos" objetivos estão sutilmente permeados por suposições não examinadas que encerram profundas implicações éticas. Tomemos apenas um exemplo: digamos que um filósofo rejeite a religião como uma fonte fundamental de princípios éticos. Ao fazer essa afirmação, ele demonstra conhecer a religião apenas superficialmente e não se familiarizou com a visão da humanidade, da realidade e dos princípios éticos que constitui a essência de todas as grandes tradições religiosas do mundo. Poderíamos citar inúmeros outros exemplos dos "fatos" habitualmente aceitos da nossa cultura a respeito do mundo antigo, do mundo da natureza, e da mente e do corpo humano.

LEITURA COMPLEMENTAR

Por conseguinte, vários livros aqui relacionados foram escolhidos como uma possível ajuda na compreensão do quão profundamente o tema da ética está incorporado ao nosso entendimento do mundo em que vivemos e do quanto depende dele.

Muitos dos títulos passaram por várias edições em diferentes épocas. A data apresentada depois de cada título representa o ano da primeira edição do livro na língua inglesa. Cada agrupamento separado de livros é acompanhado de um breve comentário.

Robert Cushman, *Therapeia* (1958)
Pierre Hadot, *The Inner Citadel: The Meditations of Marcus Aurelius* (1998) e *What Is Ancient Philosophy?* (2002)
Marcus Aurelius, *Meditations*, traduzido por Maxwell Staniforth (1964)
Platão, *The Dialogues of Plato*, traduzido por Benjamin Jowett (1892)

Uma coisa está clara: ler Platão. Mas por onde começar, como prosseguir? Certamente é possível e bastante vantajoso simplesmente mergulhar nas inspiradas ideias do filósofo mesmo que não haja ninguém presente para nos socorrer. Existem muitas traduções excelentes de Platão que exibem uma excelente erudição. Ainda aprecio uma das mais antigas, a de Benjamin Jowett. A linguagem está um pouco antiquada, mas essas traduções ajudam o leitor, talvez mais do que outras, a sentir a dimensão transcendente do pensamento de Platão. Não obstante, é praticamente impossível para quase todos nós compreender a imensa força da visão de Platão sem ter alguém que nos oriente. Existem inúmeros excelentes trabalhos sobre a filosofia de Platão, mas considero *Therapeia* de Robert Cushman a apresentação mais profundamente sensível do que Platão realmente se ocupa, ou seja, a possível transformação do homem e como essa possibilidade humana modifica as nossas opiniões habitualmente aceitas a respeito da moralidade.

Quanto às *Meditações* de Marco Aurélio, um grande número de traduções está disponível e outras estão constantemente aparecendo, entre elas uma versão na qual estou trabalhando em conjunto com John

P. Piazza. Como Marco Aurélio escreveu o livro sob a forma de anotações para si mesmo, a sua linguagem é, às vezes, altamente condensada. Estou sugerindo aqui uma das poucas traduções que foram capazes de captar o significado fundamental da linguagem de Marco Aurélio ao mesmo tempo que a traduz para um inglês elegante.

No seu significado antigo e mais fundamental, a filosofia é uma preparação para o trabalho de autoaperfeiçoamento. Ninguém esclareceu mais magistralmente, de maneira mais convincente e com mais clareza esse significado da filosofia do que o estudioso francês Pierre Hadot. O seu livro sobre Marco Aurélio encontra-se no ápice da erudição refletiva, e os ensaios reunidos em *What Is Ancient Philosophy?* de Hadot demonstram o papel da filosofia existente ao longo da vida da nossa cultura. Hadot também oferece valiosas ponderações a respeito da vida que foi efetivamente vivida na comunidade multicentenária conhecida como a Academia de Platão.

> René Guénon, *The Reign of Quantitity* (1953) e *The Crisis of the Modern World* (1942)
> Frithjof Schuon, *The Transcendent Unity of Religions* (1953)
> *The Life of Milarepa,* traduzido por Lobsang Lhalungpa (1977)

Com relação à questão da natureza e da origem da religião, os textos de René Guénon e de Frithjof Schuon são demonstrações intelectualmente poderosas de que a religião – ao lado de qualquer outra conclusão a que possamos chegar – chegou originalmente ao homem oriunda de uma fonte bem mais profunda e elevada do que se imagina no consenso cultural da nossa época. Esses textos também constituem uma crítica impressionante e surpreendentemente abrangente da modernidade. Não podermos pôr de lado o livro de Guénon sem fazer um levantamento de todas as nossas suposições casuais a respeito do progresso científico e cultural da nossa época e a respeito da suposta "ignorância" dos nossos antepassados distantes. Não é fácil ler esses livros; eles são profundamente instigantes e gratificantes.

O budismo é um dos grandes ensinamentos da antiguidade que encara os seres humanos como sendo intrinsecamente relacionais e compassivos, e que considera a "moralidade menor" – ou seja, o esforço de tornar-nos capazes da moralidade – a prática que possibilita que o poder intrínseco de amar irrompa como uma força que governa os movimentos da nossa vida. Para os ocidentais, talvez não haja uma introdução melhor a esse aspecto do coração do budismo do que *The Life of Milarepa,* a autobiografia do mais famoso santo da história do budismo tibetano. Nenhum leitor jamais se esquecerá da surpreendente severidade que essa compaixão assume nas mãos do mestre de Milarepa, o Lama Marpa, cuja única finalidade é despertar, a qualquer custo, o seu amado discípulo do sono do ego, liberando nele a força, latente em todos os seres humanos, de uma compaixão ilimitada que ajudou a mudar o perfil de toda uma cultura.

Hayim Nahman Bialik e Yehoshua Hana Ravnitzky, organizadores, *The Book of Legends: Legends from the Talmud and Midrash* (1992)
Martin Buber, *I and Thou* (1958)
Yitzhak Buxbaum, *The Life and Teachings of Hillel* (1994)
Theodor H. Gaster, *The Dead Sea Scriptures* (1976)
Nahum N. Glatzer, *Hillel the Elder* (1956)
Judah Goldin, *The Living Talmud: The Wisdom of the Fathers* (1955)
Emmanuel Levinas, *Nine Talmudic Readings* (1990)

Hillel the Elder, o lúcido trabalho de Glatzer, sugere audaciosamente a profunda fusão da espiritualidade interior e da ética do judaísmo. *The Life and Teachings of Hillel* oferece generosamente todas as máximas atribuídas a Hillel e tudo que está escrito a respeito dele nos comentários da antiguidade. *The Living Talmud* de Goldin revela o *Pirke Avot* ("A Sabedoria dos Patriarcas") de uma maneira que oferecerá a muitos leitores uma percepção completamente nova da antiga cadeia de mestres rabínicos em que todos permaneciam unidos pelos ideais do amor, da justiça e da dinâmica da transmissão espiritual de mestre para discípulo.

Nine Talmudic Readings de Levinas surpreende o leitor devido à infinita profundidade e relevância contemporânea da interpretação do grande filósofo romeno de apenas uma minúscula amostra dos trechos talmúdicos, profundidade que torna a ética uma palavra primordial e decisiva para o que significa ser humano. Levinas está pouco a pouco se tornando conhecido como um dos mais influentes filósofos do século XX, mas aqui ele demonstra que a profundidade das suas opiniões filosóficas revolucionárias são o eco do que ele viu na interpretação judaica do ético como a própria essência do homem e de Deus. *I and Thou* de Buber trouxe para o mundo moderno a sua declaração mais influente da dimensão ética da vida como um modo de conhecer o mundo que é tão autêntico e convincente quanto qualquer coisa oferecida pela ciência. Esse livro tem sido e pode continuar a ser um poderoso respaldo para o esforço de entendermos o mundo e uns aos outros a partir da inteligência do coração e mente reunidos, em vez de a partir apenas de um intelecto isolado.

The Book of Legends é um jovial e magnífico compêndio de histórias, parábolas e uma coletânea de fatos da tradição rabínica clássica. Nele o leitor descobrirá que a visão bíblica da essência moral fundamental da realidade abarca tudo na vida, e que a visão ética da realidade é ao mesmo tempo intensamente realista – mais do que muitos de nós conseguimos suportar – e extremamente visionária e maravilhosa: mais do que poderíamos jamais ter esperado encontrar.

Que informações os Manuscritos do Mar Morto oferecem a respeito das comunidades espirituais em Jerusalém e nas suas cercanias que possam ter influenciado Hillel e a sua missão? As traduções de Theodor Gaster em *The Dead Sea Scriptures* me pareceram um delicado equilíbrio de erudição e sensibilidade diante da intenção profunda e, às vezes, oculta, por trás de muitos desses textos.

> Anônimo, *The Cloud of Unkowing and the Book of Privy Counseling,* organizado por William Johnston (1973)
>
> Meister Eckhart, *A Modern Translation,* traduzido por Raymond B. Blakney (1941)
>
> Søren Kierkegaard, *The Sickness unto Death* (1941)
>
> Jean-Yves Leloup, *The Gospel of Mary Magdalene* (2002), *The Gospel of Philip* (2003) e *The Gospel of Thomas* (2005)
>
> Thomas Merton, *The New Man* (1963)

The Nag Hammadi Library, James M. Robinson, editor geral (1977)

Maurice Nicoll, *The New Man* (1950)

Elaine Pagels, *Beyond Belief* (2003)

The Philokalia, traduzido por G. E. H. Palmer, Philip Sherrard e Kallistos Ware (1979)

Os ensinamentos ministrados por Meister Eckhart e o autor anônimo de *The Cloud of Unknowing* revelam, com inequívoca clareza, o significado do que chamamos de moralidade interior na essência da doutrina cristã do amor. Esse conteúdo é uma leitura necessária para qualquer pessoa que deseje abordar a questão do relacionamento entre a espiritualidade interior e a ação ética. *The Philokalia* é uma coleção de textos redigidos entre os séculos XIV e XV pelos mestres espirituais da tradição cristã ortodoxa. Eles falam de uma maneira prática sobre o trabalho interior de abrir a mente, o coração e o corpo à ação da força divina da atenção como o segredo de viver efetivamente como um cristão. Eles compõem alguns dos textos mais influentes e emocionantes sobre esse assunto em todas as suas imensas aplicações.

A esta altura, as obras de Søren Kierkegaard abalaram a mente de dezenas de milhares de homens e mulheres em todo o mundo ocidental com a questão de o que realmente significa viver o cristianismo. De todos os livros consagrados, *The Sickness unto Death* focaliza mais explicitamente as duas naturezas opostas do homem e a obrigação oferecida à pessoa de personificar o Eu essencial por meio de um ato existencial que abrace dentro dela a eternidade e o tempo.

Dois livros que, por coincidência, possuem o mesmo título, *The New Man,* representam duas brilhantes investigações contemporâneas da prática de tornar-nos interior e exteriormente cristãos. Os textos de Thomas Merton são conhecidos em toda parte pela luz que lançam sobre o significado do amor cristão. Bem menos conhecido é a bela e profunda obra de Maurice Nicoll, psiquiatra junguiano que tornou-se discípulo de G. I. Gurdjieff. As observações de Nicoll sobre o significado psicológico interior das parábolas de Jesus ajudaram muitos homens e mulheres a sentir em todo o seu ser o significado do simbolismo espiritual não apenas no Novo Testamento, mas também em todos os textos sagrados do mundo.

A totalidade da questão do que foi rotulado de "gnosticismo" é hoje cercada por um emaranhado de comentários, especulações, impressionantes pesquisas arqueológicas, controvérsias teológicas, apropriação literária e até mesmo de comercializações hollywoodianas. A obra de Elaine Pagel, especialmente *Beyond Belief*, criou uma ponte entre as importantes descobertas de especialistas que trabalham nessa área e aqueles que desconfiam de que existe muita coisa no que é rotulado de "gnosticismo" que clama por um profundo entendimento pessoal da parte de todos os sinceros buscadores da verdade. Nesse caso, não existe um orientador melhor do que o comentarista espiritual Jean-Yves Leloup. Os leitores desses livros devem estar preparados para experimentar ondas alternadas de assombro, alegria, esperança e do sentimento tranquilo de que a verdadeira essência de toda religião genuína permanece tão desconhecida quanto o nosso eu essencial.

Ao lado da obra *The Dead Sea Scriptures* anteriormente mencionada, *Nag Hammadi Library* de James Robinson, uma coleção de textos das impressionantes descobertas feitas no Alto Egito em 1945, oferece um farto material para que possamos consultar os nossos instintos e formar a nossa opinião pessoal a respeito da possível existência de comunidades esotéricas genuínas e beneficentes na época e na região de Jesus e de Hillel.

> Walter B. Cannon, *The Wisdom of the Body* (1932)
> Jean-Henri Fabre, *The Mason-Bees* (1925)
> Peter Kingsley, *Reality* (2003)
> Shimon Malin, *Nature Loves to Hide: Quantum Physics and the Nature of Reality* (2001)
> Guy Murchie, *The Seven Mysteries of Life: An Exploration in Science and Philosophy* (1978)
> Maurice Nicoll, *Living Time and the Integration of the Life* (1952)
> Vladimir I. Vernadsky, *The Biosphere* (1986)
> David Rains Wallace, *Bulow Hammock: Mind in a Forest* (1988)

É impossível fazer o pensamento ético ultrapassar um determinado ponto enquanto carregamos na mente a visão de mundo simplistamente redutiva que se refere à realidade como um automatismo cego, visão essa que pode ser adequadamente chamada de cientificismo, e não de ciência. Por sorte, existem muitos livros que transmitem, de um modo irresistível, uma visão da natureza na qual todos os lugares oferecem indícios de uma inteligência e propósito universais. *The Mason-Bees* de Jean-Henri Fabre, *The Wisdom of the Body* de Walter B. Cannon e *The Biosphere* de Vladimir I. Vernadsky são três clássicos que retêm todo o seu poder e autoridade apesar das décadas de novas descobertas científicas. *The Mason-Bees* não apenas é um maravilhoso relato de desígnio na natureza, mas também uma extraordinária declaração do espírito da profunda investigação científica. Esses livros nos mostram que a mente da natureza só é revelada ao observador que traz o coração junto com a mente. *The Wisdom of the Body* introduziu o conceito da homeostase na ciência da fisiologia e, ao fazer isso, transmitiu, com evidência empírica, a visão de uma inteligência assombrosa que ordena e coordena o sem-número de processos e permutas que estão constantemente tendo lugar, a cada instante, no corpo humano. Em *The Biosphere*, originalmente publicado em Leningrado em 1926, Vladimir Vernadsky apresentou uma teoria revolucionária da própria Terra como um sistema dinâmico integral controlado pela vida como a sua força organizadora. A obra de Vernadsky permanece uma das bases do profundo movimento ecológico e do entendimento da Terra dos nossos dias – e além – como entidades vivas autorrelacionadas.

Alguns livros mais recentes dão continuidade a essa tradição de observação científica como uma disciplina da mente e do coração como um todo: *Bulow Hammock* de David Rains Wallace é um relato do profundo e misterioso relacionamento entre a mente e a natureza; aqui, uma floresta inexplorada no leste da Flórida se revela tão complexa e auto-organizada quanto a mente que a observa. *The Seven Mysteries of Life* de Guy Murchie estende-se por toda a esfera da ciência – do elétron, à célula, ao homem e ao universo – e, com um supremo e solene respeito pela honestidade científica, revela um cosmos de ordem e beleza transcendentes. Uma extraordinária expressão contemporânea dessa perspectiva é *Nature Loves to Hide* de Shimon Malin, escrito por uma reconhecida autoridade em mecânica quântica, relatividade geral e cosmologia. O título do livro diz muita coisa e podemos, talvez, considerar que ele insinue que até mesmo os eventos quânticos exibem propriedades da "mente", do mesmo modo que a mente em nosso interior está com excessiva frequência oculta de nós.

É claro que existe uma grande e vasta tradição de filosofia que oferece uma visão do universo igualmente viva e significativa. *Living Time* de Maurice Nicoll e *Reality* de Peter Kingsley são dois relatos recentes da imensa sabedoria contida na antiga visão do mundo universal. O primeiro é um livro verdadeiramente impressionante, extremamente profundo e objetivo, a respeito do mistério do tempo e do Eu humano e que abre muitas portas para os ensinamentos secretos do cristianismo e das filosofias espirituais do Ocidente, especialmente de Platão. O segundo é a obra de um acadêmico consumado que descobriu a poderosa visão metafísica e o trabalho prático interior que circulava por alguns dos mestres que hoje são chamados, com uma certa negligência, simplesmente de "pré-socráticos". Longe de ser definidos apenas como tendo existido antes de Sócrates, esses vigorosos mestres situam-se, como argumenta convincentemente o autor, na elevada origem e fonte de todas as coisas que vieram depois, cujos aspectos essenciais, pelo menos em parte, já haviam sido esquecidos na época de Sócrates.

> G. I. Gurdjieff, *Beelzebub's Tales to His Grandson* [*Relatos de Belzebu a Seu Neto*] (1950 e 2006)

Em 1913, o mestre espiritual G. I. Gurdjieff apareceu em Moscou com um ensinamento diferente de tudo o que era conhecido no mundo moderno, porém infalivelmente fiel no seu âmago à essência da tradição espiritual. Ao oferecer uma visão da evolução individual possível ao homem e da responsabilidade fundamental da humanidade para com a evolução da vida na Terra, Gurdjieff desafia as categorias e as bases de cada faceta da nossa civilização – as suas formas de religião, a sua ciência, a sua arte, as suas formas de educação, e, na era moderna, a sua crença no progresso.

Relatos de Belzebu a Seu Neto é a mais importante expressão escrita do ensinamento de Gurdjieff. É uma obra de colossal originalidade e profundidade a respeito do mundo cósmico e da vida do homem – a tragédia do seu vazio interior e a esperança da redescoberta do seu próprio significado. A força espiritual do livro emana do propósito dos textos de Gurdjieff: atuar inicialmente como um choque estimulador e, no final, como uma fonte central de orientação para o trabalho em nós mesmos situado na essência do seu ensinamento e a comunidade que sobrevive a nós. O livro requer e respalda o esforço de libertar-nos das categorias conhecidas de pensamento e buscar uma qualidade de pura atenção em nós mesmos que gradualmente torne possível uma experiência direta da profunda mensagem do livro. É impossível encontrar em outro lugar uma introdução mais abrangente, confiável, perturbadora e compassiva do significado da consciência.

NOTAS

1. Esta história aparece no Talmude Babilônico. Shabbat 31a, e é amplamente citado com uma ligeira variação de "Agora, vá e estude".
2. Esta máxima de Jesus é citada numerosas vezes no Novo Testamento, particularmente em Mateus 22:39. Também aparece no Antigo Testamento em Levítico 19:18 e em outros lugares.
3. Nahum N. Glatzer, *Hillel the Elder: The Emergence of Classical Judaism* (Nova York: Schocken Books, 1966), 74-5. A ênfase é minha.
4. Deuteronômio 6:4-7. Adaptado: "dentro" substituído por "sobre".
5. Êxodo 3:14-5. Esse poderoso e misterioso nome de Deus tem sido às vezes traduzido nas tradições cristãs como EU SOU O QUE EU SOU. O nome informa ao Mestre Moisés, que recebeu esse nome no topo do monte sagrado, que a essência de Deus é a Existência, mas a Existência compreendida como a força de amor e da justiça, a qual, por sua vez, reflete a ação do Altíssimo (Deus) sobre toda a realidade e, especialmente, sobre o homem. Mas o homem precisa sentir a necessidade dessa ação para que ela aja sobre ele e sobre a sua vida de uma maneira que esteja em harmonia com a natureza essencial do homem.
6. Benjamin, Jowett, trad., *The Dialogues of Plato,* 2 volumes (Nova York: Random House, 1920), vol. 1, 770.

NOTAS

7. *Ibid.*, pp. 361-84.
8. Edith Hamilton e Huntington Cairns, orgs., *The Collected Dialogues of Plato* (Nova York: Bollingen Foundation, 1963), 307.
9. Uma descrição mais completa do depoimento de Alcebíades é encontrada em *The Heart of Philosophy,* no capítulo intitulado "Socrates and the Myth of Responsibility" (Nova York: Knopf, 1982).
10. G. I. Gurdjieff, *Beelzebub's Tales to His Grandson* (Nova York: Penguin Putnam, 1999), 920.
11. Marco Aurélio, *The Meditations of Marcus Aurelius,* 2:17, tradução de Jacob Needleman e John P. Piazza (inédito, 2005).
12. Pierre Hadot, *The Inner Citadel,* 2:2 (Cambridge, Mass.: Harvard University Press, 1998), 186.
13. Marco Aurélio, *Meditations,* tradução de Maxwell Staniforth; 8:34 com pequenas alterações (Harmondsworth, Inglaterra: Penguin, 1964).
14. *Ibid.*, 5:11. Adaptação livre.
15. *Ibid.*, 3:12. Adaptação livre.
16. Needleman e Piazza, 7:59.
17. *Ibid.*, 2:5. Algumas alterações.
18. P. E. Matheson, trad., *The Discourses of Epictetus,* I:26. *In The Stoic and Epicurean Philosophers,* Whitney J. Oates, orgs. (Nova York: The Modern Library, 1940).
19. *Ibid.*, 2:16.
20. *Ibid.*
21. *Discourses of Epictetus,* II:22, adaptado de Matheson e de W. A. Oldfather, trad., *Epictetus Discourses* (Cambridge, Mass.: Harvard University Press, 1998).
22. Matheson, 20.
23. Para uma descrição completa desta questão, consulte Hadot, *The Inner Citadel,* capítulo 3, pp. 35-53.
24. Ver Hadot, p. 44.
25. Staniforth, *Meditations,* 5:23.
26. *Ibid.*, 10:25.
27. Hadot, 6:7, p. 134.
28. Staniforth, 6:39.
29. *Ibid.*, 8:52.
30. *Ibid.*, 4:40.
31. O relato apresentado no texto é extraído principalmente do filme *Obedience* de Stanley Milgram (1962). Ver também Stanley Milgram, *Obedience to Authority* (Nova York: Harper and Row, 1975), 13-4.

32. Taittiriya Upanishad, 2ª parte, 9.1. "Compreendendo aquilo do que todas as palavras voltam. E os pensamentos nunca conseguem alcançar."
33. Glatzer, *Hillel the Elder,* pp. 25-36. Ênfase minha.
34. *Ibid.*, p. 26.
35. *Ibid.*, p. 46. Ênfase minha.
36. Frase de Glatzer.
37. Precisamos nos lembrar de que Hillel era apenas um – embora certamente um dos maiores – de uma vasta cadeia de mestres rabínicos espirituais que viveram antes e depois dele. Ele foi escolhido porque os fatos históricos claramente nos convidam a especular a respeito da sua associação com uma escola esotérica, fornecendo, com isso, um motivo para apreciar que entendimento novo e sutil é necessário na nossa época para uma renovação da ideia e do poder da moralidade na nossa vida.
38. *Pirke Avot,* 1:14, como citado *in* Yitzhak Buxbaum, *The Life and Teachings de Hillel* (Lanham, Md.: Bowman and Littlefield, 1994), 268.
39. Raymond B. Blakney, trad., *Meister Eckhart* (Nova York: Harper and Row, 1941), 122.
40. *Ibid.*, p. 123.
41. *Ibid.*, p. 124. O itálico é meu.
42. Mateus 22:36-40.
43. William Johnston, orgs., *The Cloud of Unknowing and the Book of Privy Counseling* (Nova York: Doubleday, 1973), 64.
44. *Leviticus Rabbah* 1:5, citado *in* Glatzer, p. 45.
45. Daniel C. Matt, trad., *The Zohar,* vol. 2 (Stanford, Califórnia: Stanford University Press, 2004), 257.
46. Hayim de Volozhin, "Nefesh Hahayim", em *An Anthology of Jewish Mysticism,* trad. de Raphael Ben Zion (Nova York: Yesod Publishers), 160.
47. *Ibid.*, p. 161.
48. *Ibid.*
49. *Ibid.*, p. 162.
50. *Ibid.* Minha ênfase.
51. *Ibid.*
52. Emmanuel Levinas, *Nine Talmudic Readings* (Bloomington, Indiana: Indiana University Press, 1994), 100.
53. G. I. Gurdjieff, *Meetings with Remarkable Men* (Nova York: Penguin Putnam, 1985), 270. [*Encontros com Homens Notáveis,* publicado pela Editora Pensamento, São Paulo, 1980.]